공자, 경영을 논하다

배병삼 글

푸르메

일러두기

- 본문 속에 『논어』 인용 부분은 번역문만 실었다. 원문은 책의 맨 뒤편에 놓았다. 번역문이 미심쩍은 독자들은 대조하여 확인하기 바란다.
- 『논어』를 인용할 때 사용할 '3:12'와 같은 표시는 "논어, 제3. 팔일 편"의 열 두째 장을 가리킨다. 『논어』는 전부 20개의 편으로 이뤄져 있다.
- 순서를 잡는 기준은 배병삼 주석, 『한글세대가 본 논어』(제2권. 문학동네)에 두었다.
- 인용한 경영관련 서적들의 구체적인 서지 사항은 책 뒤에 붙인 '참고 및 추천 문헌들' 항목을 참고하기 바란다.

"정녕 제겐 논어 한 권밖에 없습니다. 허나 논어 반 권으로는 태조께서 나라를 세우는 데 도움을 드렸고, 나머지 반 권으로는 폐하의 정치가 태평을 이루는 데 쓸 참입니다."

송나라 개국공신 조보

―서문

소통과 경청의 리더십, 공자 경영론

1.

  유교는 현세의 사상이다. 여기에는 지옥이나 천당이 없다. 평범한 일상, '지금·여기'의 비근한 삶 속에서 진리를 찾는다. 매일매일 낯을 대하는 부모형제들 사이에, 직장에서 함께 일하는 동료들 속에, 그리고 질펀거리는 시장통의 상거래 속에 사람됨의 가치가 숨쉰다고 여긴다. 곧 유교의 진리는 '사람의 사이'에 존재한다. '서로 사이좋게 살아라' 라는 덕담 속에 유교의 꿈이 깃들어 있다.
  현대는 경영의 시대다. 경영이란 목표를 기획하고 목표를 향해 현재를 관리하며 그 결과를 토대로 또 새로운 목표를 추구하는 일련의 과정이다. 경영의 대상은 국가로부터 기업, 단체 그리고 가정과 개인의 삶을 포괄한다. 경영현상은 리더와 추종자 간의 대화 속에, 법인 간의 계약과 기업들의 거래 속에, 그리고 국가 간의 조약체결 과정 속에 있다. 즉 경영은 '사이'와 '관계' 속에 존재한다. 유교의 진리가 숨쉬는 인간의 간間이든, 첨단 상거래의 현장인 인터넷의 인터inter든, 모두 '사이'를 핵심으로 한다는 점에서 유교와 경영은 같은 주제를 다룬다.

오늘날 '경영'이라는 단어는 원래 일본 메이지시대 지식인들이 서양어 매니지먼트management를 번역한 용어이긴 하지만, 동아시아에서 오래전부터 써왔던 말이기도 하다. 근 3천 년 전의 책인 『시경』속에, "군대의 힘이 강력해졌으니, 천하를 경영하세旅力方剛, 經營四方"라는 노랫말로 쓰인 흔적이 있는 것이다. 경세제민經世濟民이라는 낯익은 표현 속의 '경제'역시 오늘날의 경영=매니지먼트의 의미와 다르지 않다.

이 책은 해묵은 공자사상과 현대경영론의 접점을 모색하려는 시도다. 유교의 수신-제가-치국-평천하의 길이나, 현대 기업경영의 원리가 다르지 않다는 보편성의 철학 위에 이 책은 서 있다. 즉 사람 사는 이치가 거의 그렇듯, 경영현상 역시 동서고금이 다르지 않다는 전제가 이 책의 바탕이다. 다시 말해 수신, 제가, 치국, 평천하의 동사인 수修-제齊-치治-평平은 유교의 경영원리이지만, 그것이 오늘날 기업경영이나 조직운영에도 통하리라는 생각이 이 책의 밑바탕에 깔려 있다.

그러자면 우선 해명해야만 할 것이 있는 듯하다. 현대를 '경영의 시대'라고 일컫는 까닭은 특별히 '기업경영'이 주류가 된 시대적 특징을 드러내기 위함이다. 그렇다면 '이익'을 추구하는 기업경영론과 '윤리·도덕'을 우선시하는 유교경영론 사이에는 본질적으로 상충하는 모순이 있지 않겠느냐는 질문에 대한 설명이 그것이다.

2.

우리는 통념상 유교를 이익利을 배척하고 도덕仁義을 강조한 이상주의로 '오해' 해왔다. 이익을 반대하고 도덕을 주장한 것으로서 유교사상을 기술하기는 대부분의 윤리 교과서들이 저지르는 '오류'에 속한다. 이런 잘못된 인식에는 유교의 책임도 없지 않다. 유교의 중요 텍스트 『맹자』의 첫머리에 '이익 대 인의'라는 대결구도를 적시하고 있기 때문이다.

『맹자』 제1편 제1장, 첫 구절은 다음과 같다. 맹자를 맞이한 양나라 혜왕이 "내 나라를 이롭게 할 어떤 방책을 가져오셨나요?"라며 인사말을 던진다. 이에 대해 맹자가 "하필이면 이익을 말씀하시오. 오로지 인의가 있을 따름인 것! 何必曰利. 仁義而已矣"이라고 매몰차게 응대하는 장면이 그것이다. 이 대목은 대개 오해하듯 맹자가 현실의 이해관계를 도외시하고, 인과 의라는 도덕적 가치만을 숭상한 관념론자 또는 이상주의자라는 뜻이 아니다. 이것은 '국가경영자'인 군주의 관심이 이익의 추구에만 몰두한다면 결국 국가(공공영역)는 위험에 빠지고 말 것이라는 지적에 다름 아니다. 이런 추론은 이어지는 문장에서 확실하다.

"군주가 사적 이익을 추구하면, 그 아래 계급인 대부大夫 역시 제 집안의 이익을 따지고, 또 그 아래 계급인 사士는 제 몸의 이익을 챙기게 마련이외다. 이렇게 이익을 놓고 위아래가 다투다 보면 끝내 그 국가는 위기에 빠지고 말 것이오."

나는 맹자의 대화 상대에 좀더 세심한 주의를 기울이기를 권하고 싶다. 맹자가 이야기하는 상대방이 국가경영자인 군주라는 사실에 주목해야 하리라는 것! 맹자는 모든 사람들에게 이익의 추구가 최악의 선택이라고 말하고 있는 것이 아니다. 군주의 사익추구로 인해 국가(공공영역)가 황폐화되었음을 지적하고 또 이로 인한 비극적 결말을 경고했을 따름이다. 도리어 맹자가 '유물론적'인 정치경제학자였음은 다음 지적에서 선명하게 드러난다.

"일반 백성에게 진리란 경제적 소득이 항상적일 때라야 항상적인 마음이 있고, 반면 경제사정이 궁핍하면 항상적인 마음을 낼 수 없다는 사실이다. 그러므로 '지혜로운 국가경영자賢君'는 언제나 자기를 낮추고 검소하며 상대방은 높이고, 인민들로부터 취하는 세금에는 제한을 두는 법이다."

이른바 '유항산, 유항심有恒産, 有恒心'이라, 곳간이 차야만 인민의 마음이 항상적일 수 있다는 것이다. 이것은 유교가 근본적으로 이익의 추구를 죄악시한 사상이 아님을 잘 보여주는 예화다.

유교는 인간세계를 공공영역과 시장영역으로 나눠볼 따름이다. 이 분류는 기억해둘 만하다. 유교는 시장에서의 이익 추구를 당연한 것으로 수긍하고 또 적극 권장하기도 한다. 다만 유교가 문제로 삼는 것은 이익을 추구하는 '시장영역'과 인간애와 사회정의를 핵심으로 하는 '공공영역'이 분명하게 구분되어야 한다는 사실이다. 공자와 맹자가 인식한 춘추전국시대의 큰 문제는 이 두 영역이 섞여서 공공영역이 시장판으로, 즉 권력자(군주 및 귀족)의 사익추구로 황폐화된 데 있었다. 이것이 당대 위기의 핵심이었다. 이에 유교는 공공영역으로부터 시장논리를 몰아내고 인仁義의 윤리, 즉 공평성과 공정성이 관철되는 사회로 재건해야 한다는 점을 누누이 강조했을 따름이다.

아! 그렇다고 시장의 무한정한 자율성, 자유방임적 시장주의를 유교가 용인한 것은 아니다. 이 점은 『맹자』속에 잘 알려진 농단壟斷의 고사를 통해 살펴볼 수 있다.

"옛날 시장에 가는 사람들은 제가 가진 것을 없는 것과 바꿨을 따름이고, 관리는 질서만 잡았을 뿐이었다. 언젠가 천한 사내가 있어, 꼭 시장 주변의 높은 데를 찾아 올라가 아래의 시세를 살펴본 다음, '시장의 이익市利'을 훑어갔다. 사람들이 모두 이것을 비천하게 여겼으니, 그래서 이런 자들을 쫓아가 세금을 물리게 된 것이다. 장사꾼에게 세금을 물린 것은 이 천한 사내로부터 시작된 것이다."

시장 내부가 거래질서의 혼란으로 독과점이 빚어지는 사태, 또 부당한 축재가 발생하여 분배의 불균등으로 기울어질 때 국가의 개입은 정당하고 마땅하다. 자유로운 시장 활동과 이익의 추구는 보장해야 하지만 동시에 시장질서와 재화의 균등한 분배 역시 국가경영의 중요한 기능으로 여기고 있다는 뜻이다. 유교에서 국가경영자의 역할은 시장의 유통질서를 확보하고 그 장애요인을 제거함으로써 불통된 상태를 소통시키는 것이다.

유교경영론의 제1원리인 인정 仁政 이란 언어든, 재화든, 사람이든 그 자연스러운 흐름을 보장하고, 또 그 흐름에 장애가 있을 때는 그것을 뚫어 순환시키는 작업이다. 소통과 합리성, 이를 통해 '더불어 함께 사는 삶'을 건설하기, 이것이 유교경영론의 비전이다.

3.

한국의 사회과학 분야, 특히 정치와 경제 및 경영 분야는 서양식 방법론의 절대적 지배 아래에 있다. 서양식 렌즈를 통해 이 땅의 정치, 경제적 삶을 대하면 언제나 미흡하고 또 부족하게 비치게 되어 있다. 더욱이 전통사상과 그 삶은 더더욱 누추하고 고루하게 비치게 마련이다.

허나 이 땅은 언필칭 5천 년의 역사를 통해 나름의 문명과 문화를 일궈온 곳이다. 독자적인 언어와 문자를 갖추고서, 농경과 산업의 경제적 기반을 토대로 평화와 질서를 이룩해온 문명의 땅이다. 다만 지난 백 년 동안 '근대'라는 이름의 서양식 지식과 폭력에 짓눌렸을 따름이다. 그런데 서양식 이론과 생활양식이 아직은 세계를 지배하고 있지만, 그 몰락의 조짐도 뚜렷하다. 2009년 모기지 사태로 발화된 미국의 신용위기나 2011년 유럽의 재정위기는 그 명백한 징후로 보인다.

도리 없이 서양식 경영학 이론들도 위기에 봉착한 듯하다. 개리 해멀Gary Hamel 런던비즈니스스쿨LBS 교수가 "현대의 경영방식이 점점 더 시대착오적으로 보이는 이유는 무엇인가?"라고 자문한 후, "아마도 '경영학의 종말'이 도래했기 때문일 것"이라고 우울하게 자답하고 있는 것이 한 예다.(개리 해멀, 『경영의 미래』)

이에 비해 동아시아의 경제적 성취는 놀라울 정도다. 머지않아 '동아시아의 가치'가 새로운 세계의 표준으로 등장할 날이 닥칠 것이라는 전망도 꼬리를 잇고 있다. 그렇다고 '동아시아의 가치'가 따로 있을 것 같지는 않다. 합리성과 신뢰성 그리고 정직성은 동서고금을 막론하고 통용되는 경영의 공통가치일 것인데, 다만 그 기본가치를 바로 인식하는가, 아니면 망각하는가에 따라 그 결과가 달리 나타날 따름일 터이다.

4.

나는 본시 정치학 전공자다. 서양식 방법론 일변도의 학문 풍토에 의심을 품고, 이 땅에 고유한 정치철학을 찾아 옛 길을 모색한 지 30년 가까운 세월이 흘렀다. 그 일환으로 서당(유도회 한문연수원)을 출입하며 고명한 스승들로부터 한학과 동양고전의 독법을 배우기도 하였다. 이런 와중에 공자와 맹자가 실은 정치경제학자요, 『논어』와 『맹자』는 국가경영 철학서라는 확신을 얻었다. 해묵은 동양의 고전들 속에서 미래의 지혜를 얻는 기쁨이 컸기에, 그 감회를 '오래된 미래'라는 역설적 표현을 빌려 드러내기도 하였다. 그리고 이런 관점을 바탕으로 『한글세대가 본 논어』(전2권, 문학동네, 2002)와, 그 입문서로서 『논어, 사람의 길을 열다』(사계절, 2005)를 출간한 바 있다.

저 책들이 『논어』에 대한 '이해'의 측면이었다면, 이번 책은 공자를 '해석'하려는 시도다. '경영의 시대'인 오늘날 속으로 공자를 초청하여, 그와 경영을 주제로 대화를 나눈 기록물로 봐도 좋겠다. 모든 저술 작업은 눈(관점)으로 귀결되는 듯하다. 낯익은 전통을 낯설게 바라보기, 즉 낡은 전통의 대명사인 공자사상을 현대 경영의 눈으로 '낯설게' 살펴보기가 이번 작업의 방법론이다. 서구의 경영이론들이 한계에 부닥친 오늘날, 이 작업이 새로운 경영학을 모색하는 데 하나의 참고점이라도 된다면 더할 나위 없이 좋겠다.

본문은 전체 12장의 글로 구성되는데, 이를 2부로 나눠보았다. 제1부 「경영의 눈으로 '공자' 읽기」는 현대 경영의 세계로 공자를 초청하여 그의 목소리를 들어보는 곳이다. 서양식 경영이론과 개념에 익숙한 오늘날 독자의 눈으로 공자의 경영론을 해석해본 것이다. 제2부 「공자의 눈으로 '경영' 읽기」는 2천5백 년 전의 『논어』 속으로 들어가 공자를 만나는 곳이다. 제1부와는 상반되는 방향에서 경영의 의미와 맥락을 유교 내부에서 추출해본 대목이다.

본시 본문에 실린 글들 대부분은 종합월간지 『신동아』에 '공자에게 경영을 묻다'라는 제목으로 2010년 한 해 동안 연재했던 것이다. 이를 토대로 하여, 덧붙이고 빼고 또 맥락을 새로 잡았다. 그 인연의 첫 자락을 공종식 기자가 깔아주었다. 안타깝게도 그는 젊은 나이에 고인이 되었다. 한참 뒤늦게 부음을 들었다. 이 책을 그의 영전에 바치련다.

해묵은 공자사상과 현대경영학의 매듭을 한데 꼬아보도록 권하고 또 마당을 마련해준 푸르메 출판사에도 감사드린다.

임진년 입춘절
배병삼

차례

서문 | 소통과 경청의 리더십, 공자 경영론 007

I부 경영의 눈으로 '공자' 읽기

一 | 프롤로그: 학교경영자, 공자 023
1. 『논어』의 그늘 026 | 2. 경영철학으로서 『논어』 028
3. 공자의 학교 031 | 4. 학교경영자로서의 공자 035

二 | 공자 경영학의 4대 원칙 041
1. 문제는 시스템이다! 042 | 2. 동서고금이 다르지 않다 045
3. 갖춘 사람을 구하지 말라 047 | 4. 인사가 만사다 051
5. 현장에서 배워라 054 | 6. 경영자는 책임자다 057

三 | 신뢰경영: 제가 하고 싶지 않은 것을 상대에게 베풀지 말라 061
1. 대상인 자공 062 | 2. 경영의 핵심은 신뢰다 067

3. 말 한마디의 힘 070 | 4. 빈부와 귀천에 대한 공자 생각 075

5. 변치 않는 경영의 원리 079

四 | 지식경영: 스승은 내 주변에 있으니
열린 마음으로 경청하라 081

1. 인·간과 인터·넷 082 | 2. 지식정보와 인문학 084

3. 공자와 지식 087 | 4. 공자의 지식경영 089

5. 박문약례: 지식경영의 원칙 093 | 6. 지식경영의 리더십 096

7. 지식에서 지혜로 099

五 | 창조경영: 겹겹이 듣고 켜켜이 보라! 101

1. 창의력의 근원 103 | 2. 창조경영의 모델 105

3. 사물의 속살을 보는 겹눈을 길러라 106

4. 낯익은 것을 낯설게 보라 108

5. 창의력이 없으면 노예가 된다 113

6. 가난을 버티는 힘 115 | 7. 가난도 보는 눈마다 다르다 119

六 | 매력의 경영학: 덕치 123

1. 태풍의 힘 124 | 2. 두 가지 힘 126

3. 덕치란 곧 매력의 경영이다 127 | 4. 공자 대 자로 131

5. 덕치와 기업경영 136

II부 　공자의 눈으로 '경영' 읽기

七 | 공자에게 명품의 조건은? 145
1. 명품의 조건 147 | 2. 품질 150 | 3. 불변의 가치 152
4. 디자인 154 | 5. 호피와 개가죽 158 | 6. 브랜드 160
7. 신뢰 163

八 | 화이부동: 가족경영의 원리 167
1. 개에 대한 명상 168 | 2. 공자의 증오 171 | 3. 화이부동 174
4. 가화만사성 178 | 5. '상갓집 개' 186

九 | 인의 경영학, 소통의 리더십 189
1. 인이란 소통이다 191 | 2. 나를 알고, 남에게 베풀어라 194
3. 소통을 위하여 198 | 4. 경청과 이해, 그리고 실천 201

十 | 공자 경영학의 모델: 순 209
1. 요순, 희망의 투영물 212 | 2. 소유와 경영의 분리 215
3. 사람 쓰기의 어려움 218 | 4. 현대 기업경영과 무위이치 220
5. 순의 비전: 소통과 유대 223

十一 | 국가경영의 세 요건: 균등, 화합, 안정 229

　　1. 정의를 뜻하는 두 글자 232 | 2. 정의란 무엇인가 233

　　3. 유교와 공공성 236 | 4. 공공영역과 시장영역 239

　　5. 공자 대 염유 242 | 6. 공자의 국가경영론 246

十二 | 에필로그: 공자, 한국 청년에게 고함 249

　　1. 공자는 '88만 원 세대' 250

　　2. 채용이냐, 초빙이냐 253

　　3. 한국의 청년들에게 고함 256 | 4. 낯익은 주변을 낯설게 보라 264

　　인용한 『논어』 원문 269

　　참고 및 추천 문헌들 286

I부 | 경영의 눈으로 '공자' 읽기

프롤로그: 학교경영자, 공자

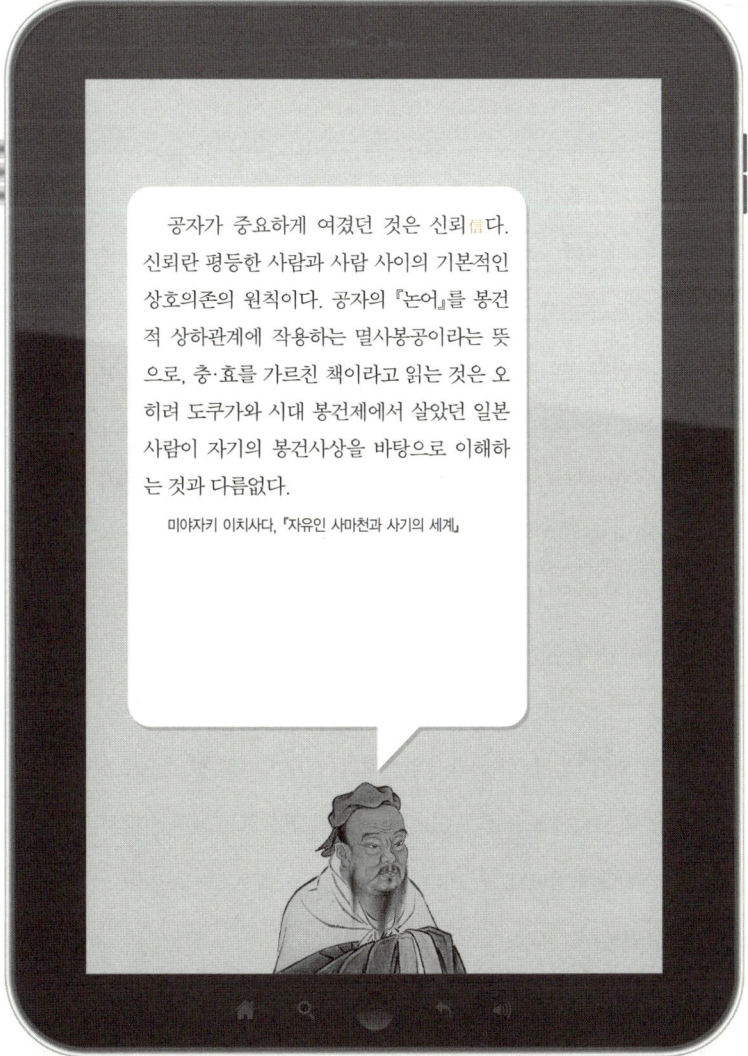

공자가 중요하게 여겼던 것은 신뢰信다. 신뢰란 평등한 사람과 사람 사이의 기본적인 상호의존의 원칙이다. 공자의 『논어』를 봉건적 상하관계에 작용하는 멸사봉공이라는 뜻으로, 충·효를 가르친 책이라고 읽는 것은 오히려 도쿠가와 시대 봉건제에서 살았던 일본 사람이 자기의 봉건사상을 바탕으로 이해하는 것과 다름없다.

미야자키 이치사다, 『자유인 사마천과 사기의 세계』

송나라 개국공신 조보趙普라는 사람은 2대에 걸쳐 정무를 총괄하는 재상을 지냈다. 그는 본시 시골의 무지렁이인 데다 젊은 시절 내내 전쟁터를 돌아다니느라 배운 것이 없었다. 나라를 세우고 관리가 된 후 읽은 책이라고는 『논어』에 불과했다. 2대에 걸쳐 정권을 잡다 보니 정적들이 생기게 마련. 그를 두고 '고작 논어 한 권밖에 읽지 못한 무식한 이가 재상직을 너무 오래 누린다'라는 입소문이 돌았던 모양이다. 미심쩍어하는 임금에게 조보는 이렇게 말했다.

"정녕 제겐 『논어』 한 권밖에 없습니다. 허나 『논어』 반 권으로는 태조께서 나라를 세우는 데 도움을 드렸고, 나머지 반 권으로는 폐하의 정치가 태평을 이루는 데 쓸 참입니다."

나대경, 「학림옥로鶴林玉露」

이른바 반부논어半部論語라는 고사가 등장하는 대목이다. 창업에 『논어』 반 권, 수성에 나머지 반 권이라니 제국을 건설하고 경영하는 데 『논어』 한 권만으로도 넉넉하다는 주장이다. 천하경영도 한다는데 하물며 국가경영에 있어서이랴. 조선이라는 나라는 이성계의 무력과 정도전의 유교경영 프로그램이 힘을 합쳐 만들어진 나라다. 유교 프로그램의 핵심 텍스트가 『논어』이니 조선조 5백 년은 『논어』라는 레일 위를 달려간 열차에 비유할 만하다.

여기서 다산 정약용丁若鏞이 "공자가 자로와 염유 등에게 늘 정치적 업무로서 인품을 논하였고, 안연이 도를 물었을 때도 나라를 다스리는 것으로 대답하였으며 각자의 뜻을 말해보라고 할 때도 역시 정치를 행하는 것에서 대답을 구하였다. 이에 『논어』의 효용은 경세經世에 있음을 알 수 있다"(「논어고금주」)라던 주장을 수긍할 수 있다. 또 정약용과 비슷한 시대를 살았던 일본의 유학자 이토 진사이伊藤仁齋가 『논어』를 두고서 "우주제일서宇宙第一書라", 곧 "세상에서 가장 으뜸가는 책"이라고 찬탄한 것도 같은 맥락이다.

천하와 국가도 경영하는 터에 기업경영이 대수이랴. 일본의 기업경영 철학을 제시하여 '동양의 피터 드러커'로 추앙받은 시부사와 에이치澁澤榮一가 『논어와 주판』이라는 기업경영론 속에서 "상인의 재능도 『논어』를 통해 충분히 배양할 수 있다. 얼핏 보면 도덕적인 책과 상인의 재능은 관계가 없는 듯해 보이지만 그 '상인의 재능'도 원래 도덕을 뿌리로 두고 있기 마련이라"고 주장한 것이 이해가 된다.

또 삼성그룹의 창업자인 이병철은 "나의 생각이나 생활이 『논어』의 세계에서 벗어나지 못한다 하더라도 오히려 만족한다"('호암자전') 라고 술회하였는데, 이 또한 대기업을 창업하고 성장시키는 데 『논어』가 의미 있는 기여를 했다고 내세울 증거가 된다.

1. 『논어』의 그늘

그런데 이병철의 언급을 따져 읽어보면 그동안 이 땅에 드리워졌던 '논어의 그늘'을 느낄 수 있다. "『논어』에서 벗어나지 못한다 하더라도 오히려 만족한다"는 멈칫거리는 말투 속에 오늘날까지도 드리워진 '논어'라는 단어에 엉킨 어두운 이미지를 감지할 수 있는 것이다.

40대 이상 중년층들은 『논어』라고 하면 '부모에 대한 효도'와 '나라에 대한 충성'이라는 문투가 연상될 것이다. 당시 초·중등학교 담벼락에는 어김없이 충효忠孝라는 큰 글자가 쓰여 있었고 아이들 일기장조차 '충효일기장'이라고 박혀 있었던 것이다. 강요된 복종과 폭력과 억압 밑에서, 젊은이들은 충효라는 구호에 이를 갈았고, 공자와 『논어』에 침을 뱉었다. 그러니까 연전 『공자가 죽어야 나라가 산다』라는 책이 베스트셀러가 된 배경에는 한국사회가 오랫동안 묵혀온 공자와 『논어』에 대한 분노와 반발심이 폭발한 사회적 심리 기제가 깔려 있다고 할 만하다.

하지만 또 우리는 『논어』를 제대로 읽어본 적이 없다! 어떤 이가 고전을 두고 '누구나 잘 알고 있지만, 누구도 잘 읽지 않는 책'이라고 비아냥댔지만 『논어』야말로 이런 경우에 꼭 들어맞는다. 잘못된 관습과 누추한 전통 그리고 진보를 가로막는 수구꼴통의 대명사로 알려져 있을 뿐, 누구도 그 속내를 알려들지 않기 때문이다.

그러나 『논어』를 읽어보면 놀랍게도 이 속엔 그동안 분노했던 충효의 논리가 존재하지 않는다는 사실을 발견할 수 있으리라. 『논어』에는 '효도를 통해 부모에게 복종하는 법을 배워서 군주에게 충성하라' 는 식의 논조가 단 한 곳도 없다! 이 대목에서 일본의 동양사학자 미야자키 이치사다의 지적은 인용할 가치가 있다.

곧 "공자의 유교에 대해 오로지 충효의 봉건도덕을 가르쳤다고 이해한다면 그것은 오히려 고전을 읽는 쪽의 편향이다. 공자의 『논어』에서 말하는 충忠은 반드시 그 대상을 군주로 한정하지 않는다. 효孝를 중요한 도덕으로 가르친 것은 사실이지만 그것은 상식적인 효행일 뿐 몸과 생명을 희생하라고까지는 말하지 않는다." (미야자키 이치사다, 『자유인 사마천과 사기의 세계』)

우리가 아는 충효, 즉 '아버지에게 효도하는 사람이 국가에 충성한다' 는 논리가 『논어』에는 없다는 증언이다. 이어지는 대목은 더 충격적이다. "공자의 『논어』를 봉건적인 상하관계에서 작용하는 멸사봉공이라는 뜻의 충효를 가르친 책이라고 읽는 것은 오히려 도쿠가와 시대 봉건제에 살았던 일본 사람들이 자기의 봉건사상을 바탕으로 이해하는 것과 다름없다."

곧 충효라는 묶음말의 뿌리는 『논어』가 아니라 일본식 사무라이 전통에서 기인하였다는 사실을 일본학자가 지적하고 있는 것이다. 그렇다면 우리가 그토록 분노했던 '공자=충효'라는 등식은 『논어』를 제대로 알아보지도 않은 채 남의 장단에 춤을 춘 우스꽝스런 짓이라고 할 수 있다.

일본 제국주의의 침탈을 근 40년 겪으면서 우리는 일본의 봉건적 관습이었던 상명하복, 멸사봉공, 대의멸친 따위의 '군국주의적' 언어들을 무비판적으로 채용하여 마치 조선시대 내내 이 땅의 삶이 그러했던 양 오해했던 것이다. 두 나라가 같이 한자·한문을 쓰는 통에 그리고 그들의 지배를 받는 통에, 일본식 관습이 마치 우리 전통인 양 '사이비 상식'으로 행세했었다는 말이다. 요컨대 충효라는 언어로 익숙한 '부모에 효도=국가에 대한 충성'이라는 항등식은 결단코 공자의 『논어』로부터 기원한 것이 아니다!

2. 경영철학으로서 『논어』

그동안 드리워졌던 오해의 그늘을 걷어내고 새로이 『논어』를 읽는 길은 본래 경세서로서의 맥락을 계승하는 독법이어야 할 것이다. 오늘날로 당겨서 해석하자면 『논어』 읽기에 정치·경제학적이면서 또 경영적 차원의 접근이 요구된다는 것. (물론 여기 '경영'이란 기업경영만을 이르지 않는다. 개인의 삶과 가족관계, 공공단체 그리고 국가와 국제관계 등 인간관계 운용의 전반을 아우르는 말이다.)

서점에 가보면 서가를 가장 넓게 차지하는 것이 경영·경제·처세술과 관련된 책들이다. 또 거기 채워진 책들 대부분은 미국을 위시한 서양이론과 사례들임을 발견할 수 있다. 이른바 '글로벌 자본주의' 환경 속에서 살아가는 기업인이나 경영자들에겐 미국식 경영지침과 경제이론은 중요한 학습대상일 것이다. 그러나 이런 추세가 지나치다 보면 우스꽝스러운 장면을 연출하게도 된다.

최근 경영분야의 베스트셀러인 스티븐 코비Stephen R. Covey의 『신뢰의 속도』라는 책을 예로 들어보자. 이 책의 요지는 "신뢰가 높아지면 속도는 빨라지고 비용은 내려간다"는 것이다. 거래 상대를 믿지 못하니 불신을 방지하기 위한 거래비용이 증대하게 되고, 이는 업무성취의 속도를 떨어뜨리게 되므로 결국 신뢰가 높아져야만 거래의 속도가 빨라지고 비용은 내려간다는 것이다. 그런데 이건 너무나 평범한 상식이 아닌가? 더욱이 동양사상의 눈으로 보자면 이런 주장은 진부하기 짝이 없다. 머리말에 게시한 인용문의 첫머리에서 밝혔듯이, 『논어』에서 공자가 중요하게 여겼던 것은 신뢰이기 때문이다.

또 『신뢰의 속도』의 저자는 "우리는 자신에게 약속하고 지키지 않는 경우가 많다. 이로 인해 불신이 쌓여 스스로를 신뢰하지 못하면 다른 사람의 신뢰도 받기 어렵다. 이처럼 개인적인 불성실성이 다른 사람의 의심을 초래하는 경우는 매우 많다"라고 지적한다.

그런데 공자의 제자 자하도 이렇게 말한다.

"군자는 신뢰를 얻은 다음에 아랫사람을 부려야 한다. 만일 신뢰를 얻지 못한 채로 사람을 부리면 자기를 괴롭힌다고 의심을 받는다. 또 신임을 얻은 다음 윗사람에게 충고해야 한다. 만일 신임을 얻지 못한 채로 바른 소리를 하면 윗사람에게 자기를 비판하는 줄 의심을 산다."

『논어』, 19:10

다르지 않은 말이다. 하긴 『논어』는 동서고금을 막론하고 통용되기에 고전, 진리의 책으로 불릴 것이다. 또 최신의 경영이론서들은 이런 보편적 진리를 오늘날 환경에 맞춰서 재해석하고 있는 것일 따름이겠다. 그러니 책에는 죄가 없다. 그렇다면 진짜 문제는 우리들 자신에게 있는 것은 아닐까. 이 땅의 오랜 삶의 지혜에는 시큰둥하면서, 저쪽의 현란한―그러나 진부한―이론에는 귀를 쫑긋 기울이는 행태를 두고 하는 말이다. 지식과 이론을 미국의 이른바 '경영의 구루'에게 기대다 보면 다음과 같은 행태도 빚어지게 되는데, 이 정도면 우스꽝스러움을 넘어 바보짓이 된다.

軍 리더십분야의 세계적 권위자인 미국의 에드가 F. 퍼이어 박사가 6월 15일 오전 국방부 청사에서 현역 장성을 포함한 국방부 및 합동참모본부 직원 5백여 명을 대상으로 리더십 강연을 했다. 퍼이어 박사는 이날 '미래지향적 군 조직에 요구되는 리더의 인격과 역량'이라는 주제의 강연에서 훌륭한 리더의 우선 조건으로 인격수양을 꼽았다. "부하에 대한 포용력과 애타심愛他心 등을 바탕으로 한 인격수양이 훌륭한 리더가 되는 길입니다." 그는 "지난

40여 년간 150명의 미군 장성들을 직접 인터뷰한 결과, 유능한 리더가 되는 길은 인격을 쌓는 것이라는 결론을 내렸다"고 강조했다.

「연합뉴스」, 2005년 6월 15일자

이 기사를 읽는 중에 픽하고 실소를 한 것은 '훌륭한 리더의 우선 조건으로 인격수양을 꼽았다'는 대목 때문이었다. 개인의 인격수양은 '수기치인 修己治人'이라고 하여 유교적 인간교육의 기본에 속하는 것이기 때문이다. 덧붙여 공공부처에서 이런 강연을 듣기 위해 헛된 비용을 들였다는 생각에 화가 났다.

대한민국이 독립을 한 지도 올해로 꼭 66년이 흘렀다. 이제는 우리도 차분하고 진지하게 공자와 『논어』의 의미를 헤아려볼 때가 되었다고 여긴다. 이제는 서양의 위세에서 벗어나 지난 세월 동안 주눅 들어 있던 이 땅의 연면한 지혜들을 헤아릴 정도의 물질적·정신적·역사적 여유를 가지게 되었기 때문이다.

3. 공자의 학교

우리는 공자를 도덕적 교설가, 의례주의자로 알고 있지만 실은 실무에도 밝은 사람이었다. 조선시대 유학자들의 초상화에서 연상하듯 책상머리에서만 세상일을 꿈꾼 창백한 이상주의자가 아니었다는 뜻이다. 공자는 여러 직업들을 전전하면서 그 속에서 이치를 궁구하고 또 배우며 평생을 살았던 '실학자'였다. 이에 그는 스스로를 두고 호학 好

學, 즉 배움을 좋아하는 사람이라 규정했다.

배움에 목말랐던 사람이 또 남에게 베풀 줄 아는 법. 공자는 『논어』에서 "배움에 싫증내지 않고, 남을 가르칠 적에 게으르지 않는 미덕이 어찌 내게 있으리오!"라고 겸손하게 말했지만, 실제로는 자신의 지식을 누구에게든 베풀고자 하였다. 실제로 그는 동양사회에서 학교를 최초로 세운 사람이면서 또 그 학교의 운영자이기도 하였다.

공자학교의 특징은 열린 학교라는 데 있었다. 귀천과 빈부, 인종을 차별하지 않고 누구든 배우려는 의지가 있으면 학생으로 받아들였다. 이것은 정말 놀라운 사실이다. 오늘날조차도 인종이나 민족, 계급 간의 갈등이 엄존하는 사회가 도처에 존재하는데, 2천5백 년 전에 이른바 '개방 대학open university'을 열었다는 점에서 그러하다.

공자 말씀하시다. "나는 스스로 '속수束脩' 이상의 예를 차리는 자에게 가르침을 베풀지 않은 적이 없었노라."

『논어』, 7:7

여기서 속수란 말린 고기 한 묶음을 뜻한다. 오늘날 병문안할 때 들고 가는 주스 캔 한 박스가 이에 근사하다. 당시 선비들의 선물로는 꿩고기를 주로 썼다는데 속수는 그보다 못한 최하의 예물인 것이다. 공자는 "시장에서 파는 말린 고기는 먹지 않았다"(『논어』, 10:8)라고도 말했으니 그에게 속수는 더욱 하찮은 예물임을 짐작할 수 있다. 곧 학생이 최소한의 예물로라도 예를 갖춰 배우려는 의지를 보이기만 하면 누구에게나 개방된 곳이 '공자의 학교'였다는 것이다.

그랬기에 다양한 꿈을 가진 각양각색의 젊은이들이 공자학교로 몰려들었던 것 같다. 이념적으로는 극좌에서 극우까지, 혹은 직장을 얻기 위해 입학한 젊은이부터 국가를 혁신하려는 포부를 가진 사람에 이르기까지 다양한 욕망들이 들끓던 학교였다.

직업학교로서의 공자학교의 특성은 공자 스스로 "3년을 나에게 배우고서 직장穀을 구하려 들지 않는 녀석을 찾기 어렵더구나!"(『논어』, 8:12) 라던 개탄에서도 엿볼 수 있다. 이 탄식은 공자학교를 취업의 계기로 삼으려던 학생이 많았다는 사실을 알려주기 때문이다. 실제로 『논어』 속에는 노나라 권력자들이 공자학교를 방문해서 스카우트할 요량으로 제자들의 품평을 묻는 대목들이 여럿 있다. 그리고 제자 자로와 염유는 집권자의 조정에 취업하기도 하였던 것이다.

노나라 권력자 계자연이 공자에게 물었다. "자로와 염유는 대신大臣으로 삼을 만한지요?"

공자가 시큰둥하게 대답했다. "그대가 색다른 질문을 할까 하였더니, 고작 자로와 염유에 대한 질문이로구먼. 이른바 대신이란 올바른 길로써 임금을 섬기다가 가납되지 않으면 자리를 던지는 사람이지. 저 자로와 염유는 신하의 머릿수나 채우는 구신具臣쯤 되려나?"

계자연이 다시 물었다. "허면 군주의 명령을 잘 따르는 수족은 되겠는지요?"

공자가 말했다. "제 아비를 죽이거나, 선왕을 살해한 임금을 따르지는 않을 걸세!"

『논어』, 11:21

반면에 또 어떤 제자는 공자가 직장을 알선해주었음에도 저 자신이 아직 무르익지 않았다고 고백해서 스승을 놀라게 하기도 하였다.

공자가 칠조개에게 벼슬자리를 알선해주었다.
칠조개, 답했다. "저는 아직 그 자리를 맡을 만한 깜냥이 되지 못합니다."
공자, 흔연히 기뻐하였다.

『논어』, 5:5

요즘같이 직장이 흔전만전한 시대에도 지도교수가 직장을 알선해주면 학생들은 고마워서 어쩔 줄 모른다. 옛날 춘추시대라면 직장도 변변찮았을 뿐만 아니라 그 숫자도 많지 않았을 것이다. 혹 칠조개는 가난했던지 모른다. 이에 스승이 나서서 직장을 알선해주었던 것이리라. 그런데 당사자가 기뻐하기는커녕 '저는 아직 그런 자리를 맡을 만한 실력을 갖추지 못했습니다'라고 하였다니, 스승은 얼마나 놀랐을까? 곧 칠조개는 스스로를 객관적으로 파악하고 성찰하는 '눈'을 갖고 있었다는 뜻이고 또 편안한 자리에 목매는 소인배가 아니라는 뜻이기도 하다.

공자는 성실한 교사였다. 학교를 졸업한 제자에 대해서도 끝까지 가르침을 베푸는 다음 장면을 보자.

유비가 공자를 뵙고자 찾아왔다. 공자는 아프다며 만나길 거절했다. 집사가 말을 전하러 문을 나서자, 공자는 거문고를 타면서 노래 불렀다. 유비로 하여금 듣게 하고자 함이었다.

「논어」, 17:20

『예기』에 따르면 '유비'라는 이는 한때 공자의 문하에서 가르침을 받았던 제자였다. 그런데 훗날 스승과 그 삶의 길을 달리하였다고 전한다. 아마 권력자의 주구가 되어 인민들을 해치는 정책을 집행했으리라. 이런 제자가 옛 스승을 찾아왔다. 그런데 공자는 아프다며 만나길 거절한다. 그런데 그 말을 전할 집사가 문을 나서자마자 공자는 거문고를 연주하기 시작한다. 유비에게 들리도록 일부러 한 행동이다.

그것은 몸이 아니라 '마음이 아프다'는 뜻을 전하려는 연주였다. 바로 그대의 행실을 돌이켜보라는 가르침인 셈이다. 맹자는 이를 두고 "묵묵히 답변하지 않는 것도 가르침의 일종이라"(맹자)고 지적한 바 있다. 따라서 공자는 끝까지 제자에게 가르침을 베푸는 교사로서의 자의식을 놓치지 않은 최초의 인물이라고 할 수 있다.

4. 학교경영자로서의 공자

공자학교의 규모를 두고 '3천 명의 제자가 있었다'고 전하는 말이 있으나 이 숫자는 교사로서의 위용을 수식하기 위한 훗날의 과장으로 보인다. 다만 맹자에 따르면 공자에게 깊은 감화를 받은 제자의 숫자를 70명이라고 하였고 또 공자 본인도 늘그막에 특출한 제자들을 회상하면서 열 명의 이름을 거명하고 있으니, 제법 큰 규모의 학교를 운영하였고 또 천하의 다양한 영재들이 몰려들었던 것은 분명하다. 학교경영자로서 공자의 면모는 다음 사례를 통해 엿볼 수 있다.

> 공자가 제자인 자화를 멀리 제나라로 심부름을 보냈다. 학교 회계를 담당하던 염유가 그의 집에 수고비를 보낼 것을 청하였다.
> 공자 말씀하시다. "두어 되쯤 보내려무나."
> 염유가 작다고 싶어 더 줄 것을 청하였다.
> 공자 말씀하시다. "두어 말 보내거라."
> 그것도 적다 싶어 염유는 한 가마니를 보냈다.
> 공자가 말했다. "제나라로 떠나는 자화를 보니까 살진 말을 타고, 고급 가죽옷을 입었더구나. 군자는 가난한 사람에게 돈을 쓰지, 부자를 더 부유하게 만들지 않는 법이니라."
>
> 『논어』, 6:3 전반부

공자의 고향인 노나라에서 제나라까지는 먼 거리였다. 그런데 공자는 부담이 될 만한 일을 제자인 자화에게 시켜놓고 그 대가를 치르려고 하지 않는다. 공자학교의 살림을 맡고 있던 제자 염유가 그 점을 지적하여 자화의 집에 수고비를 보낼 것을 청했다. 그런데 공자는 몹시 귀찮은 듯 응대한다. 애초부터 수고비를 내줄 의향이 없던 것이 분명하다. 그러나 스승의 체면을 생각한 염유는 자화네 집에 넉넉하게 비용을 치렀다. 염유의 생각으로는, '아무리 제자라도 일을 시켰으면 이에 대해 당연히 보상을 해주어야 하는 것이 도리'라고 생각했던 것이다.

하지만 공자는 염유의 처사를 꾸짖는다. 겉으로 드러난 뜻은 자화가 부자이기 때문에 수고비를 줄 필요가 없다는 것이다. 여기서 공자의 속뜻을 헤아리자면, 사제지간에 스승의 사사로운 부탁을 제자로서 들어줄 수 있는 일이고 또 머나먼 길을 보내는 심부름이기에 특별히 부유한 자화를 택했던 것이라는 생각이 숨어 있는 듯하다.

즉 공자는 일부러 살림살이에 여유가 있는 제자를 골라서 개인적 사무를 맡긴 것이다. 문제는 이런 경우에 심부름 값을 치뤄버리게 되면, 제자의 '스승을 위한 행동'이 결국 '돈을 위한 행동'으로 추락하고 만다는 데 있다. 그렇다면 공자가 자화를 택하여 심부름 보낸 뜻이 변질되어버린다. 또 기껍게 스승의 뜻을 맡아서 행한 자화의 행동은, 보상으로 말미암아 그 기쁨이 망가져버리게 된다. 요컨대 공자는 여러 제자들 가운데 경제력과 성실성 등을 두루 감안하여 자화를 골라 심부름을 보냈고, 자화는 또 여러 제자들 중에서 뽑혀 스승의 심부름을 하게 된 데 대해 기꺼워하며—초등학교 시절 담임선생님이 특별히 나를 지목하여 심부름을 시키면 얼마나 으쓱하고 기뻤던지를 연상하면 자화의 느낌을 이해할 수 있으리라—길을 떠난 것이다.

이렇게 보면 우리는 공과 사를 분간하여 일을 처리하는 공자의 세심함을 느낄 수 있다. 그러나 이런 설명이 아무리 그럴 듯해도 떨치기 어려운 의구심은 '공자가 재물을 아까워한 것은 아닌가?'라는 점이다. 이런 의심의 눈길을 『논어』 편찬자들도 느꼈던 듯, 위의 인용문에 곧이어 다음 예화를 실었다.

> 공자가 가난한 제자 원사를 집사로 삼았다.
> 월급을 주자, 원사가 사양했다.
> 공자 말씀하시다. "사양하지 말거라. 네 이웃 사람들에게 나눠주는 한이 있더라도."
>
> 『논어』, 6:3 후반부

원사는 따로 원헌原憲이라고도 불렸는데 제자들 가운데 가장 궁핍한 처지였다. 『장자』에도 원사는 "쌀겨를 끓여 먹을 만큼 가난한" 인물로 출현한다. 이런 제자를 학교 관리자로 삼았다면, 허기를 조금이라도 면하게 해주려는 스승의 뜻을 헤아릴 수 있다. 물론 공자가, 가난하다고 해서 아무에게나 일을 맡길 사람이 아니다. 또 원사 역시 성격이 칼칼하기로 이름난 인물이니, 가난하기는 하지만 경위 없이 아무 것이나 덥석 무는 소인배는 아니었던 터이다. 가령 다음 대화에서 그의 깔끔한 성품을 엿볼 수 있다.

원헌이 '부끄러움恥'이란 무엇인지를 여쭈었다.

공자 말씀하시다. "나라에 도가 있을 때 벼슬을 살다가, 나라가 도를 잃었는 데도 벼슬을 살고 있는 것, 이것이 부끄러움이니라."

『논어』, 14:1

'부끄러움'에 대한 문제의식을 갖고 있던 사람이 부끄러운 짓을 하기는 어려운 법. 역시나 스승의 경제적 배려에도 불구하고 원사는 관리직에 따른 월급을 사양한 것이다 (『논어』, 6:3 후반부)

원사는 사제지간에 스승을 위해 자발적으로 한 일을 두고 돈을 받는 것을 치욕이라고 여겼던 것이다. 그것은 앞서 스승을 위해 제나라로 심부름을 다녀온 자화가 수고비를 받고서 느꼈을 치욕과 같은 맥락이다. 하지만 공자는 이번 것은 경위가 다르다고 생각했다. 앞서 자화의 경우가 사사로운 사제 간의 부탁에 돈이 개입되어 불쾌하게 되는 것이었다면, 이번 원사의 건은 공식적인 채용이어서 마땅히 업무 수행에 대한 보상이 있어야만 한다는 것이다. 그러므로 피고용자인 원사가 그 월급이 싫어서 자기 이웃에게 주고 말망정, 고용자인 공자로서는 마땅히 월급을 주지 않을 수 없다는 것이다.

이렇게 보면 공자가 학교를 운영하는 가운데 공과 사를 구분하여 제자들에게 일을 맡기고 또 업무의 성격에 맞춰 합당한 사람을 선택하려고 노력했음을 알 수 있다. 요컨대 현명한 경영자로서 공자의 면모를 이런 예화들 속에서 흠뻑 느낄 수 있다. 그랬기에 교사로서 공자의 면모가 2천5백 년을 지나 오늘날까지 전해지는 것이리라.

한편 두 인용문을 통해 공자가 인간세계를 둘로 나눠서 인식하고 있음도 알 수 있다. 하나는 이익을 추구하는 시장영역이고, 또 다른 하나는 재물이 개입하면 안 되는 시장 바깥의 사회다. 자화에게 심부름을 시킨 것이 시장 바깥에 속한다면, 원사를 취업시켜 월급을 준 것은 시장 속의 일이다. 공자가 염려했던 점은 시장 바깥의 인간관계에 재물(이익)이 개입하게 되면 그 세계가 망가져버리는 것이었다. 그러므로 염유를 두고, "군자는 가난한 사람에게 돈을 쓰지 부자를 더 부유하게 만들지 않는 법"이라고 꾸짖은 것은 재화가 개입되지 말아야 할 세계를 돈으로 사버리면 순수한 인간관계가 황폐화되고 만다는 공자의 경고로 읽을 수 있다.

염유는 뒷날 권력자의 주구가 되어 세금을 크게 올렸다가 스승으로부터 지탄을 받는데 이 점에서 공자는 이익과 손실이라는 잣대로만 세상을 바라보는 공리주의 일변도에 대해 매우 비판적이었음을 알 수 있다. 그렇다면 이른바 '신자유주의적 자본주의'가 범람하는 오늘날 세계에 대해 공자는 크게 염려하리라고 예단할 수 있다. 결론적으로 공자는 현실정치가로서는 실패한 사람이었지만 교육자로서는 크게 성공한 사람이었다.

그러면 공자가 학교를 통해 제시하고자 했던 새로운 세계의 비전은 과연 무엇이었을까. 당대의 쟁쟁한 젊은이들을 감동시켜, 그의 어록을 남기게까지 만들었던 힘은 어디서 나온 것일까. 그 까닭을 좀 구체적으로 살펴보기로 하자.

二 | 공자 경영학의 4대 원칙

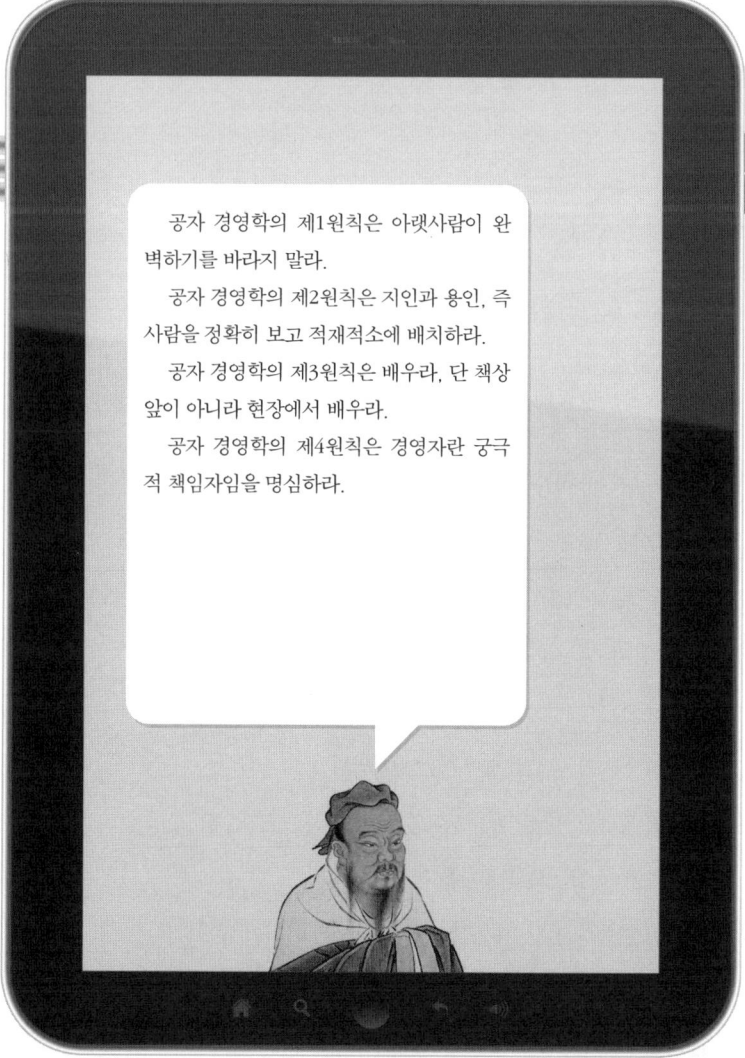

공자 경영학의 제1원칙은 아랫사람이 완벽하기를 바라지 말라.
공자 경영학의 제2원칙은 지인과 용인, 즉 사람을 정확히 보고 적재적소에 배치하라.
공자 경영학의 제3원칙은 배우라, 단 책상 앞이 아니라 현장에서 배우라.
공자 경영학의 제4원칙은 경영자란 궁극적 책임자임을 명심하라.

1. 문제는 시스템이다!

오늘날 우리는 공자를 구체적인 경제생활보다 추상적인 가치, 윤리와 도덕과 같은 형이상학을 중시했던 사람으로 여긴다. 공자 당대에도 그의 가르침이 하루하루 먹고 살아가는 일상생활과 유리된 것 아닌가 하고 의심을 품은 사람들이 있었던 듯하다. 특히 그런 의문이 공자학교의 제자들 속에서 터져나오는 것은 흥미롭다. 다음 대화는 제자의 그런 의심과 또 이에 대한 공자의 반응이다.

제자 번지가 농사일 배우기를 청하였다.
공자 말씀하시다. "내가 늙은 농부만 못하지 않느냐!"
번지가 또 밭농사 배우기를 청하였다.
공자 말씀하시다. "내가 노숙한 농사꾼은 아니지 않느냐!"

번지가 나가자 공자가 말씀하시다. "소인배다, 저 녀석은! 윗사람이 예禮를 좋아하면 백성이 공경하지 않을 리 없고, 윗사람이 의義를 좋아함에 백성이 복종하지 않을 리 없으며, 윗사람이 믿음信을 좋아하는데 백성이 마음 주지 않을 리 없다. 대저 이렇게만 하면, 온 사방에서 농사꾼들이 아이는 둘러업고 세간은 짊어지고 몰려들 터인데, 어디 농사지을 겨를이 있다는 말이냐."

「논어」, 13:4

농사일 배우기를 요구한 번지의 질문은 실은 오늘날 우리가 가진 의문점을 대변한다. 당대의 '실학자'라고나 할까? 그의 질문에는 '공자의 가르침이 지당한 말씀이긴 하지만 먹고사는 기술, 곧 생산 활동과는 직접 관련이 없지 않으냐'는 의심이 깔려 있다. 공자의 가르침이 실용적이지 않다는 뜻이다. 번지의 질문은 우리가 지난 백 년 간 공자에게 던졌던 힐문과 똑같다. 공리공담, 탁상공론, 허학虛學과 같은 표현들이 유교를 바라보는 인식을 대변한다. 공자 당대에, 더욱이 그의 제자가 이런 질문을 했다는 사실이 이채롭다.

이에 대해 공자는 자기 학문이 농사기술이 발휘될 수 있도록 만들어주는 근본적 기술이라는 점, 컴퓨터 용어를 빌리자면 운영 체계(OS)와 같은 것이라고 알려준다. 또 그 운영 체계를 구성하는 요소가 예법禮과 정의義 그리고 신뢰信라고 제시하고 있다.

이 대화에서 주목할 점은 시대의 핵심과제를 '시스템'의 문제로 인식하는 공자의 시각이다. 공자가 실용기술을 요구하는 번지에게 소인배라고 짜증을 낸 것은 춘추시대의 본질적 문제는 작업 기술의 효율성에 있는 것이 아니라, 그것을 발휘할 수 있는 정치사회적 토대, 즉 올바른 시스템을 마련해주는 데 있다고 봤기 때문이다. 농사기술을 비천하게 여겨서가 아니라, 시대 문제의 본질이 경영 체계의 미비에 있고 따라서 새로운 시스템의 구축으로 문제가 혁신될 수 있다고 본 것이다. 그러므로 이 대화는 공자가 시스템의 중요성과 경영의 특수성을 인식하고 있었다고 해석할 수 있는 대목이다.

  SBS의 〈생활의 달인〉이라는 텔레비전 프로그램에서 보듯, 전문적 기예를 갖춘 사람들은 언제 어디서나 존재한다. 문제는 이들이 제 기예를 마음껏 발휘할 수 있는 시스템을 마련해주는 일이다. 공자는 이것을 당대 국가 경영자의 가장 큰 책무로 파악했다. 춘추시대의 대혼란을 극복하기 위해서는 오늘날 용어로 말하자면 '사회 시스템'을 완전히 바꿔야 한다고 판단했던 것이다. 단순히 물질적 기술physical technology의 차원이 아닌 사회적 기술social technology에 대한 전면적 혁신이 요구되는 때라고 보았다.

  이런 시스템이 마련되기만 하면 '날고 기는' 농사꾼들이 "온 사방에서 아이는 둘러 업고 세간은 짊어지고 몰려들 터"이므로, "농사지을 겨를조차 없을 것"이다. 이렇게 보면 공자는 피터 드러커P.F. Drucker가 "경영이란 다양한 지식과 기술을 가진 사람들을 하나의 조직에 통합하는 인간의 모든 노력"(이재규, 『피터 드러커에게 경영을 묻다』)이라고 규정한 경영의 정의를 최초로 인식하고 실천한 사람이라고 볼 수 있다. 그렇기에 『논어』에는 인仁과 덕德 같은 추상적이고 철학적인 개념들과 함께, 실제

현장의 구체적 인간관계와 조직경영의 사례들이 다양한 금언의 형태로 담겨 있는 것이다.

2. 동서고금이 다르지 않다

자, 이참에 유명한 스티븐 코비의 경영계발서적인 『성공하는 사람들의 7가지 습관』이나 『성공하는 사람들의 8번째 습관』과 같은 식으로 실용적이고 구체적인 경영원칙을 『논어』 속에서 뽑아보면 어떨까. 공자에게 드리워진 엄격하고 엄숙한 느낌을 불식시키고, 『논어』 또한 좀 더 친근한 '경영의 지혜서'로 느낄 수 있도록 말이다. 이런 생각이 터무니없는 것만도 아닌 까닭은, 『논어』에서 다음 대목을 접할 때면 꼭 서울 강남의 한 오피스빌딩 속 회사 사무실을 들여다 보는 느낌이 들곤 했기 때문이다.

공자 말씀하시다. "군자의 특징은 모시기는 쉽지만, 그의 마음에 들기는 어렵다는 점이다. 마음에 들기 어려운 까닭은 업무의 성취가 마땅하지 않으면 만족하지 않기 때문이다. 또 모시기가 쉬운 까닭은 아랫사람들을 부릴 적에 그 각각의 기량에 맞춰서 업무를 부여하기 때문이다.

반면 소인의 특징은 모시기는 어려운데, 그의 마음에 들기는 쉽다는 점이다. 업무 밖의 일로써도 그를 기쁘게 할 수 있지만, 반면 아랫사람에게 모든 것을 갖추기를 요구하기 때문이다."

『논어』, 13:25

이런 대목은 2천5백 년 전의 이야기라기에는 그 숨결이 오늘날에도 너무나 생생하다. 정녕 어제 낮에 어느 오피스빌딩에서 일어난 일을 사실적으로 서술한 것으로 여겨질 정도다. 이 장은 이렇게 해석할 수 있으리라.

제대로 된 상사란 모시기는 쉬워도 그의 마음을 흡족하게 하기는 어렵다. 모시기가 쉬운 까닭은 업무 밖의 사사로운 관계에서는 대범하고 또 부담을 주지 않기 때문이다. 반면 그런 상사는 업무에 관련해서 제대로 일처리를 하지 않으면 만족하지 않는다. 사적인 관계에서는 대범하면서도 공적인 업무에서는 엄격하다. 한편 아랫사람에게 일을 맡길 때는 개개인의 장단점과 기량을 감안하여 분담시킨다. 그러므로 담당자는 맡은 일을 해내기가 쉽다. 이것은 그가 업무 전반을 파악하고 있고 또 부하들의 능력을 잘 알고 있다는 뜻이다. 이런 상사는 신뢰할 수 있고 모시기가 쉽기 때문에 그 조직의 분위기가 부드럽고 화목하다.

반면 모시기는 까다로워도 그의 마음에 들게 하기는 쉬운 상사도 있다. 이런 사람은 자신이 상사라는 자의식이 강하다. 그래서 사소한 트집을 많이 잡기에 모시기가 어렵다. 한편 그를 만족시키기는 어렵지 않다. 업무에 관련된 일 외에 과장된 복종의 몸짓과 사사로운 '기름질 치기'를 즐기기 때문이다. 반면 사람을 부릴 때는 담당자가 팔방미인이기를 요구한다. 매양 "그것도 못하냐!"는 식이다. 언제나 잘못을 아랫사람에게 돌리는 것도 이 때문이다. 이것은 그가 업무 전반을 파악하지 못하고 또 직원 개개인의 특성과 기량을 이해하지 못한 탓이다.

이런 리더는 좋은 성과는 모두 본인 덕택으로, 실패는 다 아랫사람 탓으로 돌리기 십상이다. 이런 상사가 있는 직장의 분위기는 위축되어 있고, 정상적인 의사 결정 과정보다는 비선 조직이 힘을 발휘할 가능성이 높다.

미국 광고업계의 유명한 경영자이자 광고기획자로서 한 시대를 풍미했던 데이비드 오길비 David Ogilvy의 다음 비평은 마치 위의 두 직장 상사들에 대한 총평처럼 느껴진다.

"나는 스스로를 성공으로 이끌 만큼 훌륭한 부하를 고용할 줄 아는 사람을 좋아합니다. 자신의 능력에 대한 불안감 때문에 자기보다 못한 사람들을 고용하는 사람을 불쌍히 여깁니다."

데이비드 오길비, 「나는 광고로 세상을 움직였다」

동서고금이 어쩌면 이렇게 꼭 같을까? 이런 식으로 『논어』를 해석하다 보면 2천5백 년 전이나 오늘이나 인간세계는 전혀 진보한 것 같지가 않다. 사람이란 변함이 없다는 느낌이 드는 것이다. 케케묵은 책인 『논어』가 아직도 고전으로 살아남은 까닭도 여기서 비롯하는 것이리라.

3. 갖춘 사람을 구하지 말라

자, 그렇다면 공자가 권하는 경영학의 제1원칙은 "모두 갖춘 사람을 바라지 말라"로부터 출발할 수 있겠다.

공자가 평생을 두고 존경했던 노나라 건국자 주공 周公 은 그의 아들에게 국가 경영의 핵심을 전수하는 자리에서 "오래된 동지를 큰 잘못 없는데 자르지 말고, 한 사람에게 모든 것을 갖추기를 요구하지 말라"(『논어』, 18:10)는 가르침을 내린 바 있다. 누군들 입 속의 혀처럼, 혹은 자신의 부족한 점을 채워줄 수 있는 완벽한 부하를 바라지 않으랴. 그러나 나 자신이 그런 사람이 아님을 스스로 안다면, 그런 완벽한 사람을 딴데서 구해서 될 일이 아니다. 자칫하면 위의 소인배 상사와 같은 꼴이 나고 만다.

흥미롭게도 『토정비결』의 저자로 알려진 조선의 토정 이지함 李之菡 에게도 유사한 일화가 전해져온다. 어떤 양반이 "마음에 드는 하인이 없어서 골머리를 앓고 있다"고 하소연을 했던 모양이다. 이에 대해 토정 선생은 "이모저모 잘 갖춘 머슴을 바라느니, 여러모로 잘 갖춘 주인이 되는 길이 빠를 것"이라는 뼈 있는 지적을 했다는 것이다.

공자 역시 탁월한 재능을 갖춘 제자를 바라기는 마찬가지였다. 그러나 스승의 눈에 동료로 삼을 만큼 성숙한 제자를 얻기가 어디 쉽겠는가. 이에 공자는 "중용을 행하는 사람을 얻어 함께하지 못할 바엔, 반드시 광 狂 하거나 견 狷 한 사람을 얻어야 하리라. '광자'란 진취적이고, '견자'는 우직함이 있는 사람이지"(『논어』, 13:21)라고 눈을 낮춘다. 광자란 곧 실력은 미치지 못하나 이상은 높은 젊은이를 말하고, 견자는 지켜야 할 가치라면 결코 양보가 없는 사람을 뜻한다. 곧 공자는 모가 난 사람—요즘 말로 하자면 '스펙'이 아닌 '엣지'가 있는 젊은이라고 할 수 있겠다―을 바란 것이다.

사실 둥글기만 한 사람은 모난 사람보다 쓰임새가 덜하다. 둥근 돌이 관상용으로는 어떨지 몰라도 집을 짓는 데는 쓰임새가 없는 것과 같다. 돔이나 아치와 같이 둥근 형태의 건축물도 둥근 돌이 아니라 모난 돌을 가지고 둥글게 쌓아서 만드는 것일 뿐이다. 흥미롭게도 많은 현대의 기업경영자들이 이런 견해에 찬동한다. 미국의 광고경영자 오길비가 "재능 있는 사람들은 대부분 규범을 따르지 않고 관습에 반대하는 반항아들이다"(『나는 광고로 세상을 움직였다』)라고 토로한 것이나, 일본의 시부사와 에이치가 "지나치게 둥글면 변질하기 쉽다"(『논어와 주판』)라는 일본 전래의 속담을 인용한 것도 같은 뜻이다.

그렇다면 경영이란 다양하게 모난 사람들을 모아서 둥근 건축물을 만드는 작업이라고 정의할 수 있으리라. 역시 오길비가 "광고대행사를 경영하는 것이 항상 즐거운 일만은 아니다. 광고 일을 시작하고 14년이 지난 다음, 나는 CEO가 반드시 지녀야 할 막중한 책임이 있다는 결론을 내렸다. 그것은 창의력이 뛰어난 독불장군들이 효율적으로 일할 수 있는 분위기를 조성하는 것이다"(『나는 광고로 세상을 움직였다』)라고 지적한 것은 문제의 핵심을 제대로 짚은 것이다.

공자가 "윗사람의 자리에 있으면서 관대하지 않은 자를 내 어찌 리더로 여길 수 있으리오!"(『논어』, 3:26)라며 개탄한 까닭도 모난 사람들을 조직의 목표로 인도하여 조화시킬 수 있는 자질을 리더십의 핵심으로 보았기 때문이다. 여기 리더의 자질로 지적한 관대함寬이란 그저 아랫

사람들의 뜻에 따라주는 무골호인을 뜻하는 것이 아닌 듯하다. 관대함이란 이모저모로 모난 부하들을 모아 한군데로 결집할 적에 요구되는 빈 공간을 뜻하는 것이다. 소설가 한승원이 잔돌들을 쌓아서 돌무더기 탑을 만드는 와중에 터득한 지혜를 들려준 적이 있는데 이 속에 모난 사람들을 아울러 쓰는 관대함을 이해할 수 있는 실마리가 들어 있다.

세모진 것이 필요한 자리, 네모진 것이 필요한 자리, 마름모꼴인 것이 필요한 자리, 그러한 특이한 자리에 알맞은 돌을 고르는 것이 어려운 일이다. 두루뭉수리한 것은 그 어느 장소에든지 무난하게 들어맞기는 한데, 그것의 홈은 다음 놓을 돌과의 아구짓기가 힘들었다. 밑돌의 아구하고 잘 맞을 뿐만 아니라 그 위의 돌에 놓일 돌하고의 아구가 잘 맞으려면 어떤 형태로든지 모가 나 있지 않으면 안 되었다. 그리고 옆에 놓일 돌과도 아구가 맞아야 하고.

(……)

사회나 국가 단체의 구성도 마찬가지일 터다. 모든 구성원들은 옆 사람과의 관계, 윗사람과 아랫사람의 관계가 정교하고 튼튼하게 이루어지지 않으면 안 된다. 그 자리에는 반드시 필요한 사람이 들어가야 하고, 두루뭉수리하게 닳고닳아 있기 때문에 그 어떤 동반자 관계나 상하 관계에서도 단단하게 아구를 지을 수 없는 사람은 자잘한 조약돌들과 함께 그 탑의 내장 속에 깊이 넣어두어야 하고 겉에 둘러쌓지 않아야 한다. 삶의 밀도도 그와 같을 터이다.

한승원, 「돌탑 혹은 삶의 밀도에 대하여」, 「출판저널」

한승원의 관찰을 빌리자면 관대함이란 모난 돌들이 아귀가 맞도록 만드는 틈새를 뜻한다. 결코 두루뭉수리를 말하는 것이 아닌 것이다. 이것도 좋다고 흥, 저것도 좋다고 흥 하는 것이 아니라 제대로 된 돌탑이 만들어지도록 예비해둔 빈자리, 빈 틈새를 말한다. 그리고 이 틈새가 있을 때만 모난 돌들을 모아서 돔형 탑도 만들 수 있는 것이다.

4. 인사가 만사다

지난 백 년 동안 유교가 크게 비판받은 이유 중 하나는 법치가 아닌 인치 人治, 곧 '권력자 자의로 행하는 정치'를 숭상한다는 죄목 때문이었다. 특히 근대 국제법의 강제성을 깊이 인식하지 못한 탓에 서양제국과 허술하게 조약을 맺었다가 크게 혼이 난 동아시아 국가들의 경험은 법과 제도에 대한 부실한 인식 탓을 유교에 돌리곤 했다. "형벌과 법제로 다스리면 인민들은 부끄러움을 잃고, 덕과 예의로써 다스리면 제 스스로 바로 잡힌다"(『논어』, 2:3)라는 대목이야말로 비난의 표적이었다.

하지만 유교의 입장에서 인치는 나쁜 뜻이 아니다. 덕과 능력을 겸비한 경영자를 얻느냐 못 얻느냐에 공동체의 사활이 걸려 있다는 뜻으로 쓰기 때문이다. "그 사람이 있을 때라야 좋은 정치는 일어나고, 그 사람이 없으면 좋은 정치는 사라진다"라는 『중용』의 지적 속에 경영에서 차지하는 유능한 인재의 중요성이 잘 담겨 있다.

또 무성武城의 성주로 부임한 제자에게 공자가 던진 단 하나의 질문도 "자네는 사람을 얻었는가?"(『논어』, 6:12)라는 것이었다. 여기서 '사람을 얻음'을 뜻하는 득인得人이란 현능한 사람을 찾아 기용하는 것이 국가 경영(통치)의 출발이자 그 목적이라는 뜻이다. 노나라 군주의 질문에 대해 공자가 답한 말도 이와 다를 바 없다.

애공이 물었다. "어찌하여야 백성들이 복종할 수 있겠소?"
공자가 아뢰었다. "바른 사람을 찾아 굽은 사람 위에 등용하면 백성들은 복종할 것이요, 굽은 사람을 바른 사람 위에 쓰면 백성들은 복종하지 않을 것입니다."
「논어」, 2:19

공자가 제자에게 던진 질문이 '득인', 즉 재능 있는 사람을 얻는 데 관한 문제라면 임금께 아뢴 것은 용인用人, 즉 사람을 적재적소에 쓰는 일이다. 득인과 용인은 모두 인사人事에 관한 요소니까, 오늘날 식으로 하자면 '인사가 경영의 핵심이라'는 뜻으로 해석할 수 있다. 곧 현능한 사람을 뽑아서 적재적소에 등용하는 것이 경영의 알파요 오메가라는 뜻이다.

공자의 후예인 맹자가 "옛 성왕인 요임금의 고민은 '순'과 같은 훌륭한 재상을 얻지 못할까 하는 데 있었고, 역시 순이 임금이 되고 난 후 가장 큰 고민은 '우'와 '고요' 같은 재상감을 얻지 못할까에 있었다"(「맹자」)라고 지적한 것도 유교경영에서 사람이 얼마나 중요하게 여겨졌는지를 잘 보여준다. 유교문화권에서 전통으로 이어져온 인재와 사람에 대한 강조는 학교와 교육의 중요성으로 연결되었고, 또 이런 문화가 오늘날에 이르러 이른바 '유교 자본주의'라는 꽃을 피운 동력이 되었다.

어쨌건 맹자가 요순임금의 근심으로 지적했던 '현능한 사람을 찾는 일'이야말로 유교 리더십의 가장 핵심적인 과제이다. 미국의 광고경영자 오길비 역시 "광고대행사의 성패는 무엇보다 대표가 훌륭한 광고를 만들어낼 열의 있는 사람들을 찾아낼 수 있는가에 달려 있다"(『나는 광고로 세상을 움직였다』)라고 지적한 바 있는데 그 뜻이 다 같다.

흥미로운 것은, 리더의 심성이 비윤리적이거나 반도덕적일지라도 적재적소에 사람을 잘 배치하기만 하면, 즉 인사만 잘해도 나라를 위기에 빠뜨리지는 않을 것이라고 판단하는 공자의 눈이다. 윤리적 리더십을 강조하리라는 선입관과 달리 공자에게 이런 현실적인 면모가 있다는 점이 흥미롭다.

공자가 위령공의 도덕성을 비판하였다.

노나라 집정자 계강자가 물었다. "그런데도 어째서 위나라가 망하지 않는 게요?"

공자가 답했다. "중숙어가 외교를 담당하고, 축타가 의례를 맡고 있으며, 왕손가가 국방을 책임지고 있으니, 어찌 나라가 망하겠소이까?"

『논어』, 14:20

현명하고 유능한 인재를 뽑아서 제 자리에 등용하는 인사경영이 얼마나 중요한가를 여실하게 보여주는 대화다. 삼성그룹의 창업자인 이병철도 인재의 모집에 집요한 관심을 기울인 경영자로 알려져 있다. 그가 남긴 어록 가운데 "내 일생의 80%는 인재를 모으고 교육시키는 데 썼다"는 대목이라든지, 이른바 '인재제일 人材第一'이 그 회사의 오랜 경영이념이었다는 것은 공자가 강조한 인사경영의 중요성과 맥락을 같이하는 것이다.

5. 현장에서 배워라

『성경』이 "태초에 말씀이 있었다"라는 로고스의 선언으로 시작한다면, 『논어』는 배움으로부터 시작한다. 잘 알려진 "학이시습지, 불역열호 學而時習之 不亦說乎"라, 곧 '배우고 때맞춰 익히면 또 기쁘지 않으랴'가 『논어』를 펴면 제일 먼저 대하는 구절인 것이다. 공자에게 배움이란 사람다움을 구성하는 핵심요소이니 배울 때라야만 사람이요, 배움을 멈추면 곧바로 짐승으로 추락한다. 스스로 "아침에 진리를 안다면 저녁에 죽어도 좋겠다"(『논어』, 4:8)라고 하였으니 배움이야말로 사람다운 삶의 전부라고 해도 과언이 아닌 셈이다.

배움이란 삶의 현장에서 몸소 배우고 익히는 것을 뜻한다. 우리는 '工夫'를 '공부'라고 발음하고 책이나 정보를 접하고 주어진 문제를 푸는 것을 연상하지만, 중국어로는 '쿵푸'라고 읽고 몸의 수련을 의미한다. 이 틈새에서 우리는 공부라는 말의 본래 뜻과 변화상을 엿볼 수 있다. 본디 배움이란 '머리 공부'가 아니라 현장에서 '몸으로 체험하고 익히는 것'이었다는 사실을!

　공자가 "내 일찍이 종일토록 밥도 먹지 않고 또 밤새 잠도 자지 않고 생각에 골똘해봤지만 얻는 것이 없었다. 현장에서 배우는 것만 못하더구나"(『논어』, 15:30)라던 회고도 '머리 공부'가 아닌 '몸 공부'를 강조한 것이다. 즉 공자는 책상머리에서 머리와 눈으로 하는 지식 위주의 공부법에 대해 경고하고 있는 셈이다. 물론 지식과 경험은 상호보완적으로 전개해나가야 하는 것이긴 하지만, 현장에서의 배움을 바탕으로 할 때에만 지식은 본래적 가치를 잃지 않는다.

　그렇다. 군인의 진면모가 보병이요, 회사원의 본래 기능이 영업에 있듯, 각 분야의 근간은 현장에 있다. 현장은 위에 있지 않고 아래에 위치한다. 대중의 욕망과 소비자의 요구, 그리고 정치적 선택은 저 위가 아니라 아래, 즉 삶의 현장과 상품이 거래되는 시장통 한복판에 존재한다는 점을 잊어서는 안 된다. 자연의 이치가 이미 그러한 듯하다.

　　풀은 처음에는 아주 작게 돋아나서 차근히 기초를 다져 나갑니다. 하늘로 치솟는 대나무도 뿌리들은 촘촘하게 단단한 마디를 지우면서 바탕을 다지는 것 같습니다. 그래서 대나무는 꺾일지언정 쓰러지지는 않는 모양입니다. 벼도 뿌리에서 두세 마디가 웃자라면 쓰러질 때 그곳이 꺾입니다.

　　전우익, 『혼자만 잘 살믄 무슨 재민겨』

　이런 식물의 생장원리는 사람의 조직 원리에 직통하는 바가 있어 보인다. 진실과 소비자의 요구가, 또는 유권자의 바람이 아래에 있다는 이치를 알고 '아래에서 배운다'는 원칙을 놓치지 않을 때 그 조직은 위로 뻗어갈 수 있다. 반면 윗자리에 올랐다고 혹은 조직의 덩치가 커졌다고 현장을 잊어버린다면 전우익이 관찰한 바대로 "벼가 뿌리에서 두세 마디가 웃자라면 쓰러질 때 그곳이 꺾이는" 자연의 원칙이 적용될 것이다.

역시 공자가 스스로의 길을 두고 '아래에서 배워서 위에 도달하는 과정下學以上達'으로 규정한 것도 같은 뜻이다. 이는 또 지위가 높아질수록 처음 먹은 마음가짐 즉 초심을 잃어버려서는 조그만 성취도 곧 무너질 수 있다는 경고로도 읽을 수 있겠다. 현장의 변화와 요구를 도외시한 채, 외부의 충격이나 위로부터의 지시에 부응하는 식으로 경영하다가 하루아침에 일패도지一敗塗地한 경우는 헤아릴 수 없을 정도다. 2010년도 토요타 자동차의 리콜 사태도 반면교사가 될 수 있을 것이다. 역시 이런 진실은 현대 기업경영 사상가, 피터 드러커도 깊이 인식하고 있었던 듯하다.

올바른 기업경영자는 예기치 못한 실패를 부하직원의 무능력이나 우연한 사고 따위로 지나쳐 버리지 않는다. 대신 이를 시스템 실패system failure의 한 징후로 파악한다. 또 바른 경영자는 예기치 못한 성공 역시 자신의 업적으로 돌리지 않는다. 대신 이를 경영이론의 가정에 대한 도전으로 취급한다.

이재규, 「피터 드러커에게 경영을 묻다」

제대로 된 경영자들은 예상하지 못한 실패나 성공 앞에서 그 현상을 탓하거나 즐기지 않고, 도리어 그 원인을 현장에서 찾아 확인하고 배운다는 뜻이다. 그렇다면 공자와 드러커는 '책상에서 벗어나 현장으로 가라. 시장에 소비자의 요구와 생산자의 바람이 존재한다'라는 똑같은 권고를 하고 있는 셈이다.

6. 경영자는 책임자다

공자에게 경영자는 권력을 누리는 자가 아니요, 사태의 궁극적 책임자다. 잘 알려진 "지도자의 덕성은 바람이요, 부하의 덕성은 풀과 같다. 바람이 불면 풀은 눕게 마련이라"('논어', 12:19)는 경구가 이를 가리킨다. 다만 그렇게 행하기가 쉽지 않다는 것이 문제다. 세간에 '내가 하는 사랑은 로맨스요, 남이 하는 사랑은 불륜'이라는 농담이 있듯, 잘못의 탓을 바깥에서 찾기가 쉽지, 제 스스로에게서 찾기는 어렵다. 당시도 마찬가지였던 것 같다. 그러니까 공자도 "그만두자꾸나! 잘못을 안에서 발견하고, 그 원인을 자신에게서 따지는 사람을 찾을 수가 없더라"('논어', 5:26)라며 푸념했던 것이리라. 어쩌면 배운다는 것은 사태의 원인에 정면으로 대응하면서 그 책임을 자기 내부로부터 찾으려는, 자기 성찰의 훈련 과정인지도 모른다.

그렇다면 공자가 "군자는 문제의 원인을 자기에게서 찾고, 소인은 문제를 남에게서 찾는다"('논어', 15:20)라고 지적한 대목은 리더십의 보감寶鑑으로 삼을 만한 것이다. 요컨대 문제의 원인을 자신에게서 찾고,

나아가 책임을 본인 스스로 지려는, 이를테면 '내 탓이로소이다'를 체화한 리더가 이끄는 조직은 위기에 가볍게 휘둘리지 않는다. 공자가 문제의 책임을 "자신에게서 찾아 심하게 질책하고, 남에게는 가볍게 책임을 물을 때, 조직의 원망은 사라질 것"(『논어』, 15:14)이라고 진단한 대목도 바로 이 점을 겨눈 것이다. 이렇게 보자면 리더십은 지식의 출중함이나 업무처리 능력의 문제가 아니라 실은 인격과 도덕성 문제로 귀결된다. 피터 드러커가 성난 목소리로 질책하고 있는 다음 대목도 궤를 같이한다.

전문지식이 없고 업무처리가 미숙하며, 능력과 판단력이 부족하더라도 이런 경영자는 조직에 그리 막대한 피해를 입히지 않는다. 하지만 품성이나 성실성이 부족한 경영자는 제 아무리 지식이 풍부하고, 똑똑하고 유능하다 하더라도, 조직을 파괴한다. 그는 기업의 가장 소중한 자원인 사람을 파괴한다. 정신을 파괴한다. 그리고 성과를 파괴한다.

피터 드러커, 『피터 드러커의 매니지먼트』

자, 『논어』에서 추출한 네 가지 원칙을 통해서 공자의 경영론을 살펴보았다. 총괄하자면, 그 첫번째는 모두 갖춘 사람을 구하지 말라는 원칙이었다. 이는 곧 모난 사람들을 원활하게 기용할 수 있는 관용의 리더십과 연결된다. 두번째는 경영의 핵심이 인사경영과 인재를 중시하는 데 있음이 지목되었다. 세번째는 경영자는 언제나 배우는 존재라는 것과 그 배움은 책상 앞에서 머리로만 생각하기보다 현장에서 몸소 느끼고 배우는 것이어야 한다는 점이 꼽혔다. 네번째 원칙은 경영자란 그 지위를 누리는 자가 아니라 사태의 궁극적 책임을 지는 도덕적 존재임을 살펴보았다. 이 외에 또 다른 공자의 경영원리들은 이어서 살펴보기로 하자.

三 | 신뢰경영: 제가 하고 싶지 않은 것을 상대에게 베풀지 말라

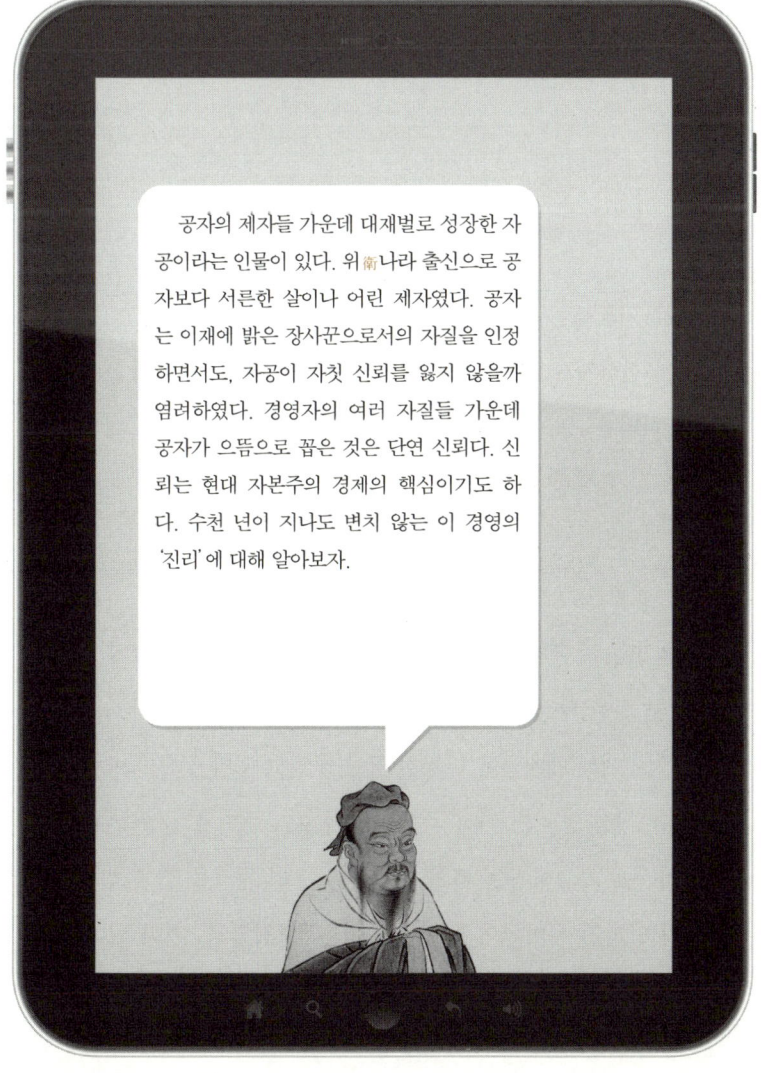

공자의 제자들 가운데 대재벌로 성장한 자공이라는 인물이 있다. 위(衛)나라 출신으로 공자보다 서른한 살이나 어린 제자였다. 공자는 이재에 밝은 장사꾼으로서의 자질을 인정하면서도, 자공이 자칫 신뢰를 잃지 않을까 염려하였다. 경영자의 여러 자질들 가운데 공자가 으뜸으로 꼽은 것은 단연 신뢰다. 신뢰는 현대 자본주의 경제의 핵심이기도 하다. 수천 년이 지나도 변치 않는 이 경영의 '진리'에 대해 알아보자.

1. 대상인 자공

맹자가 전하기로 공자는 72명의 제자를 두었다고 하였다. 제자들의 출신과 희망은 그 숫자만큼이나 다양하였다. 가난뱅이로 살다 결국 영양실조로 요절한 수제자 안연이 있는가 하면 '조직 폭력배' 출신의 자로가 있었고, 부잣집 도련님인 공서화나 귀족의 자손인 남궁괄도 있었다.

공자학교는 스승의 말씀을 받아 적기에 급급한 초등학교가 아니라, 자기 삶의 길을 확정한 성인들을 대상으로 한 '대학'이었다. 그러므로 공자의 학교에서 제자들은 다양한 꿈을 꾸었고 훗날 철학자(안연), 외교관(공서화), 재정 담당관(염유), 국방 책임자(자로) 등으로 입신해나갔다.

그 가운데 자공이라는 제자는 오늘날 우리 눈길을 끌 만한 인물이다. 널리 알려진 사마천의 『사기』 속에는 「화식열전」 편이 있다. 화식

貨殖이란 생산, 무역, 금융을 아우르는 말이니 춘추전국시대 큰 부자들에 대한 기록이「화식열전」인 셈이다. 그런데 자공이 여기에 등재되어 있다. 공자의 제자 가운데 '대재벌'로 성장한 사람이 있었다니 좀 의외로 여겨질지 모르겠다. 자공과 관련된 부분을 인용해보자.

자공은 공자에게서 배움을 얻고 난 다음 고향인 위나라에서 벼슬을 살았다. 그후 조曹와 노나라 사이에서 재물을 크게 모았다. 70 제자들 가운데 자공이 가장 부유하였다. 원헌이 쌀겨와 지게미를 싫어하지 않고 달동네에 숨어 살았다면 자공은 네 마리 말이 끄는 수레를 매어 달고, 돈을 싸들고서 제후들을 방문하였으니 이르는 나라마다 뜰로 내려와서 그와 대등한 예를 차리지 않는 군주가 없었다.

「사기」,「화식열전」편

여기서는「화식열전」에 실린 '대상인 자공'의 삶과 생각을 소재로 삼아 공자의 경영철학을 살펴보기로 하자. 다음에 인용한 일본 논어학자의 소개 글은 상인으로서 자공의 자질과 환경을 잘 묘사하고 있다.

자공의 성은 단목端木이요 어릴 적 이름은 사賜다. 어른이 되면서 얻는 이름인 자字가 '자공'이다. 공자보다 31세 연하의 제자로서 위나라 출신이다. 그의 상인으로서의 이력은 고향땅 위나라의 환경과 관련지어볼 때 좀더 선명해진다. 위나라는 본래 은나라의 중심지였던 곳으로서 지금의 허난성 북부에 해당하는 지역이다. 이곳은 고대부터 생산이 발달했으며 상품경제도 활발하게 이루어지고 있었다. 은나라—따로 상商나라라고도 부른다—가 멸망하고 주周나라가 서자, 유민이 된 위나라 사람들은 주로 물건을 사고팔며 연명하였다. 여기서부터 상나라 후예=장사꾼이라는 등식이 생겨났으며 상인商人, 상업商業이라는 말이 생겨났다. 그러고 보면 상인으로서 뛰어난 수완을 자랑한 자공이 위나라 사람인 것은 결코 우연한 일만은 아닌 것 같다.

가노 나오사다, 『돌아가자, 돌아가자』

자공의 고향 위나라는 조선시대 개성 땅을 연상하면 이해가 쉬울 듯하다. 고려의 수도였던 개성 사람들이 고려가 망하자 상업에 종사하여 개성 상인이라는 별칭을 얻었듯이, 주나라가 건설된 후 은나라의 후예인 위나라 출신들도 상인으로 활동하면서 '위나라=상인'이라는 등식으로 널리 알려졌던 것이다. 상인과 상업이라는 말이 위나라의 선조인 상나라(은나라)에서 비롯되었을 정도니, 그 지역 사람들의 상인으로서의 재주를 미루어 짐작할 만하다.

법가사상의 원조로 여겨지는 춘추시대 상앙商鞅 역시 자공과 동향 출신인 것으로 볼 때, 위나라는 상업과 유통에 필요한 계약과 거래의 법률과 규칙이 체질화된 곳으로 여겨진다. 이런 분위기에서 성장한 자공이기에 상인으로서의 면모를 풍겼던 것이다. 그러고 보면 『논어』 속에도 자공은 장사꾼으로서의 체취를 가득 품고 있다. 그 가운데 한 예를 들어보자.

자공이 여쭈었다. "여기 아름다운 옥구슬이 있습니다. 궤짝에 넣어 숨겨두어야 할까요? 아니면 좋은 값을 구해서 팔아야 할까요?"

공자 말씀하시다. "팔아야지, 팔아야 하고말고! 다만 나는 제값을 쳐줄 장사꾼을 기다리고 있지."

「논어」, 9:12

공자도 자공이 이재에 밝은 장사꾼으로서의 자질을 갖춘 사실은 인정하고 있었다. "자공은 전업으로 삼지 않는데도 재화를 잘 기르고, 투기를 하는 데도 잘 맞춘다니까!"(「논어」, 11:17)라며 혀를 내두르는 표현 속에서 그런 인식이 잘 드러난다. '이재에 밝다'는 것은 실용적이고 실질적인 삶의 자세에서 비롯되었을 터. 이러한 실용주의적 삶의 태도는 허례허식이 되어버린 형식보다는 재물을 아깝게 여겨 곡삭례告朔禮의 희생양을 없애려는 일화에서도 잘 보인다.

자공이 곡삭례에 쓸 희생양이 아깝다고 없애려 하였다.
공자 말씀하시다. "얘야. 넌 양 한 마리가 그토록 아까우냐. 나는 이미 쓸모없이 되긴 했어도 오랜 전통을 가진 그 예禮가 아깝구나."

「논어」, 3:17

'곡삭례'란 매달 초하루마다 건국자—노나라는 주공周公, 조선은 이성계—의 사당에 조촐하게 양 한 마리 잡아서 인사를 올리는 의례를 말한다. 그런데 춘추시대가 되어 그 의의가 사라졌으므로, 자공은 허례허식을 쓸어내는 차원에서 곡삭례를 없애려고 했던 것이다. 즉 자공은 의미를 잃어버리고 현실과 유리된 형식은 철폐해야 한다는 입장이다. '왜 쓸데없이 제물을 낭비하느냐' 는 것이다. 실질과 경제를 염려하는 셈이다. 이에 대해 공자는 형식 아래에 깔려 있는 전통과 의미, 즉 '예의 정신'을 놓쳐서는 안 된다고 봤다. 때문에 "천년을 이어온 예가 아무리 쓸모없기로서니 양 한 마리보다 못할소냐!"라며 개탄한 것이다. 더욱 흥미로운 사실은 자공이 현대 경제학의 기초를 이해하고 있었다는 점이다.

> 자공이 공자에게 여쭈었다. "군자가 옥玉은 귀중하게 여기고 옥돌珉은 천하게 여기는 까닭은 무엇 때문입니까? 옥은 적고, 옥돌은 많기 때문입니까?"
> 「순자荀子」, 「법행」 편

옥이 희소하기 때문에 귀하고, 옥돌은 흔하기 때문에 천하게 대접받는다고 보는 자공의 인식은 오늘날 근대 경제학의 기초인 '희소성의 원칙'에 부합한다. 이렇게 재화의 운용 원리인 희소성의 원칙을 체득하고 있었기에 그는 대상인으로서 부유한 살림을 꾸릴 수 있었고, 또 그 재산을 바탕으로 공자의 이름을 세상에 널리 드높이는 일을 해낼 수 있었다. 사마천은 이 점을 두고 "무릇 공자의 이름이 널리 천하에 떨쳐지게 된 것은 자공이 보좌하며 따라다녔기 때문이다. 이것이야말로 '세력을 얻으면 더욱더 세상에 드러나는' 사람이 아니겠는가"(「사기」, 「화식열전」)라며 자공의 공적을 기렸던 것이리라.

2. 경영의 핵심은 신뢰다

자공은 상인 출신이었던 만큼 언변과 화술에 뛰어났다. 공자가 그를 두고 "언어에는 자공"(「논어」, 11:2)이라고 손에 꼽을 정도였다. 여기 '언어' 란 오늘날 식으로 하자면 외교 능력, 표현술, 설득력, 수사법 등을 뜻한다.

실제로 공자는 조국 노나라가 제나라로부터 침공당할 위기에 직면했을 때 다른 제자들을 마다하고 자공을 내세워 제후들을 설득하도록 조처하기도 했다. 그만큼 공자는 자공의 정치적, 외교적 능력에 대해 신뢰했던 것이다. 자공이 이 임무를 수행한 결과, "그가 한번 나섬에 노나라는 국체를 보전하고, 제나라는 위기에 봉착하였으며, 오나라는 파국에 직면하고, 진晉나라는 강대국으로 부상하고, 월나라는 패권국이 되었다. 자공이 한 번 순회하면서 세력들을 서로 부딪치게 하여 10년간 다섯 나라에 각기 다른 변화를 초래하였다"(「사기」, 「중니제자열전」)라는 평을 얻었다. 이러한 자공의 외교적 능력과 정치적 감각, 그리고 탁월한 언변으로 말미암아 공자는 제자들의 재능을 가늠하는 자리에서 자공의 '외교적 능력'을 특별히 인정하였던 것이리라.

반면 능란한 표현력이 실제와 유리될 경우, 자칫 신뢰성에 금이 가게 마련이다. 이에 공자는 자공의 날카로운 구변에 대한 염려와 경고도 빠트리지 않았다. 자공이 군자의 정체성을 질문한 데 대해, "하고자 하는 그 말을 먼저 실천하고 난 다음 말이 따르는 존재지"(「논어」, 2:13)라고 퉁겨준 것은 자공의 능변을 견책하는 의미를 담고 있다. 요컨대 말보다는 행동을 앞세우라는 경고이다.

공자가 다른 데서 "교묘한 말과 꾸며대는 표정에는 인仁이 드물다"(「논어」, 1:3)라고 비판한 대목도 맥락을 같이한다. 공자가 보기에 자공의 언어 구사력은 충분했지만, 언어의 신뢰성을 얼마나 유지할 수 있을까에 대한 염려가 있었다. 공자 경영학의 핵심에는 신뢰에 대한 강조가 자리잡고 있다고 하겠다. 다음 대화를 보자.

> 자공이 여쭈었다. "국가경영(정치)의 요체는 무엇입니까."
>
> 공자 말씀하시다. "살림食을 풍족히 하고, 군사력兵을 튼튼히 하며, 백성들이 신뢰하도록信 하는 것이다."
>
> 자공: "부득이 버려야 한다면, 이 셋 가운데 무엇을 앞세우리까."
>
> 공자: "군사력을 버려야지."
>
> 자공: "만부득이 또 버려야 한다면, 나머지 둘 가운데 무엇을 앞세우리까."
>
> 공자: "살림을 버려야지. 예로부터 누구나 죽음은 있게 마련이지만, 백성들이 신뢰하지 않는다면 공동체는 성립되지 않기 때문이다."
>
> 「논어」, 12:7

여기서 공자는 자공의 질문에 대해 국가경영의 3대 요소를 지적하고 있다. 첫째가 살림이요, 둘째는 군사력이요, 셋째가 신뢰다. 그런데 자공의 추궁 끝에 우리는 이 세 요소는 서로 대등한 가치가 아닌, 차등이 있는 가치라는 사실을 발견한다. '신뢰〉살림〉군사력'의 순서가 그것이다.

공자의 경영학이 '신뢰trust'에 기초하고 있다는 사실은 중요하다. 이것은 오늘날 자본주의 시장경제에서도 마찬가지이기 때문이다. 아니 실은 2천5백 년 전 춘추시대나, 오늘날 자본주의 시대나, 2천5백 년 뒤의 '사이보그 시대'라고 할지라도 인간이 사회를 구성해서 살아가는 한, 신뢰는 핵심적 가치일 수밖에 없다. 모든 사회 활동, 기업경영, 국제무역, 국가 운용의 핵심은 '신뢰'에 있다고 해도 과언이 아니다.

우리 호주머니에 들어 있는 신용카드Credit Card의 '신용'이 개인적 차원의 신뢰를 뜻한다면, 국제무역의 기초인 신용장의 신용은 세계적 차원의 신뢰다. 나아가 신뢰는 자본주의 체제의 핵심이다. 10여 년 전, 우리나라의 정부 주도 자본주의 체제의 근간을 허물었던 IMF 금융위기가 '신뢰성 위기'에서 비롯되었듯, 2008년 미국의 모기지 사태로부터 발화된 국제 금융계의 파산과 세계적 불황 역시 '신뢰의 위기'에서 터져나왔다.

저명한 회계학자이자 미국 듀크대 교수인 캐서린 쉬퍼Katherine Schipper가 미국 금융 위기의 단초를 제공했던 엔론Enron사태의 본질을 두고 내린 진단이 "신뢰성이 무너지면 자본주의 근본이 흔들린다"라는 것도 그 방증 사례로 충분하다.

자본시장에서 신뢰를 잃는다는 것은 자본을 시장에서 조달할 수 없다는 뜻입니다. 그렇다면 기업들도 무너지고, 결과적으로 자본시장도 생존할 수 없는 것이지요. 자본시장뿐 아니라 자본주의의 축이 모두 무너지는 엄청난 결과가 초래될 것입니다. 그만큼 자본시장에서 정보의 신뢰성은 매우 중요한 역할을 하고 있는 것이지요.

「조선일보」, 2007년 5월 14일자

자공의 질문에 대한 공자의 답변에서 그 핵심이 신뢰였듯 오늘날 자본주의 시장경제의 핵심 역시 신뢰라는 쉬퍼 교수의 지적은 동서고금이 다르지 않다는 감회를 불러일으킨다.

우리는 이 지점에서 공자의 염려를 다시금 되새기게 된다. 넉넉한 이윤과 첨단의 기술력이 결코 기업(국가)의 장기적 안정을 보장하기에는 미흡하다는 사실이다. 궁극적으로 신뢰만이 조직과 기업, 그리고 국가의 영속적인 안정을 보장한다는 사실은 예나 지금이나, 또 미래에도 동일하리라는 교훈을 얻는다.

3. 말 한마디의 힘

자, 그렇다면 신뢰는 어떻게 획득할 수 있는가. 신뢰를 뜻하는 한자 신信이 사람人과 말言로 구성된 글자임에 주목하자. 신뢰란 '언어'를 핵심요소로 하는 것, 곧 '언어의 경제학'에 다를 바 없다. 신뢰의 언어 경제학적 특성은 이른바 공자의 정명正名론 속에 잘 나타난다.

공자는 "이름名이 바르지 못하면 말이 순조롭지 않고, 말이 순조롭지 않으면 사업事이 이뤄지지 않고, 사업이 이뤄지지 않으면 예악禮樂이 일어나지 않는다"(『논어』, 13:3)라고 하여 언어와 비즈니스 사이의 긴밀한 관계를 밝혔다. 이를 바탕으로 공자는 "경영자(군자)는 명분이 서면 반드시 말로 할 수 있어야 하고, 말로 표현했다면 그것을 반드시 실천으로 옮겨야 한다. 경영자의 말은 구애받는 것이 없어야 한다"(『논어』, 13:3)라며 신뢰의 리더십으로 나아간다.

여기서 공자 경영학의 특성이 '언어와 신뢰'에 있다는 사실이 잘 드러난다. '이름—말—사업—예악'의 점증법 제일 밑바탕에 자리잡은 '이름과 말'은 요컨대 공자 경영학이 '이름의 힘'과 '말의 신뢰' 위에 구축된 세계임을 드러내기 때문이다. 인간 사회의 구성요건이 이름과 말일 뿐이라는 공자의 인식이야말로 예나 지금이나 신뢰가 왜 그렇게 중시되는지를 반증한다.

인간세계가 말과 이름으로 구성되기에 명분名分, 이를테면 "아비는 아비답고 자식은 자식다우며, 임금은 임금답고 신하는 신하다움父父子子, 君君臣臣"을 유지하는 것이 경영의 핵심 사안이 된다. 공자는 "명분을 어기는 것은 곧 하느님께 죄를 짓는 일"(『논어』, 3:13)이라고 거듭 강조한다. 이처럼 언어로 구성되는 인간사회에서 신뢰가 핵심적으로 중요하기에 '말 한마디一言'에 조직과 단체, 나아가 한 나라의 흥망도 좌우될 수 있다.

노나라 군주 정공이 물었다. "'한마디 말로 나라를 일으킬 수 있다'던데 정녕 그러하오?"

공자가 답했다. "어디 꼭 말대로 그렇겠습니까만, 시중에 '임금 노릇 하기 어렵고, 남의 신하 노릇 하기 쉽지 않다'는 말이 있더이다. 만일 임금 노릇 하기 어려운 줄 안다면, 한마디 말이 나라를 일으킬 실마리가 되지 않겠습니까?"

정공; "'한마디 말로 나라를 잃는 수가 있다'던데 정녕 그러하오?"

공자; "어디 꼭 말대로 그렇겠습니까만, 시중에 '임금 자리보다는 명령을 하면 누구도 거역하지 못하는 것이 할 만하다'라는 말이 있더이다. 만약 명령이 착한데 누구도 어기지 않는다면 좋은 일이지 않겠습니까마는, 허나 나쁜 명령인데도 거역하는 자가 없다면, 한마디 말이 나라를 망칠 실마리라고 하지 않겠습니까?"

「논어」, 13:15

한마디 말에 나라의 흥망이 결정된다? 독자들 가운데는 공자의 말이 너무 순진하고 단순한, 그야말로 호랑이 담배 먹던 시절의 우화 같다고 여기는 사람들이 있을 것이다. 그러나 현대 조직경영론의 '구루'로 대접받는 제프리 페퍼 Jeffrey Peffer 교수의 견해는 전혀 그렇지 않다. 페퍼는 그의 저서 『사람이 경쟁력이다』에서, 공자의 정명론을 인용한 다음 이를 근거로 삼아 언어와 이름 짓기가 현대 기업경영에서 얼마나 중요한지 경험적 사례를 통해 제시한다.

디즈니랜드는 급사, 관리인, 경비원 등의 용어를 쓰지 않는다. 무엇보다 중요한 것은 방문객들을 '관광객'이라 부르지 않고 '손님'이라고 부른다는 점이다. 손님들에게 버릇없이 대하기는 어려운 법이다. 이렇게 바뀐 용어로 인해 종업원들이 바람직한 행동을 하게 된 것이다. 많은 기업이 디즈니랜드로부터 교훈을 얻었다. 텍사스 오스틴의 외곽에 있는 LRCC의 새로운 경영진이 한 일은 낙후된 시설을 새로 교체한 것만이 아니다. 그들이 했던 중요한 조치들 중 하나는 '언어를 고치는 것'이었다.

(……)

또 청소부를 '객실 수행원'이라고 부르기도 했다. 이 전략은 대성공을 거두었고 회사는 경이로운 흑자 전환을 이뤄냈다.

제프리 페퍼, 『사람이 경쟁력이다』

이것은 "한마디 말에 국가의 흥망이 달려 있다"는 공자의 조언이 과장이 아니라, 오늘날 기업경영에서도 핵심 사안이라는 사실을 객관적으로 보여주는 예다. 그 가운데서도 "디즈니랜드는 방문객들을 '관광객'이라 부르지 않고 '손님'이라고 부른다. 손님들에게 버릇없이 대하기는 어려운 법이다. 이렇게 바뀐 용어로 인해 종업원들이 바람직한 행동을 하게 된 것이다"라는 대목은 언어가 가진 신비한 작용을 잘 지적한 것이다. 춘추시대 대상인으로 성장한 자공 역시 공자의 가르침을 통해 언어와 이름의 중요성을 이해했던 듯하다.

자공이 말했다. "은나라 마지막 군주, 주紂의 악독함은 기록된 것만큼 심하지는 않았으리라. 그러므로 군자는 하류에 거처하기를 싫어하는 것인데, 이는 천하의 악이 모두 하류로 몰려들기 때문이지."

「논어」, 19:20

이 대목은 자공이 인간세계에서 '이름'과 '말', 그리고 신뢰가 얼마나 중요한지를 충분히 인식하고 있었다는 증거다. 한번 역사에 잘못된 이름으로 기록되면, 그것은 사실보다 훨씬 부풀려져 악인의 대명사로 굳어버린다는 점을 주왕의 사례를 통해 증명하고 있는 것이다. 자공의 날카로운 눈은, 전해지던 은나라 주왕의 갖은 악행이 실제로 그가 저질렀다기보다는 '악의 상징'이 되어 희생되었을 가능성을 짚어낸다.

나라가 망하면 마지막 왕은 모든 책임을 다 지게 된다. 백제의 의자왕도 마찬가지 아니던가. 태자 시절에는 효행이 탁월하여 '동방의 증자海東曾子'라는 칭호를 얻었던 사람이 나라가 망하고 나니, 모든 악행의 대명사로 기록되지 않던가. 맹자 역시 "임금이 그 백성을 학대함이 심하면 죽은 다음 유幽나 려厲와 같은 이름이 붙게 되는데, 일단 이런 이름이 붙고 나면, 효성스럽고 자애로운 후손이 그 뒤를 이어도 영원히 그 더러운 이름은 고칠 수 없다"(「맹자」)라고 지적한 바 있었다.

또 자공은 말 한마디, 이름 하나에 군주가 직접 저지르지 않은 잘못조차 다 떠맡는 '무한책임'이 깃들어 있음을, 상류의 쓰레기들이 몰려드는 '강의 하류'로 비유하고 있다. 예컨대 낙동강 하류에는 온갖 쓰레기가 모여든다. 낙동강 하구에 위치한 '을숙도'에 가서 악취를 맡고 쓰레기더미를 보면 부산 사람들을 우선 탓하게 된다. 그러나 그 쓰레기는 대부분은 상류로부터 모여든 것들이다. 부산 사람으로서는 덤터기를 쓰는 셈이다. 즉 자공은 은나라의 마지막 임금인 주왕의 처지가 낙동강 하류에 살기 때문에 모든 쓰레기에 대한 비난을 몽땅 덮어쓰는 부산 사람의 꼴과 같다는 것이다. 나라를 망친 잘못은 당사자에게도 있지만 실은 과거의 잘못이 어우러진 것이다. 그럼에도 불구하고 궁극적인 책임은 당대의 지도자 한 사람에게 귀결된다.

결국 자공은 경영자란 자기 책임뿐만 아니라 현재와 과거의 모든 책임을 짊어지는, 무한 책임자임을 잊지 말기를 요구하고 있는 것이다. 한마디 말과 이름 속에 그 사람의 존재와 정체성이 결정된다는 두려움을 경영자들은 뼈저리게 인식해야만 한다는 뜻이리라. 동시에 여기서 자공의 탁월한 비유법 구사를 볼 수 있으니, 공자가 그를 두고 "언어에는 자공이라"고 평한 까닭도 수긍할 수 있다.

4. 빈부와 귀천에 대한 공자 생각

공자의 자공에 대한 눈길은 이중적이다. 그의 언어 능력과 상인으로서의 자질을 높게 평가하면서도, 동시에 그것 때문에 내면의 사람됨과 도덕의 중요성을 잃을까 염려하였다. 그렇다고 공자가 가난을 높이 보고 부유함을 낮춰 보았던 것은 아니다. 공자는 수제자 안연에 대해 "거의 다 이루었는데 가난으로 해서 망쳤다"(『논어』, 11:17)고 안타까워하였던 데서도 그의 빈부에 대한 눈길을 짐작할 수 있다.

일본의 경영사상가 시부사와 에이치는 공자의 경제, 빈부귀천에 대한 인식을 이렇게 정리했다.

> 지금까지 공자 학설에 대해 가장 크게 오해하고 있는 것은 바로 '부귀 관념'과 '화식貨殖 사상' 입니다. 사람들은 공자가 '부귀한 자는 인의仁義의 마음이 없기 때문에 어진 사람이 되고 싶으면 반드시 부귀에 대한 생각을 버려라'는 말을 했다고 생각합니다. 하지만 『논어』 20편을 샅샅이 뒤져보아도 그런 뜻의 구절은 전혀 찾아볼 수가 없습니다. 아니 오히려 부귀와 화식에 대해 그런 식의 논단은 결코 하지 않았습니다.
>
> 시부사와 에이치, 『논어와 주판』

물론 공자가 지향한 삶은 가난함과 부유함의 갈등에서 초탈한 경지였다. 즉 가난하다고 해서 아첨하지 않고 부유하다고 우쭐하지 않는, 해맑고도 여유로운 삶이었다. 그렇다고 그가 가난을 높이고 부유함을 증오한 것은 아니었다. 우리에게 잘 알려진 안빈낙도安貧樂道라는 말 역시 부자가 되려는 물질적 욕망에 휘둘리다가 도리어 사람의 참된 도리를 잃어버리는 바보가 되느니 차라리 담담하게 가난을 받아들이겠다는 것이지, 결코 가난을 숭상하고 부유함을 낮춰본 것은 아니다. 같은 맥락에서 "거친 밥을 먹고 맹물 마시며 팔뚝 접어 베개로 삼아도 즐거움은 그 가운데 있다네. 옳지 않은 부귀는 내게 뜬구름과 같나니"(「논

어」, 7:15)라던 공자의 말 역시 다만 '불의한 재물과 명예'의 추구를 염려
하였던 것이지 가난함 자체를 높인 것은 아니다.

그러므로 공자가 "도가 있는 나라에서는 가난하고 비천하게 사는 것
이 부끄러움이요, 또 도를 잃은 나라에서는 넉넉하고 존귀하게 사는
것이 부끄러움이니라"(「논어」, 8:13)고 한 지적은 그의 속뜻을 진솔하게 드
러낸 대목이다. 정당한 방법으로 획득한 부유함은 즐겨야 마땅하고,
다만 부당한 방법으로 재산을 모으는 것이 치욕이라는 것이 공자가 가
진 빈부귀천에 대한 생각이었다.

이 대목은 공자의 제자들 가운데(자공과 대비되어) 가장 가난한 인물로
등장하는 원헌이 부끄러움을 질문한 데 대해 공자가 "나라에 도가 있
을 적에 녹穀을 먹고, 나라에 도가 없어도 녹을 먹는 것이 부끄러움"(「논
어」, 14:1)이라고 답한 장면과 겹친다. 나라에 도(질서)가 있는데도 가난한
것은 자신의 능력이 부족한 탓이고, 나라가 혼란할 때 부유한 것은 부
도덕, 즉 재물 축적 과정이 비도덕적이기 때문이다. 공자의 부귀빈천
에 대한 인식을 명료하게 요약한 다음 대목을 보자.

"부귀富貴는 사람들이 다 바라는 것이지만 올바른 방법으로 얻은 것이 아
니면 누리지 말아라. 빈천貧賤은 사람들이 다 싫어하는 것이지만 당하더라도
애써 벗어나려 들지 말아라."

「논어」, 4:5

三 | 신뢰경영: 제가 하고 싶지 않은 것을 상대에게 베풀지 말라

이 대목은 다음과 같이 해석할 수 있을 것이다. "가난을 벗어나려고 애쓰지도 말고, 부유하려고 억지로 노력하지 말라. 주어진 자신의 길, 예컨대 학자는 학자의 길, 가수는 가수의 길, 그리고 기업가는 기업가의 길을 묵묵히 걸어라. 자기 길을 걸으면서 획득한 정당한 부유함은 누려라. 그러나 가난의 질곡에 빠지더라도 자기 뜻을 실현하는 길에 맞닥뜨리는 가난은 당연한 것으로 여겨 묵묵히 인내하라!"

동시에 우리는 여기서 가난이 부유함보다 사람의 본성을 해칠 가능성이 훨씬 크다는 리얼리즘에 대한 공자의 통찰에도 주의해야 한다. 공자는 "사람이 가난할 때 남을 원망하지 않기는 어렵고, 부유할 때 교만하지 않기는 쉽다"(「논어」, 14:11)라고 지적하였다. 그렇다면 국가경영의 우선순위는 첫째가 빈곤으로부터 인간의 삶을 해방시키는 것이요, 그 다음이 물질의 욕망에 휘둘리는 교만을 걷어내는 일이 되겠다.

궁극적으로 공자의 경영철학은 "절용이애인 節用而愛人"(「논어」, 1:5)이라는 간단한 말 속에 요약되어 있다. '절용'이란 곧 비용을 아끼는 것이요, '애인'이란 곧 사람을 아끼는 것이다. 공자 경영학의 기본 원칙은 이 두 가지 개념에서 벗어나지 않는 듯하다. '절용이애인'을 현대 언어로 번역하자면, '경제적이고 합리적인 자원 활용과 효율적인 인사관리'다.

그런데 '절용이애인', 특히 사람을 아끼기 위한 방법으로는 상대방의 처지로 입장을 바꿔 보는 '역지사지의 마음가짐'이 필수적이다. 또 이것이 공자가 제시한 인仁으로 가는 길이기도 하다.

공자의 제자 중궁이 인仁을 여쭈었다.

공자 말씀하시다. "상대방에게 스스로 제가 하고 싶지 않은 것을 베풀지 말라. 그리하면 나라에는 원망이 사라지고, 집안에도 원망이 없을지니."

「논어」, 12:2

5. 변치 않는 경영의 원리

그런데 공자가 중궁에게 귀띔한 인의 리더십, 즉 '제 스스로 하고 싶지 않은 일을 상대방에게 베풀지 말라'는 원칙과, 바로 밑에서 인용할 미국인 기업가의 '상대방에게 대접받기 원하는 대로 상대방을 대접하라'는 경영원칙이 전혀 다를 바가 없다는 점이 놀랍다.

링컨 일렉트릭Lincoln Electric은 '기업의 강한 도덕성'을 경영방식의 버팀 목으로 삼았다. 목사의 아들인 존과 제임스 링컨 형제는 '상대방에게 대접받기 원하는 대로 상대방을 대접하라'는 말을 귀에 못이 박히도록 들으며 자랐다. 그들이 『성경』에 나오는 이 말을 기업의 기본 운영방침으로 적용하는 데는 아무런 어려움도 없었다. 제임스 링컨은 "근로자를 비효율적이라고 비난하는 관리자가 있다면, 그 관리자의 위치를 근로자와 바꿔보아라. 그들도 아마 똑같이 행동할 것이다. 근로자는 별종이 아니다. 그도 관리자와 동일한 요구와 야망을 가지고, 비슷하게 행동한다. 어느 누구도 자신을 차별하는 프로그램에는 관여하고 싶어하지 않는다. 어느 관리자가 그러고 싶어하겠는가"라고 말했다.

제프리 페퍼, 「사람이 경쟁력이다」

어쩌면 이렇게 동서고금이 변하지 않을 수 있을까 싶다. 서양의 『성경』과 동양의 『논어』가 똑같은 인간관계의 황금률을 제시하고 있다는 사실도 놀랍다. 제프리 페퍼 교수의 감회를 거듭 빌리자면, "링컨 일렉트릭의 성공사례는 1947년 하버드대학교 경영대학원에서 처음으로 알려졌다. 인센티브와 생산성 장려금제, 종업원들의 적극적 참여, 품질개선 팀 등에 관한 논문도 벌써 40~50년이 넘은 것들이다. 이런 경영정책에 대한 오랜 연구들을 고찰해보면, 그러한 정책들이 지닌 아이디어가 쉽게 변하지 않고 놀라울 정도로 오래 지속되는 것을 알고 깜짝 놀라게 될 것이다."(『사람이 경쟁력이다』)

그러니 하물며 2천5백 년 전의 낡디 낡은 책인 『논어』 속에서 공자가 했던 말을 현대의 기업경영가나 경영이론가들이 똑같이 되뇌고 있는 것을 발견할 때는 더더욱 '깜짝 놀라게' 되는 것이다. 지금 내가 『논어』 속에서 현대 경영의 지침을 발견해보려는 '시대착오적인' 시도를 하고 있는 것 역시, 불변하는 인간관계의 황금률에 대한 믿음이 밑에 깔려 있다.

四 | 지식경영: 스승은 내 주변에 있으니 열린 마음으로 경청하라

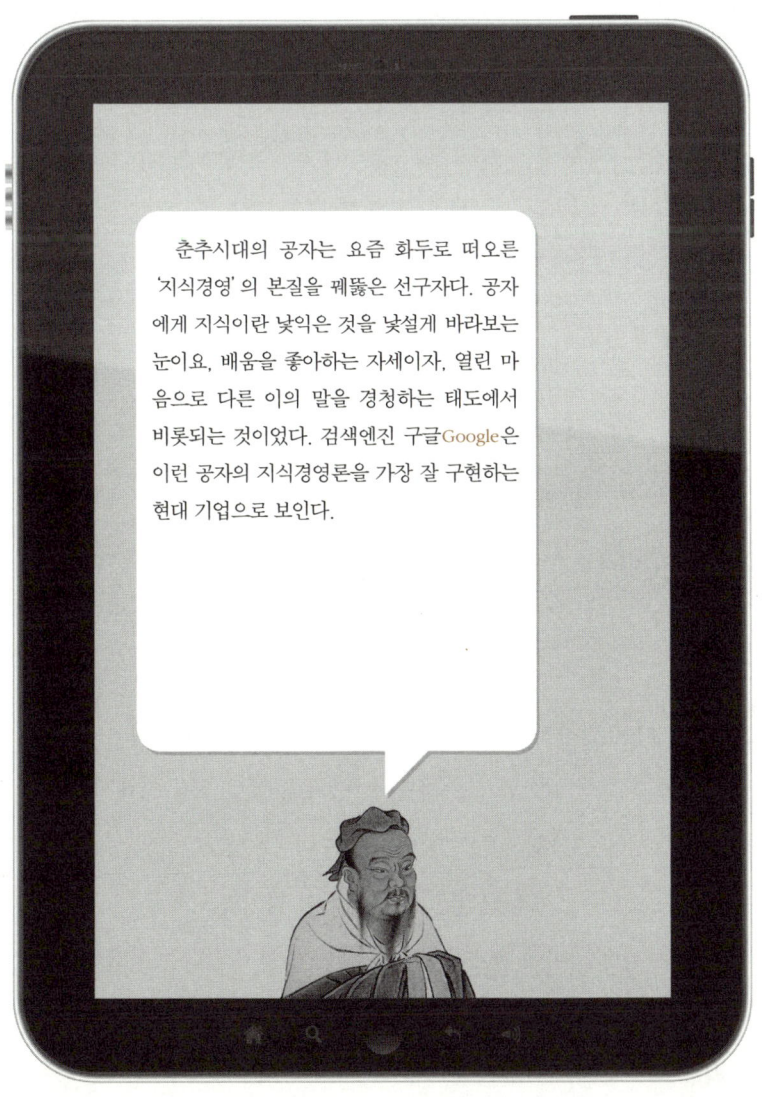

춘추시대의 공자는 요즘 화두로 떠오른 '지식경영'의 본질을 꿰뚫은 선구자다. 공자에게 지식이란 낯익은 것을 낯설게 바라보는 눈이요, 배움을 좋아하는 자세이자, 열린 마음으로 다른 이의 말을 경청하는 태도에서 비롯되는 것이었다. 검색엔진 구글Google은 이런 공자의 지식경영론을 가장 잘 구현하는 현대 기업으로 보인다.

1. 인·간과 인터·넷

구글 검색은 유형의 상품이 아니라 추상적인 상품을 생산한다. '지식' 이라는!

켄 올레타, 「구글드」

공자가 바라보는 인간은 서구 근대의 '존재론적 인간'이 아니라 '관계적 인간'이다. 서구의 인간관이 '더이상 쪼개지지 아니하는 원자', 즉 개인 individual을 기초로 한다면, 공자의 인간관은 관계 inter-person에 기반을 둔다. 말하자면 유교는 '관계'의 바탕 위에 지은 집이다. 정약용이 공자사상의 핵심인 인仁자를 '사람과 둘(人+二)'로 쪼개서 '두 사람이 서로 좋은 관계를 맺을 때 따라붙는 이름'으로 정의했을 때, 그의 심중에는 이미 '관계적 인간관'이 전제되어 있었다.

문제는 사람 사이에 관계를 제대로 맺기가 쉽지 않다는 사실이다. 상대가 바뀌면 '나'도 변하기 때문이다. 나는 자식에게는 아비가 되었다가, 아내를 만나면 남편이 되고, 학생 앞에서는 교수로 변한다. 맹자는 이런 사람 사이의 관계를 다섯 가지로 요약한다. 그것이 오륜五倫이다. 첫째가 부모와 자식 간의 관계, 둘째는 남편과 아내 간의 관계, 셋째는 국가와 국민 간의 관계, 넷째는 형과 아우 간의 관계, 다섯째는 동료 관계다.

다만 이 다섯 가지 관계망은 제각각 그 코드가 다르다는 점에 유의해야 한다. 예컨대 부모와 자식 사이의 관계망net을 운용하기 위해서는 '친밀함'이라는 소프트웨어, 곧 부자유친父子有親이라는 코드가 요구된다. 부모와 자식 사이의 관계(네트)는 '유친'이라는 운영 체계(OS)를 갖출 때에 비로소 소통이 가능하다는 뜻이다. 또 부부라는 네트에는 '유별난 사랑'이라는 OS(부부유별夫婦有別)가, 군주와 신하 사이의 네트에는 '의·불의'라는 OS(군신유의君臣有義)가 요구된다. 공자는 이 네트워킹에 성공하는 사람을 군자君子라 칭하고, 서투르거나 실패하는 사람은 소인小人이라고 부른다. 한마디로 『논어』, 즉 유교는 네트워크의 체계라고 할 수 있다.

그런데 상대방과의 소통에 성공하려면 우선 상대방의 사람됨을 제대로 알아야 한다. 이에 공자는 지식을 "사람을 아는 것知人"(『논어』, 12:22)이라 정의한다. 사랑하기 위해선 사람을 알아야 하고, 또 알아야만 올바르게 사랑할 수 있다는 것이 공자사상의 기본 틀이다. 그렇기에 『논어』의 첫 대목이 "학이시습지 불역열호學而時習之 不亦說乎", 즉 '배우고 때로 익히면 또 기쁘지 않으랴'라는 학습과 지식의 선언으로 시작하는 것이다.

여기서 우리는 공자의 인간관과 오늘날 인터넷의 관련성을 추출할 수 있다. 인터넷이란 네트워크로 연결된 세상을 이른다.

> 오늘날 외교는 '공공과 민간의 관계자들로 구성된 국제적 네트워크를 동원해야' 하고, CEO들은 '수직적 상하관계에서 네트워크 형태의 수평세계로 이동'하는 현상을 절감하고 있으며, 미디어는 점점 '거대한 대화의 네트워크를 형성하는 온라인 블로그와 참여적 미디어'로 구성된다. 사회 자체가 네트워크로 묶이면서 마이 스페이스의 세상은 '아워 스페이스Our Space'라는 전 지구적 세상을 형성하며 대륙과 대륙 사이의 수백만 명을 연결해준다.
>
> 켄 올레타, 「구글드」

너와 내가 접속하여 '우리'가 되는 인터넷은, 너와 내가 관계를 맺어 '우리'가 되는 유교적 인간 세계와 그 구조가 같다.

2. 지식정보와 인문학

인터넷 세계의 두번째 특징은 지식과 정보의 상호교류에 있다. 과거에는 위에서 아래로 명령이 내려지고 아래에서는 그 지시에 따르기만 하던 상하관계가, 이제는 횡적이고 수평적인 관계로 전환됐다. 지식과 정보의 특성 때문이다. 따라서 정보화시대의 조직 원리는 기필코 "혁신적이고 유연하고 창조적인 인간의 속성이 발휘될 수 있도록 창의적인 조직을 만드는 것이다. 무엇보다 중요한 것은 기업의 조직이 중앙집권화에서 벗어나야 한다는 점이다. 수직적 조직을 수평적이고 시장지향적으로 바꿔야"(개리 해멀, 「조선비즈」, 2010년 5월 15일자) 하는 것이다.

최근 검색엔진 구글의 급속한 확장, 애플사 앱스토어의 번성과 아이폰의 출현은 이런 시대 변화를 상징적으로 보여준다. 그야말로 '우리가 알던 세상'의 종말과 함께 지식정보산업의 시대, 지식경영의 시대가 열리고 있는 것이다. 컴퓨터백신 전문가 안철수 교수는 이렇게 진단한다.

지금은 수평적 사고와 융합의 시대인데요. 아이폰이 탈권위주의 시대의 실체화된 증거물이 아닌가 싶습니다. 아이폰은 단순히 단말기가 아니라 플랫폼입니다. 콘텐츠와 이익을 나누는 수평적인 네트워크 모델입니다. 하청업체에게 가장 저렴한 부품을 공급받는 수직적 모델이 아니라 도와줄 수 있는 관계회사를 누가 더 자기편으로 끌어들이느냐 하는 일종의 연합군 간 경쟁입니다. 그러려면 상대방을 나와 동등한 관계로 인정해야 해요. 이제 세상을 그런 눈으로 봐야 하지 않을까 싶어요.

「시사in」, 2010년 6월 5일자

수직적 관계에서 수평적 관계로, 지시와 명령이 아닌 협의와 토론으로의 소통구조 전환이 오늘날 시대 변화의 핵심이다. 또 이것은 토요타의 경영방식, 즉 마른 수건을 더 쥐어짜는—예컨대 30% 경비 절감으로 경쟁력을 확보하는—시대가 끝났다는 뜻이기도 하다. 고품질과 저가 생산은 함께 달성할 수 없는 이율배반의 관계임이 드러난 것이 지난번 토요타 사태의 교훈이었다.

덧붙여 지식경영 시대의 또 다른 특징은 "애플은 언제나 기술과 인문학의 교차점에 서있다"라는 스티브 잡스Steve Jobs의 말에서도 잘 드러난다. 이것은 지식정보가 기술과 인문학의 접점에서 피어난다는 사실을 알려준다. 피터 드러커의 지적도 이 대목에 근사하게 겹친다.

경영이란 전통적인 의미의 인문학liberal art에 속한다. 경영은 지식, 자기인식, 지혜 그리고 리더십의 원리를 다룬다는 점에서 '리버럴(인문)'이며 이 원리를 실천하고 적용한다는 점에서 '아트(학문)'이다. 경영자는 심리학·철학·경제학·역사학·물리학은 물론 윤리학에 이르기까지 인문과학과 사회과학에 대한 지식과 통찰력을 갖추어야 한다. 그리고 이를 효과적으로 활용해 성과를 거두어야 한다. 다시 말해 지식과 통찰력을 바탕으로 아픈 사람을 치료하고, 학생을 가르치고, 다리를 건설하고, '사용자 친화적인' 프로그램을 설계하고 판매해야 한다.

　　피터 드러커, 「피터 드러커의 매니지먼트」

그렇다면 지식경영의 세계란 인문학적 소양을 통해 얻은 지식을 뿌리로 하여 피워내는 꽃송이라고 표현할 수 있으리라. 여기에 인문학의 의의가 있다. 공장제 기업경영의 시대와는 달리 지식경영과 인문학은 친화적이다. 그렇다면 공자는 새로운 지식경영의 시대에 어떤 조언을 할 수 있을까.

3. 공자와 지식

『논어』의 첫 장이 배움과 익힘, 곧 학습으로 시작한다는 것은 이미 지적하였다. 그런데 『논어』의 마지막 장 역시 앎, 지식으로 마감된다는 점은 잘 알려져 있지 않다. "하늘의 명을 알지 못하면 군자라고 이를 수 없고, 예를 몰라서는 올바로 처신할 수 없으며, 말을 알아듣지 못해서는 상대방을 제대로 알 수가 없다."(『논어』, 20:3)

곧 배움學으로 시작하여 앎知으로 끝나는 것이 『논어』다. 이처럼 『논어』 속에 오롯한 지식중시의 면모야말로, 공자사상이 명령과 복종을 특징으로 하는 공장제 산업시대와 불화한 이유이자 오늘날 지식정보의 시대와는 친화함을 예감케 하는 까닭인 듯싶다. 그러면 공자에게 지식이란 무엇인가. 공자에게 지식이란 단순한 정보의 축적이 아니라 깨달음, 곧 각성으로 보인다. 그가 개천에 물 흐르는 것을 보며 토로한 장면에서 그런 점이 잘 드러난다.

> 공자가 개천가에서 물을 보고 말했다. "이렇구나. 흘러가는 것이! 밤과 낮을 가리지 않고 흐름이여."
>
> 『논어』, 9:16

평소 대수롭지 않게 보아 넘겼던 개천의 물이 어느 순간 제 스스로 흘러가는 사실 자체가 공자에게 낯설고 새로운 광경으로 확 덤벼들었다. 공자는 그 순간 개천을 재발견한 것이다! 그저 풍경처럼 무덤덤하게 존재하던 개천의 물이 어느 순간 자연의 주인공이 되어 불끈 앞으로 돌출하고, 그간 세계의 주인공이던 '나'는 물가에 선 손님으로 도리어 쪼그라드는, 세계가 뒤집히는 체험을 한 것이다. 우주의 중심이 나(사람)가 아니라 흘러가는 저 물임을, 물 속에 자연의 진리가 흐르고 있음을 공자는 문득 깨닫고 토로한다. "흘러가는 것이 저럴진저. 밤낮을 가리지 않음이여……"

그렇다면 공자에게 지식이란 눈(안목)의 확장, 또는 심화를 뜻한다. 즉 공자에게 지식경영이란 일상과 주변에서 문제를 발견하는 과정이며, 또한 그 문제를 해결하려는 방법을 의미한다. 핵심은 일상과 주변, 즉 심드렁하게 보아 넘기는 평상을 '비상'하게 바라보고, '이상'하게 생각하는 눈길에서 출발한다는 사실에 있다. 이 점과 관련하여 원로 광고인 이강우의 언급은 참고할 만하다.

좋은 광고는 슬쩍 보기만 해도 무슨 뜻인지 곧 이해가 되면서도 아, 나는 왜 저런 생각을 하지 못했지 하는 놀라움을 안겨준다. 마치 콜럼버스의 달걀과도 같다. 보고 나면 쉽다. 그러나 막상 그런 것을 찾아내는 사람은 많지 않다. 아르키메데스의 목욕탕이 그랬고, 뉴턴의 사과도 그랬다. 그런 점에서 크리에이티브란 내 생각을 얼마나 잘 표현하느냐에 앞서서 내 주변에 있는 사물과 현상을 얼마나 잘 보느냐에 달린 것이 아닌가 싶다. 그것(좋은 광고소재)들은 언제나 내 눈앞에서 존재하고 있었건만 나는 그것들을 제대로 보지 않은 채 수많은 낮과 밤을 생각 속에서만 헤매고 있었다.

<small>이강우, 「대한민국 광고에는 신제품이 없다」</small>

내 눈앞에 존재하고 있는데도 알지 못하던 것을 깨닫는 순간이야말로 지식의 출발점이다. 공자가 제자 자로에게 "자로야. 네게 앎을 가르쳐주련? 아는 것은 안다고 알고, 모르는 것은 모른다고 아는 것이 앎이니라"(「논어」, 2:17)라던 귀띔은 배움의 시작을 퉁겨주는 대목이다.

매일매일 출퇴근길에 지나치면서도 있는지 몰랐던 건물을 문득 발견하는 눈길에서, 즉 평범한 일상 속에서 이상한 느낌을 갖는 순간부터 호기심은 피어난다. 그리고 그 호기심을 추적하는 과정을 통해 앎(배움)의 길로 나가게 된다. 요컨대 낯익은 것을 낯설게 바라보는 안목, 여기서 지식이 탄생한다.

4. 공자의 지식경영

공자는 자신을 '덩어리 지식'을 일방적으로 풀어먹이는 교사가 아니라, 주어진 문제를 질문자(제자)와 함께 연구하고 해결해나가는 지식경영자로 여겼다.

공자 말씀하시다. "나는 태어나면서부터 안 사람이 아니다. 다만 옛 사람들의 말을 좋아하여 그 말뜻을 민감하게敏 구하려는 사람일 따름이다."

「논어」, 7:19

당시 제자들 중에는 공자를 천재나 성인으로 추앙하는 이들이 있었던 모양이다. 그러나 공자는 자신의 가르침이 태어날 때부터 머릿속에 저장된 '지식 덩어리' 곧 '생이지지 生而知之'가 아니라, '지금 여기'에서 질문을 기화로 문제를 해결하는 와중에 앎과 지식이 이뤄지는 것임을 민감하게 구하려는 사람敏以求之이라는 말로 드러내었다. 이 가운데서도 민감함敏이야말로 지식경영의 핵심이다. 즉 '민' 자는 공자의 솔깃한 배움에의 자세, 열린 마음가짐 등을 명징하게 표상한다.

일방적으로 가르침을 내리는 교육자가 아니라, 제자들과 더불어 앎을 추구하고 문제를 풀어가는 '상호적 지식경영자'로서 공자의 면모는 다음 술회에서 더욱 환하게 드러난다.

공자 말씀하시다. "내게 아는 것이 있더냐? 나는 따로 아는 것이 없다. 어떤 천한 사람이 내게 질문하더라도 나는 텅텅 비었을 뿐. 다만 그의 질문을 두고 이모저모를 헤아려 이치를 다할竭 따름인 것!"

「논어」, 9:7

일본의 논어학자 미야자키 이치사다는 이 대목에 대해 "아마 공자가 단순히 박식한 사람으로 알려져 지혜를 빌리러 찾아오는 것에 반발하여 그것은 잘못이라고 말하고 싶었던 것이라고 생각된다. 학문이란 그런 것이 아니다"(미야자키 이치사다, 『논어』)라고 해설했다. 정녕 교학상장敎學相長하는 공자의 열린 자세, 지식경영자로서의 면모가 이보다 잘 드러난 대목이 따로 있을 것 같지 않다.

한편 인용문에서 핵심적인 단어는 갈竭, 곧 '사려를 다함'이라고 생각된다. 위에서 공자 학술의 특징을 생이지지가 아닌 민이구지였다고 했을 때 민敏 자에 방점이 찍힌 것과 마찬가지로, 여기서는 '오롯이 힘을 다함'을 뜻하는 '갈' 자에 방점이 찍힌다. 그러므로 공자 스스로 스승을 자처한 적이 없고, 다만 '배움에 급급한 존재'로 규정하였던 것은 겸양이 아니라 내력이 있는 객관적 진술이라고 해야 할 것이다.

즉 "열 가구로 이뤄진 조그만 마을에조차 나만큼 성실하고 또 신용 있는 사람이야 있겠지만 호학好學, 곧 나만큼 배우기 좋아하는 사람은 없으리라"(『논어』, 5:27)는 술회가 그러하다. 여기 '호학'이라는 말은 남보다 열심히 공부한다는 따위의 자기 자랑이 아니다. 자신의 무지에 대해 스스로 분노하고, 새로운 앎에 대해 갈증을 느끼는 목마름을 드러낸 것이다. 공자는 호학, 곧 '배움에의 목마름'을 따로 이렇게 술회하기도 하였다.

섭공이 자로에게 스승의 사람됨을 물었는데 자로는 제대로 대답하지 못했다. 이를 듣고 공자는 말했다. "이렇게 말하지 그랬더냐. '그 사람은 모르는 것이 있으면 분해서 밥 먹는 걸 잊어버리고, 알고 나면 즐거워 근심걱정을 잊어버리는데, 급기야 장차 늙음이 닥치는 것조차 잊어버리는 사람'이라고."

『논어』 7:18

죽는 순간까지 배움에 급급한 존재, 그것이 바로 공자였다. '모르는 것을 배우려는 열망으로 밥 먹는 것도 잊어버리고發憤忘食', '배우고 나면 배운 그것이 기뻐 근심걱정을 잊어버리는樂以忘憂' 사람, 나아가 배움에 몰두하여 세월이 어떻게 흘러가는지도 모르는 사람이 공자였다. 실은 배우는 순간만이 삶이요, 배우는 존재만을 인간으로 여긴 사람이 공자였다.

새로운 지식이나 이해하지 못할 사태 앞에서 제대로 알려고 드는 오롯한 마음, 오로지 이 마음만이 공자다움을 구성한다. 그러니까 '호학' 가운데 '학'도 중요하지만 실은 '호', 즉 '좋아함'이야말로 지식경영의 핵심이다. '호'에는 상대방(지식)에 대한 솔깃한 마음과 그것을 수용하려는 적극적 자세가 깃들어 있다. 호학의 속살을 더 깊이 세분하면, 열린 마음과 경청하는 자세, 그리고 배움과 익힘의 과정으로 구성되어 있다.

확장하자면 공자에게는 호학하는 존재, 즉 배우고 익히는, 학습하는 사람만이 인간이다. 외부의 지식, 알지 못하는 대상을 학學하여 배우고, 그것을 몸소 익혀서習 내 것으로 소화하는 순간 터져나오는 충일한 기쁨悅을 느끼는 존재가 인간이라는 것이다. 이렇게 읽으면 "학이시습지 불역열호"라는 『논어』의 첫 대목은 공자의 '인간 선언'이다. 배워서 익힘의 기쁨을 얻는 존재만이 인간이요, 그렇지 못한 자는 짐승이라는 뜻이다.

그러니 공자의 학교가 어찌 만만할 수 있으랴. 공자학교는 스승이 일방적으로 무엇을 가르치고 학생은 그것을 받아 적는, 말하자면 초등학교가 아니었다. 또 공자학교의 커리큘럼이 "시詩와 서書 그리고 예禮를 실행하는 것"(『논어』, 7:17)이라고 전해오기는 하지만, 그것은 교육의 수단이었을 뿐 『시경』을 외우고 『서경』을 읽으며 '예'를 따라 모방하는 실습 과정이 교육의 목표는 아니었다.

공자의 지식경영의 목표는 안목(눈)을 틔우는 것이었다. 이를테면 '민이구지'의 민이 표상하는 민감성 sensitivity, 무지한 사람의 질문에 대해서도 견지했던 양단이갈언 兩端而竭焉 속 '갈竭'의 자세, 그리고 공자가 자처한 단 한마디 호학의 '호'에 담긴 열린 마음 open mind으로 세상살이와 사람됨의 의미를 각성하는 것. 이것이 공자 지식경영의 정체였다. 사물과 사건에 대한 '민감성', 사람과 사안을 대할 때 최선을 다함, 그리고 '열린 마음'이 공자 제자들이 학습해야 할 참된 지식경영론이었던 것이다.

5. 박문약례: 지식경영의 원칙

공자의 지식경영론과 관련하여 다음 대목은 주목할 만하다.

> 널리 글文을 배우고서 이를 예禮로써 요약할 수 있다면, 또한 이치에 어긋나지 않을 터!
>
> 『논어』, 6:25

이 문장은 요약하여 박문약례博文約禮라는 구절로 널리 알려져 있다. 여기서 '문'은 정보information로 해석할 수 있다. 지식은 기본적으로 정보로 구성되기 때문이다. '박문'은 풍부한 정보를 널리 획득하는 것을 이른다. 정보는 많으면 많을수록 좋다. 그러나 산더미처럼 쌓인 정보라 할지라도 그것을 제대로 갈무리하고 정리하지 않는다면 의미가 없다. 더욱이 정보만으로는 실제에 응용하지도 못한다. 정보는 잘 요약하고 정리해서 가치 있는 지식으로 만들어야 한다. 그것이 바로 '약례'다. 이렇게 읽자면 박문약례는 공자 지식경영의 원칙을 보여준다고 할 수 있다. 이에 박문약례는 '정보를 널리 수집하되, 그것을 가치에 따라 잘 요약해야 한다'로 해석된다.

최근 정보 검색엔진의 대명사가 된 구글Google의 특성은 박문약례의 실증 사례로 보인다. 구글의 창립자 페이지와 브린은 대학생 시절 야후나 알타비스타 같은 기존 검색엔진이 비효율적이어서 사용자가 제대로 된 정보를 얻는 데 너무 많은 시간이 소모된다고 생각했다고 한다. 가령 "알타비스타에서 '대학'을 검색하면 '대학'이라는 단어가 들어 있는 텍스트를 수없이 보여준다. 그러나 사람들이 실제로 그 링크를 사용하는지 평가하거나 가치의 순위를 매기지는 않았다. 반면 동일한 검색에서 구글은 사용자들의 '집단지성'에 의지하여 상위 10개 대학을 보여준다."(켄 올레타, 「구글드」)

『논어』식으로 해석하면 알타비스타는 '박문'하였고, 구글은 '약례'하였다. 약례, 곧 정보의 양이 아니라 질(가치 배열)을 통해 새로운 길을 개척한 데서 구글의 힘이 생겼다. 알타비스타가 박문에 치중하였다면, 아니 정보의 가치 판단을 수용자에게 맡겼다면, 구글은 수용자의 입장에서 가치 결정에 개입했다. 여기서 핵심은 집단지성에 의거한 합리적인 선택 과정과 수용자 입장에 서는 안목과 태도에 있다. 이것이 구글이 마이크로소프트와는 정반대의 방향을 지향했다고 평가되기도 하는 까닭이다.

> 마이크로소프트의 방식은 이런 식이다. '당신들은 내 방식에 따라야 한다.' 그 반대는 이런 것이다. '아니, 난 만들기만 할 테니까 당신 마음대로 사용해도 좋아. 난 그저 당신이 원하는 대로 도와줄 거야.' 이것이 유닉스 철학이다. (그리고 구글이 이것을 해냈다.)
>
> 켄 올레타, 「구글드」

높이 쌓아놓기만 한 정보더미는 별 의미가 없다. 갈무리해 '지식'이 될 때 가치를 지닌다. 한걸음 나아가서 공급자가 정보를 '구축'하는 것이 아니라, 사용자 스스로 정보를 '구성'하는 체계를 구글이 이뤄냈다는 것이다. 곧 지식경영은 정보를 지식으로 전환할 뿐만 아니라, 사용자가 정보의 가치를 선별하고 구성하는 시스템(마당)을 마련해줄 수 있어야 한다.

6. 지식경영의 리더십

　전세계 인터넷 참여자들이 선의로 제공하는 지식을 바탕으로 구성된 백과사전 '위키피디아'에서 검색을 하다 보면 인간이란 맹자가 말한 대로 성선설에 기초한 존재, 즉 '선의의 동물'임을 절감하게 된다. '사람의 사이 人間'가 사람 본연의 측은지심으로 평화를 이뤄낸다면, '지식의 사이' 곧 인터넷 세상도 서로에 대한 신뢰와 개개인의 자발성으로 구성되는 세계라는 점에서 다르지 않다. 이런 점에서 사이間는 도덕주의적 특성을 본질적으로 내장한 듯하다.

　인터넷의 도덕주의적 형태는 웹이 개방되어야 한다고 믿는 '오픈소스 운동'이나 군중의 지혜를 신뢰하는 비영리모델 '위키피디아'에 이르기까지 다양하게 표출되고 있다. 또 빌 게이츠가 시장의 힘으로 가난한 나라를 도와주는 창의력 자본주의creative capitalism를 제시한 것도 지식사회의 특성인 도덕주의에서 비롯된 것이라고 추측할 수 있다.

　그렇다면 지식경영의 리더십도 이런 도덕주의적 구조에 적응하지 않으면 안 된다. 지식경영에서는 위에서 아래로 지시를 내리는 지배적 리더십, 또는 카리스마적 지도자의 가치가 상실될 수밖에 없다. 구글의 CEO 슈미트의 면모는 지식경영 리더십을 관찰하는 또 하나의 창구다.

　슈미트는 구글의 CEO가 되자마자 창립자이자 엔지니어인 페이지와 브린이 기술과 상품에 집중하고 싶어한다는 사실과, 관료주의를 혐오한다는 사실을 알았다. 그래서 그는 다음과 같이 행동했다.

슈미트는 자신이 두 창립자와 엔지니어들에게 훌륭한 관리자란 엔지니어를 자유롭게 해주고, 관료주의를 혁파하며, 자원을 효과적으로 분배하고, '투명성'을 높일 수 있는 재무시스템을 제공하는 사람이라는 점을 보여주기로 했다.

(……)

슈미트는 구글의 윤활유, 그가 스스로 쓰는 표현을 빌리자면 포수(캐처)가 되었다. '저는 구글의 문제를 다 잡아내죠.' 그는 결정해야 할 일을 촉진하고, 경영시스템을 만들고, 재정분석가나 기자와 만나고, 산업과 정부를 구글과 연결하는 중요한 통로 역할을 한다. 두 창립자에게 이런 것은 혐오스러운 업무였으나, 구글로서는 점점 중요해지는 일이기도 했다.

켄 올레타, 「구글드」

구글의 성공 원인을 소개하는 데 치우쳐, 경영자로서 슈미트의 긍정적인 측면에 치중한 감이 있긴 하지만, 그럼에도 불구하고 이 묘사는 지식경영자가 실천해야 할 업무의 특성과 접근 자세를 잘 보여준다. 요컨대 업무상 장애 요건들을 배제하고 업무의 동선을 단순화하며, 내부 소통을 가능하게 만들고 내외의 요구를 연결해주는 작업, 이것이 지식경영자의 업무이다. 지식경영사회를 일찌감치 예측한 피터 드러커는 정보기반 조직의 리더십에 대해 이런 조언을 남겼다.

정보기반 조직은 전문가들로 구성되어야 하며 따라서 그들에게 업무 처리 방법에 대해서 말하는 것은 금물이다. 가령 지휘자가 프렌치 호른 연주자에게 호른 연주 기법을 가르쳐줄 수는 없는 것과 같다. 지휘자가 할 수 있는 것은 프렌치 호른 연주자의 기량과 지식이 전체 연주의 틀에 맞도록 유도하는 것이다. 정보기반 조직의 리더는 이처럼 모든 조직원의 역량이 어느 하나의 초점에 집중되도록 유도하는 역할을 수행해야 한다.

피터 드러커, 「지식경영」

이런 점에서 지식경영의 리더십은 오케스트라 지휘자와 꼭 닮았다. 뿐만 아니라 지식경영자는 스스로 배우면서 끊임없이 자신을 혁신하는 삶을 살아야 한다. 남에게만 지식과 학습, 혁신과 창의를 요구하는 리더가 아닌, 스스로가 학습과 혁신, 지식 습득을 실천하는 것이 지식경영 시대의 또 다른 특징이다. 애플의 스티브 잡스나 구글의 창업자들 모두 엔지니어이면서 또 끊임없이 배우고 학습하며 토론하는 리더임은 그 좋은 예다. 이런 대목에서 공자의 다음과 같은 지적은 지식경영자들에게 지침이 될 수 있다.

"남이 나를 알아주길 바라지 말고, 도리어 내 주변에 스승이 있음을 알지 못함을 근심하라."

「논어」, 1:16

"세 사람이 길을 가도 반드시 스승이 있게 마련이다. 잘하는 사람에게선 그렇기를 배우고, 못하는 사람에게선 '저렇게 하지 말아야겠다'는 것을 배우라."

「논어」, 7:21

7. 지식에서 지혜로

그렇지만 공자는 공공성을 잃고 오로지 기업의 이익만을 추구하는 지식 활용에 대해서는 크게 비판할 것이다. "이익에만 몰두하여 사업을 경영하면 사람들의 많은 원망을 사리라"(「논어」, 4:12)는 성난 목소리에서 그런 느낌을 받는다.

이 대목에서 근래 기업인들이 대학에 대하여 '기업적 인간을 만들어 달라'고 요구하는 데 대해 동물행동학자 최재천 교수가 가한 비판은 인용할 만하다.

> 제가 모 대기업 CEO와 한바탕 다툰 적이 있습니다. 기업 CEO들이 요즘 최고의 강사잖아요. 언젠가부터 그분들이 대학에 와서 하는 말씀이 요즘 대학교육 틀러먹었다. 요즘 대학 졸업생들 데려다 써먹을 게 없다. 대충 이런 것들이에요. 제가 그런 얘기를 듣다 발끈했어요. 그래서 제가 손을 들고 나랑 약속을 하나 해달라, 당신 기업에서 우리 학생 뽑아서 무덤에 들어갈 때까지 완벽하게 책임지겠다는 서약서에 도장을 찍어달라, 그러면 내가 총장님한테 우리 대학을 당신 기업의 직업훈련소로 만들자고 적극 추천하겠다. 그럼 대학도 살고 기업도 사는 것 아니냐?
>
> 도정일 외, 「글쓰기의 최소원칙」

아마 춘추시대의 공자도 이른바 '쩐의 전쟁' 시대로 불리는 오늘날 '신자유주의적 자본주의' 시대의 기업경영자들을 만난다면 비슷한 비판을 할 것으로 보인다.

공자는 지식경영자들에게 사사로운 이익 추구를 넘어서, 남과 더불어 지식을 공유하는 세계, 곧 '지혜로운 지식'으로 진보하기를 권할 것이다. 이를테면 구글을 창립하면서 가졌던 초심, "인터넷이 사람들을 해방시켜줄 민주주의 정신을 고무시킬 것이라는 믿음, 또 직원들에게 20%의 자유 시간을 주는 것은 관리자들을 '대화의 장으로 끌어냄으로써' 관료주의로 흐르지 않도록 하기 위해서"(켄 올레타, 『구글드』)라던 믿음을 끝까지 밀어붙이길 바랄 것이다.

五 | 창조경영: 겹겹이 듣고 켜켜이 보라!

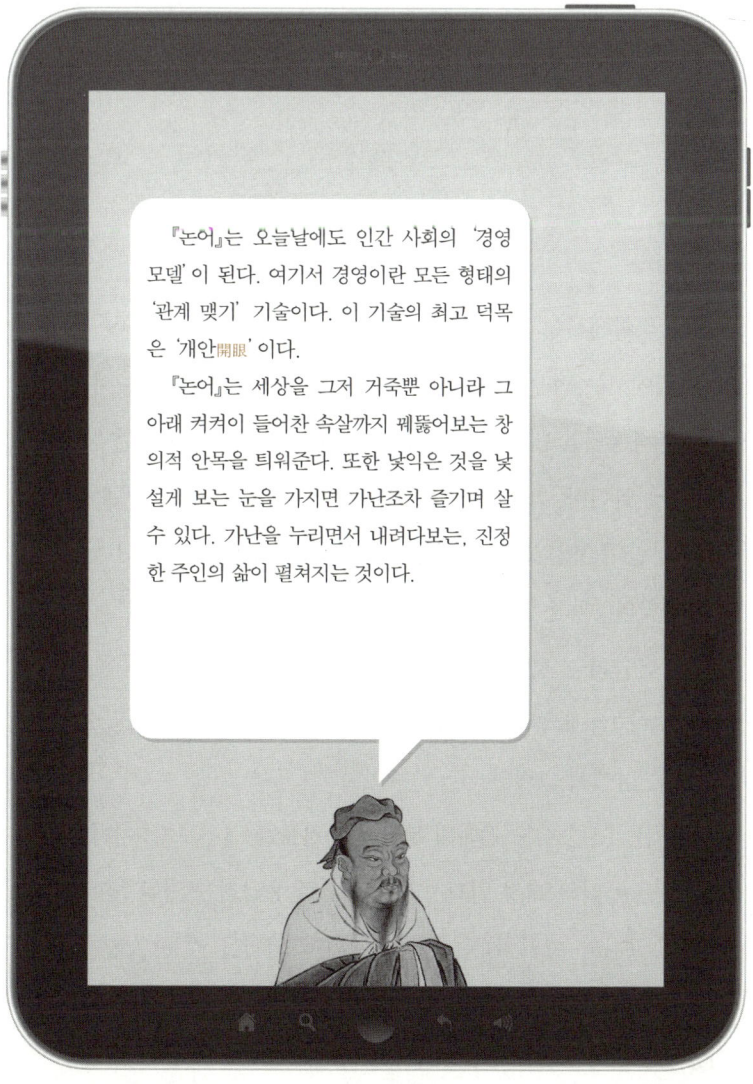

『논어』는 오늘날에도 인간 사회의 '경영 모델'이 된다. 여기서 경영이란 모든 형태의 '관계 맺기' 기술이다. 이 기술의 최고 덕목은 '개안開眼'이다.

『논어』는 세상을 그저 거죽뿐 아니라 그 아래 켜켜이 들어찬 속살까지 꿰뚫어보는 창의적 안목을 틔워준다. 또한 낯익은 것을 낯설게 보는 눈을 가지면 가난조차 즐기며 살 수 있다. 가난을 누리면서 내려다보는, 진정한 주인의 삶이 펼쳐지는 것이다.

정작 대학에서는 '인문학이 죽어간다'는 비명이 터져나온 지 오랜데, 바깥에서는 인문학 붐이다. 서점에는 인문학 관련 각종 서적이 즐비하고, 직장인을 대상으로 한 인문 고전이나 철학과 관련한 강연회도 빈번하게 열린다. 2010년 정치철학 전문서적인 마이클 샌델M. Sandel의 『정의란 무엇인가』가 오랫동안 종합 베스트셀러 1위였던 사실에서도 인문학의 '이상 열풍'은 감지된다. 실은 이 책 역시 최근의 인문학 열기에 편승하는 것일 테다. '공자, 경영을 논하다'라는 주제 자체가 인문학을 중심에 놓고 오늘날 이슈인 '경영학'과의 접점을 모색하는 시도라는 점에서 그렇다.

이번에는 이런 시도에 대해 본질적인 질문을 던져보자. 이기심을 용인할 뿐만 아니라 그걸 인간성의 핵심으로 용납하는 자본주의 시대인 오늘날, 공자와 그의 어록 『논어』는 어떤 의의를 갖는 것일까. 과연

『논어』속에서 혁신적 경영모델이나 새로운 문명의 비전을 발견할 수 있을까? 아니면 고작 심신이 지친 현대인에게 도피처를 제공하는 데 불과한 것일까. 마치 옛날 봉건시대에 도교사상이 죽림칠현竹林七賢식 은둔의 쾌락을 제공했던 것처럼 말이다. 단도직입적으로 물어보자. '오늘날 이 냉혹한 자본주의 시대에 인문 고전으로서 『논어』의 쓰임새는 과연 무엇인가!'

1. 창의력의 근원

우선 『논어』는 창의성의 샘으로서 가치가 있다. 2010년 겨울, 빌 게이츠는 앞으로의 세계를 두고 '창의력 자본주의'라고 명명한 바 있다. 사실 하루가 멀다 하고 신상품이 쏟아지는 IT 제품들, 예컨대 아이폰, 앱스토어, 구글과 같은 첨단제품들을 보고 있으면 정말 '남이 생각하지 못한 것을 상상해서 창조할 때만 큰돈을 벌 수 있다!'는 것을 절감한다.

한데 오늘의 '창의력 자본주의'를 몸소 보여주는 아이폰의 주역 스티브 잡스는 또 "애플은 언제나 기술과 인문학의 교차점에 서있다"고 말한 바 있다. 인문학과 첨단기술은 멀리 떨어져 있지 않고, 외려 인문학이야말로 창의력을 기르는 힘이라는 주장이다. 흥미로운 사실은 스티브 잡스가 대학 재학 중에 심취한 분야가 서체, 곧 서예書藝였다는 점이다. 이것은 한자와 인문학이 가진 창의성과의 관련성을 귀뜸해준다.

물론 한자와 인문학을 아이폰과 곧바로 연결하는 것은 억지처럼 여겨질 수 있다. 그런데 현대 추상화가인 파블로 피카소 Pablo Picasso가

한자와 한문의 세계에 오랫동안 빠져 있었던 이력은 창의력과 한자, 혹은 추상능력과 동양사상과의 관계를 좀더 선명하게 보여준다. 피카소는 이렇게 말한 바 있다.

내가 중국인으로 태어났더라면 화가가 아닌 작가가 됐을 것이다. 나는 그림을 '쓰고' 싶다.

더욱이 피카소가 우리더러 "당신들은 보고 있지만 보고 있는 게 아니다. 그저 보지만 말고, 생각하라! 표면적인 것 배후에 숨어 있는 놀라운 속성을 찾으라! 눈이 아니고 마음으로 읽어라!"(로버트 루트번스타인, 『생각의 탄생』)라던 요구는 상형문자로서의 한자와 한문, 그리고 인문학으로서 동양사상의 속성과 근사하다. 눈에 비친 표면을 모사하던 기존의 회화(구상화)를 벗어나 새로운 패턴, 곧 추상화의 세계를 창조해낸 힘의 근원이 자연 속 사물을 추상해 '상형' 한 한자의 속성에서 비롯됐을 법하지 않은가.

그런데 창의력이란 결코 천재에게만 주어진 우연한 자질이 아니요, 또 상상력이란 백일몽과 같은 환상을 두고 이르는 말이 아니다. 여기에 인문학의 의의가 있다. "태양이 처음 떠오른 이래 새로운 것이란 존재하지 않는다"라는 서양 속담은 '오래된 미래' 로서의 인문 고전 『논어』의 의의를 되새기게 하는 금언이다.

창의력을 기르는 데에 『논어』의 용도는 인간사회의 '경영모델'을 제공한다는 점에 있다. 여기서 경영이란 국가경영이든 기업경영이든, 사회단체(NGO)든, 가족이나 개인의 삶이든 간에 모든 '관계 맺기 기술'을 포괄한다. 인간의 역사 가운데 최악이었던 춘추시대의 환란 중에 짐승으로 타락하는 인간의 모습과 정글로 추락하는 사회를 구출하기 위한 모델이 『논어』 속에 존재하기 때문이다. 요컨대 『논어』 속에는 인간다운 문명사회의 기본 틀(모델)이 존재한다.

2. 창조경영의 모델

미래를 구상하고 상상할 때 모델은 필수적 요소다. 조각 예술의 영역에 창의적으로 빛을 도입해 '빛의 조각' 세계를 처음 연 노구치 이사무는 자신의 작업에 대해 "나에게 있어 조각이란 모델(모형)을 만들고, 그 모델의 크기를 키우고, 이에 맞춰 실제로 돌을 깎는 작업을 혼합해나가는 과정"(로버트 루트번스타인, 『생각의 탄생』)이라고 말한 바 있다. 이것은 예술 창작에서 모델의 중요성을 지적한 것이다.

어디 조각 예술에서만 그러하랴. 모델은 글쓰기, 작곡, 영화 등 모든 예술 분야에서 창작을 위한 핵심적 요소다. 아니다. 실은 창작이란 도리어 고전적 모델에 대한 새로운 시각의 조명(재해석)에 지나지 않는 것인지도 모른다. 1980년대에 출현해 오늘날까지 시리즈로 이어지는 신화적인 영화 〈스타워즈〉에 대한 신화학자의 감상평을 보자.

"새 옷을 입고 있기는 하지만 이것은 옛날 옛날 한 옛날의 이야기로구나!"
이게 바로 제가 영화 '스타워즈'를 보았을 때 가졌던 생각입니다. 영웅이

모험의 소명을 받고, 여행을 떠나 시련을 겪고 위기를 극복하고, 마침내 승리를 얻은 뒤 사회의 이익이 될 만한 것을 가지고 돌아온다. 이건 바로 감독인 조지 루카스가 '신화'의 표준적 이미지를 사용한 겁니다.

조지프 캠벨, 빌 모이어스, 「신화의 힘」

조지프 캠벨의 지적처럼 영화〈스타워즈〉의 모델은 그리스 신화에 있는 오디세우스의 출향과 고난의 역정, 그리고 귀환이다. 또 2000년대의 흥행 대작 영화인〈반지의 제왕〉시리즈도 북유럽의 설화와 신화, 다양한 종교현상에 기초를 둔 것이다. 그리고 2009년도 세계적으로 크게 히트한 영화〈아바타〉역시 고색창연한 만물일체관의 번역인 터다. 우리나라의 경우도 다르지 않다. 2010년 많은 관객을 불러 모은 김대우 감독의〈방자전〉은 알다시피 『춘향전』이라는 고전을 모델로 삼되 새로운 해석을 영상으로 풀어놓은 '오래된, 그러나 새로운' 이야기였다.

그러니 창의성이란 결코 몇몇 천재들만이 타고나는 자질이 아니다. 도리어 인문학적 모델(고전)에 대한 침착한 독서와 이에 대한 새로운 시각의 조명일 따름이다. 연암 박지원의 문장론 법고창신法古創新, 즉 "옛것을 본으로 삼아 새로운 문화를 창조한다"는 의미가 이것이요, 공자의 온고지신溫故知新도 이와 다르지 않다.

3. 사물의 속살을 보는 겹눈을 길러라

문제는 오로지 눈(안목)에 있을 따름이다. 그렇다면 눈, 즉 '새로운

'안목'은 어떻게 얻을 수 있을까. 『논어』에서 눈에 대한 논의를 한번 찾아보자. 공자 당대에도 오늘날처럼 직장을 얻기가 어려웠던 모양이다. 한 제자가 스승을 찾아와 '직장 구하는 법'을 묻는다. 공자의 대답 속에 그가 생각하는 '눈'의 의미가 언뜻 드러난다.

> 공자의 제자 자장이 직장祿 얻는 법을 배우고자 하였다.
> 스승이 말했다. "많이 듣고 그중에 '아니다' 싶은 것은 내버려라! 그 남은 것을 조심스럽게 발표하면 큰 잘못은 없을 거야. 둘째로, 이것저것 많이 보아라. 그중에 '아니다' 싶은 것들은 내버려라! 나머지를 삼가서 행동으로 옮기면 큰 실수는 하지 않을 거야. 이렇게 말과 행동, 즉 언행에 잘못이나 실수가 없다면 자연히 직장이 생길 걸세."
> 『논어』, 2:18

우선 "많이 듣고 그중에 '아니다' 싶은 것은 내버리는多聞闕疑" 과정이란 곧 귀에 들리는 것을 흘려듣지 말고 '들리는 것을 다시금 들으라'는 뜻이다. 또 "많이 보고 그중에 '아니다' 싶은 것은 내버린다多見闕殆"란 육안으로 보는 것을 다시금 보라, 즉 보는 것을 새겨보라는 뜻이다.

보는 것을 보고, 듣는 것을 듣는 것, 말하자면 그냥 보아 넘기지 않고 보는 것을 다시금 각성하여 보는 눈에 직장이 걸려 있다. 또 듣는 것을 그냥 흘려듣지 않고, 듣는 것에 브레이크를 걸어 각성하여 듣는 귀에 취업의 문이 열린다. 그리고 그 해석된 눈으로 걸러진 봄과 들음을 조심스럽게 실천(작품화)할 때 '돈이 생긴다祿在其中矣'.

이건 곧 사물을 적어도 두 겹으로 보고, 또 들으라는 권고다. 세상이 나를 알아주지 않는다며 징징거리거나 기업이 요구하는 '스펙'에 목매지 말고, 사물의 피상만을 훑고 지나가는 눈을 웅숭깊게 만드는 길로 나설 때 제대로 된 직장이 생기리라는 공자의 조언은 오늘날 젊은이들에게도 직통하는 가치가 아닐까.

실제로 여기서 공자가 자장에게 권고한 직장 구하는 방법과, 앞서 현대 추상화가 피카소가 권고한 "그저 보지만 말고, 생각하라. 표면적인 것 배후에 숨어 있는 놀라운 속성을 찾으라. 눈이 아니고 마음으로 읽어라!"라는 권고는 전혀 다르지 않다. 또 스티브 잡스가 지적한 "기술과 인문학의 접점에 애플이 있다"는 말이 가리키는 뜻 역시 근사하다. 그렇다면 젊은이들이 직장을 구하는 법은 동서고금이 다를 바 없다. 피상을 스쳐 지나가는 얄팍한 눈을 웅숭깊게 만드는 길, 오로지 이 길 외엔 없다. 이것이 자본주의 사회인 오늘날에도 인문 고전, 『논어』를 읽어야 할 이유 중에 하나다.

4. 낯익은 것을 낯설게 보라

창의력과 관련된 『논어』 속 문장을 더 찾아보자. 자로는 스승과 여덟 살밖에 차이나지 않는 '공자학교'의 선참이었다. 어린 후배들로선 아무래도 스승보다 선배에게 질문하기가 부담이 덜했는지 자로에게 이것저것 자주 질문을 한 모양이다. 자로로서도 매번 '모른다'고 할 수는 없는 노릇. 제 딴엔 이런저런 대답을 해주곤 한 모양이다. 한데 그게 정답일 수는 없으렸다.

수제자 안연조차 스승의 경지를 두고 "우러러보면 볼수록 더욱 높이 있고, 뚫으면 뚫을수록 더욱 단단하네. 앞에 계신가 하여 쳐다보면 홀연히 뒤에 계시네!"(「논어」, 9:10)라고 한탄할 지경이었으니, '조폭' 출신인 자로에게야 일러 무엇 하리. 이즈음 공자가 자로의 뒤통수를 슬그머니 어루만져준다.

> 공자 말씀하시다. "자로야! 네게 앎에 대해 알려주련? 아는 것은 안다고 알고, 모르는 것은 모른다고 아는 것, 이것이 참된 앎이니라."
>
> 「논어」, 2:17

여기서 "아는 것은 알고, 모르는 것은 모름을 아는 것"이란, 앎이 정보나 지식의 단순한 습득이 아님을 뜻한다. 참된 앎이란 무지의 각성, 즉 모른다는 사실을 아는 것이다. 이것은 꼭 소크라테스가 말한 "너 자신을 알라"와 같고, "자신의 무지를 알 때라야 제대로 된 앎이 된다"라는, 철학 philosopia의 본래 말뜻에 다를 바가 없다. 그렇다면 앎의 차원도 '알고/모르고'의 얄팍한 이분법이 아니요, 앎의 켜 역시 앞서 자장에게 권했듯, '듣고 보는' 것처럼 여러 겹으로 이뤄져 있음을 알 수 있겠다.

공자 말씀하시다. "모르는 것을 아는 것은 좋아하는 것만 못하며, 좋아하는 것은 즐기는 것만 못하느니라."

「논어」, 6:18

무식함보다는 아는 것이, 또 아는 것보다는 좋아하는 것이, 그리고 좋아하는 것보다는 즐기는 것이 낫다는 공자의 '앎의 단계론'에서 우리는 배움의 성취가 고작 '알거나 모르는' 이분법이 아니라 앎 역시 켜켜이 여러 차원에 있음을 알게 된다.

그렇다면 동서양을 막론하고 앎이란 모른다는 사실을 각성하여 아는 것이요, 본다는 것은 눈에 보이는 것을 다시금 보는 것이요, 들음이란 귀로 듣는 것을 느끼며 듣는 것이다. 그리고 삶(인생)이란 앎과 봄, 그리고 들음이 끊임없이 나선형적으로, 점점 깊숙이 쌓여가거나 또는 깊어져가는 과정이다. 그러니까 참된 앎과 진정한 보기, 제대로 듣기란 겹겹으로 이뤄져 있다.

정녕 참된 앎이란 두 겹, 아니 세 겹, 다섯 겹으로 이뤄져 있음에 분명하다. 가령 맹자는 한 사건을 두고 세 가지로 나눠볼 줄 아는 눈을 가졌다고 했고(「맹자」), 부처는 다섯 개의 눈, 즉 육안肉眼, 천안天眼, 혜안慧眼, 법안法眼, 그리고 불안佛眼이라는 다섯 겹의 안목을 갖췄다고 했기 때문이다(「금강경」).

우리 속인들의 눈이야 얼굴에 뚫려 있는 육안에 불과하지만 그 아래 층층이 들어차 있는 심안의 여러 겹을 열고서 사물과 사태를 바라볼 때—이것을 '통찰력'이라고 한다—, 그제야 일상적이고 평상적인 삶이 갑자기 비상해 낯선 새로운 것으로 확 달려든다. 이것이 『대학』에서 지적한 '일신우일신 日新又日新'의 뜻이다. "날마다 새롭고 또 날마다 새롭다"는 말이 어디 매일매일 새로운 도시를 찾아 관광하는 것을 뜻할까보냐. 지금 이 자리에 붙박이로 살면서 매일매일 똑같은 일을 거듭하더라도, 남의 눈에는 심드렁한 하루하루가, 내게는 순간순간이 낯설고 새로우며 설레는 시공간으로 주름져서 덤벼드는 것으로 느낌이 일신우일신의 경지요, 또 그런 순간에 피어나는 것이 창의성이다.

그렇다면 '일신우일신'의 새로움, 상상력, 그리고 창의성을 기르는 방법은 무엇일까. 공자가 이른바 "민감하게 배움을 좋아하노라 敏而好學"(『논어』, 5:14)라던 그 예민한 감성과 호학의 자세에서 비롯할 테다. 열린 마음으로 민감하게 대상과 호흡을 같이할 적에야 지금 내 주변을 새로운 눈으로 각성하여 바라볼 수 있기 때문이다. 오늘을 내일을 위한 수단으로 밀쳐버리지 말고, 지금 이 순간을 시시각각 절실하게 느끼면서 살아갈 때라야 제대로 '살아 있는 사람'이 되는 것이다. 흥미롭게도 오늘날의 심리학자들 역시 자기 주변을 낯설게 바라보는 눈길을 창의력을 기르는 지름길로 제시하고 있다.

창의력을 기르려면 사물과 현상을 '낯설게, 거꾸로' 보세요. 무수히 많은 과학자의 사례를 분석해본 결과, 나는 이들의 공통점을 발견해냈어요. 물론 전략 자체는 각각 다르게 나타났지만, 기본적으로 이들은 현상을 '거꾸로'

보는 사람들이었어요. 어떤 패턴이든, 어떤 모양이든 항상 회전해보고, 거꾸로 보고, 다양한 각도에서 분석했죠. 이는 창의성을 기르기 위해 매우 유용한 전략입니다.

로버트 루트번스타인, 「위클리비즈」

그러나 고작 피상을 훑어볼 줄밖에 모르는 눈, 즉 '육안'으로는 저 일신우일신하는 웅숭깊은 안목이 그저 상상으로 꾸며낸 허구로 여겨질 뿐이다. 꼭 공자가 지적한 바대로 "소인배는 천명을 알지 못해 까불어대며, 위대한 사람들을 업신여기고, 성인의 말씀에 콧방귀를 뀌곤 한다." (「논어」, 16:8) 예나 지금이나 다 '아는 만큼 보이는 노릇'이기 때문이다.

눈에 비치는 것을 사실로 여기는 소인배의 눈으로는 새로운 세계를 창조해낼 수가 없다. 소인배가 허구라고 입을 비쭉거리는 저 상상의 영역이야말로 그들 눈에 비치는 '사실' 이상의 것이다. "왜냐하면 그 속에는 창조의 과정이 개입됐기 때문이다. 예술이나 과학 분야 모두가 그러하다. 아인슈타인은 '창조적인 일에는 상상력이 지식보다 더 중요하다'라고 단언한 바 있다. 피카소는 '예술은 사람들이 진실을 깨닫게 만드는 거짓말'이라고 했다." (로버트 루트번스타인, 「생각의 탄생」)

비디오아트의 창시자 백남준이 "예술은 사기다"라고 한 말도 여기서 멀지 않다. 즉 상상력이란 단순히 어떤 '진실'을 발견하게 하는 도구가 아니라, 도리어 진실은 상상력을 통과함으로써만이 구성된다! 이 구성하는 힘을 따로 '창의력'이라고 부를 따름이다. 그러니까 공자는 직장을 구하는 자장에게, 또 알고 모르는 것의 경계가 흐릿한 제자 자로에게 창의력의 비밀을 귀띔한 셈이다.

5. 창의력이 없으면 노예가 된다

그런데 창의력이란, 있으면 좋지만 없어도 그만인 그런 것이 아니다. 자율적이고 독립된 인간, 즉 '자유로운 존재'로 살아가기 위한 절체절명의 조건이기도 하다. 작가이자 화가인 폴 호건Paul Horgan은 이렇게 말한다.

> 상상할 수 없으면 새로운 것을 만들어낼 수 없다. 또 자신만의 세계를 창조하지 못하면 다른 사람이 묘사하고 있는 세계에 머무를 수밖에 없다. 그렇게 되면 자기 자신의 눈이 아닌 다른 사람의 눈으로 현실을 보게 된다. 더 나쁜 것은 환상을 볼 수 있는 통찰력을 갖춘 '마음의 눈'을 계발하지 않는다면 '육체의 눈'으로는 아무것도 볼 수 없다는 것이다.
> 로버트 루트번스타인, 『생각의 탄생』

제 눈으로 제 스스로의 가치를 창조하지 못하면 남의 눈을 빌려서야 세계를 보게 된다는 말이다. 창의력이 없다면 자기 세계를 만들지 못하고, 자기 세계를 갖추지 못한 사람은 남의 눈을 빌려서 세계를 보게 된다는 폴 호건의 지적은 정말 무서운 말이다. '남의 눈을 빌려서 세계를 보게 된다'라고 함은 곧 자유인이 아니라 고작 남의 눈에 가치판단을 따르는 노예로 타락한 존재일 것이기 때문이다. 이것은 멋모르고 명품 브랜드를 찾아 헤매는 오늘날 우리들의 소비 행태를 떠올리게 한다. 지금 우리는 '남의 눈을 빌리는' 데 쓸데없이 많은 돈을 소모하고 있다. 사막에서, 정글에서, 지하에서 피땀 흘려 얻은 알토란 같은 소득을 이른바 외국의 '명품'에 소모하고 마는 오늘날 사치 바람의 뿌리가 바로 '내 눈이 없다'는 인문학적 명제에서 비롯되는 것이다.

제 스스로 명품을 발견(제작)하는 눈을 갖지 못한 사람들은 고작 남이 만들어놓은 '명품' 가방을 둘러메고서 남의 눈길의 피사체가 되기를 즐기는 노예(속물)의 삶을 사는 것이다. 남의 눈길에 휘둘리고, 남의 눈에 비치는 것만을 생각하는 육안, 즉 피상적인 눈으로는 애써 노동해 얻은 소득을 고스란히 남에게 갖다 바치고서도, 우쭐거리면서 럭셔리 브랜드 상품을 비싸게 사오는 '바보짓'을 면키 어렵다. 더욱 두려운 것은 "내 마음의 눈을 계발하지 못하면 육체의 눈만으로는 아무것도 볼 수 없으리라"는, 곧 노예의 상태가 지속되리라는 호건의 경고다. 바보짓을 하면서 이게 바보짓인 줄조차 모르는 진짜 바보가 탄생한다는 말이다. 그렇다면 개안開眼은 인간의 본질에까지 닿는 거대한 문제가 된다.

요컨대 인문 고전 『논어』를 제대로 읽으면 창의력이 파생되는데, 그 창의성은 오늘날 '큰돈'이 된다! 남의 밑에서 작은 돈으로 연명하고 싶지 않은 자존심 강한 사람이라면, 남의 눈에 휘둘리는 노예(속물)로서의 삶을 견디기 어려워하는 사람이라면, 그리고 평생을 두고 대박을 터뜨릴 야망을 가진 젊은이라면 인문학을 공부할 일이다! 그 속에서 삶과 경영의 새 모델을 찾아내고 또 그것을 재해석하는 눈길을 통해 창의력은 싹을 틔우리라. 돌아가는 길 같지만, 실은 가장 가깝고 질러 가는 것이 이 길이다―오늘날을 두고 '창의력'의 시대로 명명한 사람은 공자가 아니라 빌 게이츠였다.

6. 가난을 버티는 힘

그러나 『논어』가 어찌 '잘살기'에만 쓰이랴. 도리어 고통과 가난에 허덕이는 사람에게 『논어』는 더더욱 필요하다. 불교식으로 하자면 인생 자체가 고해 苦海이겠으나, 공자에게 고난이란 경제적 곤란과 정치적 고통, 즉 빈천 貧賤이 그 대명사다. 그 가운데서도 '가난'은 오늘날도 사람들이 다 피하고 싶어하는 절박한 고통이다. 『논어』는 이 가난의 고통을 헤쳐나가는 기술을 제시한다.

『논어』의 진정한 가치는 가난의 고통을 이기는 힘을 제공하는 데 있을 것이다. 무엇보다 공자 스스로가 평생토록 물질적 고생을 몹시 심하게 겪었기 때문인지 모른다. 제 스스로를 두고 "어려서부터 가난하여 많은 기예를 익혔노라"(『논어』, 9:6)라고 했기에 드는 생각이다. 공자가 가난을 어떻게 대했는지 잠시 살펴보자. 공자가 천하를 주유하다가 곤경에 처하여 따르는 제자들이 영양실조로 쓰러질 지경에 이르렀다. 이때 제자 자로가 스승에게 덤빈다.

자로가 화난 낯으로 공자를 뵙고 말했다. "군자도 역시 궁핍하답니까 亦窮?"

공자 말씀하시다. "군자야말로 '정녕 곤궁할 줄을[固窮]' 알지. 소인배들은 궁핍하면 바로 넘치느니라."

「논어」15:1

이 대화에서 주목할 점은 두 사람이 군자라는 말을 같이 쓰지만 그 의미가 서로 다르다는 것이다. 자로에게 군자는 역궁하는 사람으로, 공자에게는 고궁하는 사람으로 인식된다. 자로가 말한 역궁(역시 궁핍하답니까) 속에는 '본시 군자는 경제적으로 가난하지 않다'는 전제가 숨어 있고, 공자가 말하는 고궁(정녕 곤궁할 줄 안다) 속에는 '군자는 부유함이나 가난함과 상관없는 존재'라는 생각이 깃들어 있다.

자로의 군자는 요즘 식으로 하면 '사회계급론'에 입각한 존재다. 그는 '군자'를 원래의 말뜻 그대로 임금君의 아들子, 즉 '군자=임금의 아들=왕자=지배계층'이라는 뜻으로 이해한다. 사실은 이것이 당시 통용되던 군자라는 말의 의미였다. "발굴된 갑골문 조각들 속의 자子란 은나라의 왕자들로서 중요한 지역의 통치를 맡고 있었던 사람들을 말한다."(진순신, 「중국고적발굴기」) 그러니까 자로는 당시 통용되던 군자의 말뜻대로 군자=지배계층으로 인식했기에 "군자도 역시 곤궁하답니까?"라고 힐문한 것이다.

그러나 공자에게 군자라는 의미는 이와 달랐다. 그는 군자라는 말 속에 든 계급적 의미를 벗겨내고 새로운 문명사회를 개척할 영웅의 속성을 집어넣고자 했다. 즉 공자의 군자는 지배계급이나 경제적 부유와 관계없는 도덕적 존재였다. "군자가 인仁에서 벗어난다면 어찌 '군자'라는 이름을 이룰까!"(『논어』, 4:5)라는 주장에서도 인(사람다움)을 지향하는 이상적 인격체로서 군자의 의미가 잘 부각된다. 공자의 군자는 '인' 의 실천자이지 권력계급이나 부귀계층을 뜻하지 않았던 것이다.

따라서 공자의 군자에겐 도리어 빈궁함이 기본 조건이기 일쑤였다. 이를 두고 공자는 "부유함과 존귀함은 모두 바라는 것이지만, '나의 길'로 얻은 것이 아니라면 취하지 않는다. 반면 빈곤과 비천은 내 탓이 아닐지라도 벗어나려 애쓰지 않는다"(『논어』, 4:5)라고 지적할 수 있었던 것이다. 즉, 외부의 물질적 환경과 상관없이 자신이 이뤄야 할 길道을 묵묵히 실천해 나아가는 존재가 군자다.

이것은 널리 알려진 군자의 안빈낙도적 특성과 상통한다. 공자는 군자란 '빈이락貧而樂'(『논어』, 1:15) 하는 존재라고 규정하는데, 이는 곧 위의 뜻과 말만 다를 뿐이다. '빈이락'은 '가난을 즐기는 사람'이라는 뜻이다.

'가난한데도 즐길 줄 아는 삶'이란 결코 '달동네 체질'을 두고 하는 말이 아니다. 즉 가난을 즐기는, 미친 상태를 말하는 것이 아니란 말이다. 도리어 '빈이락'이란 가난을 가난으로 여길 겨를이 없음, 또는 물질적 조건이 나의 일상생활을 침해하지 못함과 같은 '경지'를 이른다. 빈이락의 경지란 곧 물질적 가난이 더이상 고통의 찌꺼기로조차 존재하지 않는 것이다. 즉 가난의 콤플렉스를 벗어던진 말간 평화의 상태다. 공자가 제시한 새로운 인간, '빈이락'의 군자는 빈부와 같은 물질적 조건과 욕망에서 벗어나버린 자리에 거처한다. 이때서야 마치 한여름 태풍이 지나간 해맑은 하늘처럼, 티 없고 왜곡 없이 사물을 바로 볼 수 있는 세계가 열린다.

이렇게 '군자=빈이락'이라는 등식을 염두에 두고 자로가 '역궁'이라는 말로 달겨들던 대목을 다시 보면, 공자가 군자를 '정녕 곤궁할 줄 아는 존재固窮'로 묘사한 데는 깊은 뜻이 들어 있다. 여기 '정녕 곤궁하다'고 할 때의 '정녕固'의 의미는, 가난할 줄 번연히 알면서도 그 길을 간다는 뜻이다. 또는 부자가 되는 방법을 알면서도 짐짓 가난을 버티며 살아가는 것이다. 연암 박지원의 작품 『허생전』의 주인공 허생許生처럼 얼마든지 돈을 벌 수 있지만, 그것이 나의 참된 즐거움이 아니기 때문에 일부러 가난 속에서 책을 읽으며 몸을 닦을 따름이라는 것이다. 그러므로 '고궁'에는, 가난함 혹은 부유함조차 비죽이 미소 지으며 내려다보는 의연한 자존심이 깃들어 있다.

그렇다면 앞서 창의력의 근원으로 '겹눈'을 추출한 것과 마찬가지로 가난에 대한 눈길도 겹겹인 것이다. 자로의 '군자=빈곤하지 않음'의 천박한 출세론을 오늘날 우리의 가난에 대한 두려움과 같은 편에 둔다면, 공자의 '군자=빈부와 상관없음'은 '가난 속에 즐거움의 경지가 있음'(빈이락)과 동석에 놓을 수 있으리라. 즉 가난은 객관적이거나 절대적인 것이 아니다. 가난에도 다양한 켜가 존재한다는 것을, 즉 눈에 따라 가난이 즐거움으로 바뀔 수 있다는 것을 『논어』로부터 배운다.

공자에 따르면 한 가지 사태에 겹겹이 쌓여 있는 켜들을 헤아릴 줄 아는 눈(안목)을 얻는 것이야말로 '객관적'이고 '물질적'인 빈곤을 버티는 힘이 된다. 적빈 속에서도 의연히 사람다움을 실현하는 힘은 인문人文의 웅숭깊은 눈길에서 발화한다. 가난에도 다양한 켜가 있음을 발견하는 눈, 이것이 바로 인문학이며 『논어』의 참된 쓰임새다. 역시 가난마저 지긋이 내려다보는 웅숭깊은 안목을 기르려는 것이 인문고전을 공부하는 이유다.

7. 가난도 보는 눈마다 다르다

그런데 이건 2천5백 년 전 고대사회에서나 있을 법한, 호랑이 담배 피던 시절의 이야기가 아닌가? 오늘 21세기 지식정보사회를 헤매며 사는 우리에게는 꿈같은 소리로 들릴 수 있으리라. 그러나 다음 사례가 그런 의문에 대한 하나의 답변이 될 수 있을지 모른다. 2004년 땅으로 돌아간 농부 전우익은 가난을 '누리며' 사는 삶 가운데 이런 편지를 남겼다.

우린 밥만 먹고 사는 게 아니라 사계절도 먹고 살지요. 계절은 피부로, 마음으로, 눈과 코로 마시지요. 누군가 말했어요. 살림살이는 비록 구차하지만 사계절이 있어 풍성하다고요. 눈, 그 차가운 눈이 어째서 마음을 그렇게 포근하게 해주지요? 비는 소리내며 오는데 눈은 소리 없이 와요. 한 수 위 같아요. 소리치는 것, 소리 없는 것, 어느 쪽이 나아요, 형은?

전우익, 「사람이 뭔데」

농부 전우익은 가난한 와중에도 "사람은 밥만 먹고 사는 존재가 아니라 사계절도 먹고 산다"는 경지를 토로하고 있다. 이것은 공자가 제시한 '빈이락'의 세계와 전혀 다를 바 없다. 또 전우익은 입으로 먹는 밥만이 아니라 피부로, 마음으로, 눈으로, 코로 먹는 밥에 대해서도 말한다. 고작 입으로 삼키는 음식만을 밥으로 아는 우리의 천박한 입—마치 자로의 군자론처럼—에 비하면, 그는 네 개의 입(피부, 마음, 눈, 코)으로 사계절을 먹고 있다.

나아가 비나 눈이나 모두 자연현상이건만, 그중에 또 "비보다는 눈이 한 수 위인 것 같다"며 자연물을 세심하게 헤아리는 예민한 눈길을 갖추고 있기도 하다. 이러한 예민한 눈길에서 '인문의 힘'을 절절하게 느낄 수 있다. 소리내며 쏟아지는 비와 소리 없이 내리는 눈의 차이를 발견하고, 이를 기준으로 삼아 즐거움의 경중을 헤아리는 전우익의 눈길은 헛된 짓인가.

만약 이게 의미 없는 짓이라면, 원두커피의 원산지를 예민하게 감식하는 바리스타의 입맛이나, 포도주의 생산 연도와 생산지를 감식하는 소믈리에의 혀가 돈이 되는 이유는 무엇인가? 농부로 살다간 전우익의 눈과 비를 구별하는 눈과, 특급호텔에서 비싼 돈으로 초빙하는 프랑스 특급 소믈리에의 감식안이 다른 점이란 과연 무엇일까. 전우익은 자신의 안목을 돈과 바꿔먹지 않았던 데 반해 소믈리에는 돈을 좇아 세계를 돌아다닌다는 정도가 아닐까.

정리해보자. 우선 『논어』를 깊이 읽으면 돈이 벌린다! '창의력 자본주의' 시대를 사는 오늘, 창의력의 근원이 인문학이요, 그 인문학의 모델이 고전이라는 등식을 긍정한다면 정녕 그러하다. 동시에 『논어』에는 실업과 가난을 버틸 수 있는 힘도 있다. 문제는 눈, 안목이다. 부유함과 가난을 여러 겹으로 켜켜이 바라보게 만듦으로써, 부유함은 느긋하게 또 가난함은 흐뭇하게 즐기며 '경영하게' 만드는 것, 이것이 인문 고전 『논어』의 힘이다.

六 | 매력의 경영학: 덕치

1. 태풍의 힘

해마다 늦여름이면 어김없이 태풍이 올라온다. 저녁밥을 먹다가 인공위성에서 찍은 장대한 태풍의 모습을 보노라면 문득 숟가락질이 멈춰진다. 도시와 국경 따위는 안중에 없고, 높은 산맥과, 바다조차 구별하지 않고, 동아시아의 온 대륙과 대양을 온통 휘감으며 회오리치는 비구름 사진을 보고 있노라면 자연의 거대한 힘에 찬탄하지 않을 도리가 없다. 연이어 큰 강이 범람했다느니, 수백 년 묵은 나무들이 뿌리 뽑히고 대도시가 물에 잠겼다는 소식을 전해 들으면 다시금 태풍의 위력을 실감한다.

태풍은 여느 바람과는 성격이 다른 독특한 바람이다. 일진광풍과도 다르고 몰아치는 폭풍과도 다르다. 노자는 "아침 내내 몰아치는 회오리바람도 없고, 하루 종일 내리는 소낙비도 없다飄風不終朝, 驟雨不終日"

라고 했지만, 태풍만은 며칠을 두고 불고, 또 밤새도록 비를 쏟는다.

폭풍이 위에서 아래로 퍼붓는 바람이라면, 태풍은 아래서 위로 쳐올리는 바람이다. 또 폭풍이 고기압 대에서 생긴다면, 태풍은 저기압 대에서 발생한다. 그리고 폭풍이 물처럼 흘러가는 바람이라면, 태풍은 꼿꼿이 서서 걷는 바람이다. 태풍을 세워서 걷도록 만드는 힘은 그 한가운데 뻥 뚫린 '눈'에서 나온다. 눈이 없다면 태풍은 한낱 '열대성 폭풍'에 불과하다. 거대한 구름 회오리 한가운데 뻥하니 뚫린 태풍의 눈은 한밤중에 마주친 고양이 눈깔처럼 섬뜩하다.

폭풍이 사납게 몰아치는 비바람이라면, 태풍의 눈 속은 텅 비고, 맑고 고요하며, 기압은 낮다. 그러니까 폭풍이 남성적이라면 태풍은 여성적인 바람이라고 해야 하리라. 자기를 낮추고 고요하며 맑은 태풍의 중심이 가진 특성은 아무리 생각해도 여성적이다—태풍에 여성의 이름을 붙이던 옛 관습은 나름대로 유래가 있다고 해야겠다.

주목할 점은 기압이 낮으면 낮을수록 더 큰 힘을 발휘하는 태풍의 역설이다. 2003년 9월에 발생했던 태풍 매미는 한반도에 막대한 해를 입힌 최대 위력의 태풍이었다. 인명 피해가 130명, 재산피해는 4조7천810억 원에 달했다고 한다. 그런데 사전에 따르면 "태풍 매미는 우리나라에서 기상관측을 실시한 이래 중심부 최저 기압이 가장 낮은 950헥토파스칼(hPa)을 기록했다." 중심 기압이 역사상 가장 낮았기에 가장 강한 힘을 발휘했다는 것이다. 중심 기압이 낮을수록 강력한 힘을 자아낸다는 것은 아무래도 역설적이다.

정말 강한 힘은 자기를 낮출수록, 또 중심을 텅 비우고 고요하게 유지할 적에야 터져 나온다는 '힘의 역설'을 태풍으로부터 배운다. 자연의 강한 힘에 그런 역설의 기운이 감돈다면, 인간 사회에도 그런 신비한 힘이 있지 않을까.

2. 두 가지 힘

춘추시대는 '폭풍의 시대'였다. 권력자가 위에서 아래로 내리누르는 폭정의 시대요, 힘센 자가 약자를 밀어붙이는 폭력의 세월이었다. 공자는 이 폭풍의 시대에 맞서서 힘의 원리를 깊이 연구한 사람이다. 그는 결코 시대의 폭풍을 피해 자연 속으로 도피한 은둔자가 아니었다. 그리고 인간 세상의 힘에는 폭력만이 아닌 또 다른 힘, 즉 타인의 몸과 마음을 끌어들이는 신비한 힘이 있음을 발견하고, 여기에 덕德이라는 이름을 붙였다.

> 공자 말씀하시다. "천리마 기驥를 칭탄하는 까닭은 그 힘力 때문이 아니라, 그 덕德 때문이다."
>
> 「논어」, 14:35

천리마 '기'를 명마로 손꼽는 것은 천리를 재빨리 달리는 속력 때문이 아니라 말 탄 사람의 뜻에 맞춰 배려하는 힘, 곧 덕 때문이다. 우선 공자가 힘의 범주를 역과 덕의 두 차원으로 구분하고 있음에 주목하

자. 즉 공자는 힘의 세계 속에 근대 서구 정치학(마키아벨리즘)에서 상식으로 통용되는, 그리고 춘추시대 당시에 가득했던 폭력과 권력이라는 1차원적인 힘뿐만 아니라, 눈에 보이진 않지만 '덕의 힘'이라는 전혀 다른 성격의 힘이 공존하고 있음을 알았던 것이다. 다음 발언은 공자가 발견한 힘의 두 범주를 맹자도 알았음을 보여준다.

> 맹자가 말했다. "힘으로써 사람을 복종시키면 심복하지 않는다. 힘이 부족하기에 굴복할 뿐이다. 반면 덕으로써 사람을 복종시키면 그 마음으로부터 기뻐서 진정으로 따른다. 마치 70명의 제자들이 스승 공자에게 그러했듯."
> 『맹자』

"힘으로써 사람을 복종시키면 심복하지 않는다"라는 지적 속의 '힘'은 분명 폭력 또는 권력이다. "힘이 부족하기에 굴복할 뿐"이라는 이어지는 설명에서 그 뜻이 잘 드러난다. 반면 "덕으로써 사람을 복종시키면 그 마음으로부터 기뻐서 참으로 복종한다"라고 할 때의 '덕'은 힘과 정반대편에 위치한 또 다른 힘이다. 곧 '힘'이 폭력과 권력을 뜻한다면, '덕'은 사람을 끌어당기는 매력이다.

3. 덕치란 곧 매력의 경영이다

폭력과 대비되는 제3의 힘, '덕'에 대한 공자의 논의를 좀더 살펴보자.

공자 말씀하시다. "덕으로써 정치를 행함은, 비유컨대 북극성이 제자리에 가만히 있는데도 주변의 많은 별이 그를 향하는 것과 같다."

「논어」, 2:1

북극성은 붙박이 별이다. 억지로 다른 별들에게 오라 가라 명령하지 않아도 천체는 북극성을 중심으로 돈다—고 옛 사람들은 보았다. 북극성이 제자리를 지키고 가만히 있기만 해도 "주변의 많은 별이 그를 향한다衆星共之"라는 비유는 공자의 경영학이 힘(폭력)이 아닌 덕(매력)을 통해 작동된다는 점을 잘 보여준다.

한편 이 구절은 동아시아에서 중요한 정치적 상징 기능을 했다는 점에서도 주목할 만하다. 중국 황제의 거처인 베이징의 자금성紫禁城에 있는 천자의 옥좌든, 서울의 경복궁에 있는 조선 군주의 어좌든, 일본 교토의 어소御所든 모두 다 남쪽으로 향하도록 배치된 것은 이 장에 묘사된 북극성이 남쪽을 향해 있는 모양을 형상화한 것이다.

궁전을 좀더 세밀히 살펴보면, 경복궁이나 덕수궁의 어좌 뒤에는 일월오악도日月五嶽圖가 병풍으로 펼쳐져 있다. 일월은 해와 달이요, 오악은 군주가 다스리는 땅의 상징으로서 다섯 개의 명산을 말한다. 그러면 해와 달은 있는데, 별은 어디로 갔을까.

바로 군주 자신이 별, 곧 북극성이다. 군주가 어좌에 앉는 순간 정치의 하늘에는 해와 달, 그리고 별(북극성)이 갖춰져 온전한 세계가 '구성'된다. 그리고 군주는 "제자리에 가만히 있는데도 주변의 많은 별이 그를 향하도록" 배치된 남향의 어좌에 북극성처럼 가만히 앉아서 오악(땅)을 조용히 다스리는 것이다.

즉 위정이덕爲政以德이라는 덕치의 원리는 궁궐의 배치, 어좌의 방향, 그리고 병풍의 그림들 곳곳에 숨어서 상징화돼 있고, 또 덕치의 원리는 실제 정치 속에서 작동되도록 군주에게 무언으로 요구하는 것이다. 이것이 유교 경전이 현실 정치에 개입하는 방식이다. 그러면 덕의 힘은 어떻게 작동되는 것일까.

섭공이 정치를 물었다.
공자 말씀하시다. "가까운 데 사람들이 기뻐하면, 먼 데 사람들은 몰려드는來 것이지요."

『논어』, 13:16

이 문장 가운데서 특히 '몰려온다'를 뜻하는 래來 자에 덕치의 미묘한 특성이 잘 표현돼 있다. 나는 이 작동방식을 진공청소기에 비유하고 싶다. 제 몸을 진공상태로 만듦으로써 주변의 먼지가 '빨려드는' 진공청소기의 작동방식과 여기 "가까운 곳 사람들은 기뻐하고, 먼 곳 사람들은 몰려드는" 덕치의 방식은 근사하다. 역시 기압이 낮을수록, 그리고 중심인 '눈'이 텅 비어 고요하고 맑을수록 강한 힘을 방출하는 태풍의 역설적 작동방식도 이와 다를 바 없다.

또 다른 곳에서 공자가 "군자의 덕은 바람이요 소인의 덕은 풀이다.

풀 위로 바람이 불면 풀은 반드시 눕게 되느니!"(『논어』, 12:19)라고 하여 훌륭한 리더의 속성을 바람에 비유한 까닭도 알 만하다. 그렇다. 여기 풀 위로 부는 바람이란 몰아치는 힘으로서의 폭풍이 아니요, 도리어 나를 낮추고 비움으로써 큰 힘을 자아내는 태풍이다! 다만 바람의 근원이 나의 내부(몸·마음)에서 비롯할 따름이다. 참된 힘(덕)은 외부에서 도입하는 것이 아니라 나를 성찰하고, 또 나를 객관화하는 눈길에서 나온다. 이것이 유교경영에서 끊임없이 수기修己(나를 닦음)를 강조하는 까닭이다. 수기치인이라, '나를 닦고 난 다음에야 남을 다스릴 수 있다'는 낯익은 표현의 뜻이 이것이다.

    텅 빈 데서 힘이 형성되는 진공청소기나 태풍의 구조는 낮은 곳에서 흘러내리는 물을 맞이하는 계곡과도 통한다. 여기서 우리는 조선을 대표하는 유학자인 이황과 이이가 자신들의 호를 퇴계退溪와 율곡栗谷으로 지었던 까닭을 알 수 있다. 퇴계는 '물러난 골짜기'라는 뜻이요, 율곡은 '밤나무 골'이라는 뜻이다―더욱이 퇴계와 율곡을 한 자씩 건너뛰어 읽으면, '퇴·율·계·곡'이 된다. 퇴계와 율곡은 움푹 팬 골짜기를 자기 몸속에 만들 적에야 물이 아래로 흘러 계곡으로 모이듯 사람들이 '몰려온다來'라는 원리를 이름 속에 담은 것이다.

    이를테면 '제 생각을 상대방에게 강요하거나, 억압하지 말라. 외려 스스로를 비워내고 상대방을 포용하고 감싸라. 그리하면 물이 계곡으로 몰려 내려오듯, 비워둔 그 자리로 사람들이 몰려오리라'는 전망이 퇴계와 율곡이라는 이름 속에 들었다!

요컨대 덕은 바람(태풍)이요, 진공청소기요, 또 계곡이다. 모두 나를 낮추고 비우는데 강한 힘이 발휘되는 힘의 역설이 관철된다. 덕은 분명 힘이긴 하지만 억누르고 지배하는 권력이 아니라, 상대방이 스스로 기꺼워서 진심으로 오고 싶도록 만드는 매력이다. 그렇다면 '덕성'이란 자기 속을 채워서 높은 산을 만드는 것이 아니요, 외려 나의 속을 깎아내 마치 못이나 계곡처럼 움푹 팬 공간을 만들어 거기로 사람이 모여들게 만드는 것이다.

문제는 나 자신에게로 집중된다. 유교 리더십의 바탕자리에는 자기 수련을 뜻하는 수기와 자기의 욕망을 이겨 관계로 돌아감, 즉 극기복례 克己復禮가 근본으로 존재한다. "인을 실천하는 일이 '나 자신'으로 시작되는 것이지, 어찌 남으로부터이랴"("논어」, 12:1)라던 공자의 말은 덕의 근원, 즉 덕성이 자기 몸과 마음속에서 비롯됨을 잘 지적한 것이다.

4. 공자 대 자로

공자의 제자 자로는 무사 출신이었다. 그러므로 자로에게 군자란 '폭력을 통한 지도자'일 수밖에 없었다. 당연히 자로는 용맹을 군자의 가장 중요한 미덕으로 여겼다. 그런데 점점 자로는 제가 생각하는 군자상과 스승이 제시하는 군자상이 서로 다르다는 괴리감을 느꼈던 것 같다. 이에 조심스레 묻는다.

자로가 여쭈었다. "군자란 용맹을 으뜸으로 삼는 존재겠지요?"

공자 말씀하시다. "아니야! 군자는 의義를 제일로 삼지. 군자가 용맹스럽기만 하고 의롭지 못하면 사회를 어지럽히고, 또 소인이 용맹스럽기만 하고 의롭지 못하면 도둑이 되고 말지."

「논어」, 17:23

지금 자로에게 '군자'란 군사력을 움직여 전쟁을 치르는 폭력 행사의 전문가일 따름이다. 그러기에 군자가 갖춰야 할 덕목도 마땅히 용기라야 한다고 믿어 의심치 않는다. 때문에 "군자란 용맹을 으뜸으로 삼는 존재겠지요?"라고 질문한 것이다. 물론 공자도 용맹이 필요 없다고 본 것은 아니다. 다만 용맹(힘)은 시대정신義의 계도를 받아야 한다는 점을 지적한 것이다. 공자가 자로에게 가르쳐주고자 한 점은 용맹의 발휘는 정당성에 대한 인식이 기반이 돼야 한다는 사실이다.

자로는 죽을 때까지 공자의 군자가 지향하는 그 문명적 성격을 깨닫지 못했다. 혹은 공자가 꿈꾸는 새 시대의 국가경영이 폭력적 지배를 통한 권력적 행위가 아님을 이해하지 못했다. 자로는 끝까지 '정치=폭력'이라는 등식을 의심하지 않았던 것이다. 이런 자로에게 공자는 다시금 내면을 들여다보길 권하면서 직접 손을 이끌어 가르침을 베푼다.

공자 말씀하시다. "자로야. 너는 육언六言과 육폐六蔽라고 들어봤느냐?"
자로 대답하였다. "아니오."
"게 앉거라. 내 너에게 말해주마. 우선 인仁을 좋아한다면서 호학好學하지 않으면 '어리석음愚'이 되니라. 또 지혜知를 좋아한다면서 호학하지 않으면 '허황함蕩'이 되니라. 약속信에 구애되어 호학하지 아니하면 자칫 '반역질賊'이 되니라. 또 정직直을 좋아한다면서 호학하지 아니하면 '각박함絞'으로 빠지는 수가 있느니라. 그리고 용맹勇을 좋아한다면서 호학하지 아니하면 '난장판亂'이 되니라. 뿐만 아니라 강함剛을 좋아한다면서 호학하지 아니하면 '광기狂'로 변질되느니라."

『논어』, 17:8

  이 장은 자로의 눈높이와 성향에 맞춰 공자가 구체적인 가르침을 베푼 내용이다. 그 핵심은 호학에 있다. 호학은 스스로가 부족하다는 분한 마음과 열린 마음가짐, 그리고 꾸준한 노력을 미덕으로 하는 점증적, 과정적 개념이다. 실로 공자의 근본정신도 이 호학에 있을 따름이었다. 죽을 때까지 내내 배우기를 멈추지 않음이야말로 '호학'인 것이다.
  공자는 자로에게 호학의 정신이 부족하다고 보았다. 좀더 구체적으로 지적하자면 꾸준하고 항상적인 노력이 결여되어 있다고 본 것이다. 그러면 무엇을 배워야 한다는 말인가. 그것은 분명 정의義에 대한 이해일 것이다. 위에서 보았듯 "군자가 용맹스럽기만 하고 의롭지 못하면 사회를 어지럽히는"데 불과하기 때문이다. 이렇게 보면 자로에게 공자가 가르치고자 한 미덕은 무턱대고 힘을 발휘하는 것이 아니라 '무엇이 정의인가'를 판단하고, 또 '올바른 시대정신'을 찾는 모색의 과정, 즉 '정의를 찾는 노력'이었다.

생각하면 공자로서는 폭력으로써 난세를 극복한다 한들 또다시 혼란에 빠지고 만다는 '폭력에 대한 비관주의'를 가지고 있었던 것이 분명하다.

위나라 영공이 공자에게 진을 치는 법을 물었다.
공자, 대하여 아뢰었다. "예에 관한 일은 일찍이 배운 바가 있으나, 군사 문제는 배운 적이 없습니다." 그 다음날 바로 위나라를 떠났다.

『논어』, 15:1

위령공이 진법陣法을 질문하자 표표히 떠나버린 공자의 면모에서 폭력에 대한 짙은 혐오를 충분히 헤아릴 수 있다. 공자는 지금 당장은 비현실적일지 몰라도 장기적으로 문명을 옳게 되살리려면 '힘=폭력'의 등식을 '힘=매력'으로 바꾸지 않으면 안 된다는 결단을 내렸다. 새 시대를 준비하는 새로운 힘, 곧 매력의 다른 이름이 '덕'이라는 단어였다. 공자는 정치가 폭력이 아닌 매력으로 전환될 때 비로소 '인간다운 사회'와 '문명적 질서'가 가능하다고 본 것이다. 이쯤에서 공자가 자로에게 이런 귀띔을 한 것은 예사롭지 않다.

공자 말씀하시다. "자로야. 덕의 참뜻을 제대로 아는 자가 드물더구나."

『논어』, 15:3

이 지적은 새로운 세계를 열 문명의 힘인 덕, 곧 매력의 위대함을 깨닫지 못한 채, 그저 습관적으로 폭력을 국가경영의 전부로만 알고 있는 제자 자로를 스승이 몹시 안타까워했다는 증거이다. 정녕 공자는 자로가 붙잡혀 빠져나오지 못하는 수렁인 '폭력=정치'로부터 '매력=덕'의 세계로, 또 '힘의 발휘'로부터 '힘의 응축'으로, 그리고 '외향의 눈길'을 '성찰의 눈길'로 되돌리기 위해 끝까지 손을 내민 것인데, 이를 두고 볼 때 공자는 자로를 몹시 아꼈음이 분명하다.

이렇게 공자는 폭력을 가지고는 결코 폭력이 종식되지 않는다는 점을 자로에게 가르치고자 한 것이다. 둘러가는 것 같지만 실은 '덕성을 통해 주변이 끌려드는' 매력의 힘, 이것만이 천하를 평화롭게 이끌 동력이라고 그는 굳게 믿었던 것이다. 이 대목에서 독일의 정치사상가 한나 아렌트Hannah Arendt의 지적이 공자의 생각에 꼭 들어맞는다.

"폭력의 실천은 모든 행동과 마찬가지로 세계를 변화시키지만, 더 폭력적인 세계로 변화시킬 가능성이 가장 크다."

한나 아렌트, 『폭력의 세기』

이를 통해 우리는 정치, 또는 경영의 세계에는 사람을 움직이는 힘이 꼭 필요한 요소이지만, 폭력으로는 결코 항구적인 평화와 질서를 이룰 수 없다는 것이 공자의 신념이었음을 배운다. 그러면 공자의 꿈, 곧 덕치의 세계가 선명하게 제시된 장면을 찾아보자.

5. 덕치와 기업경영

　남궁괄이 공자에게 여쭈었다. "옛날 명궁이던 예羿는 활을 쏘기만 하면 백발백중이었고, 천하장사였던 오奡는 땅 위에서 배를 끌어당길 정도였으나 둘 다 제 명에 죽지 못했다지요? 그러나 성왕이신 우禹와 탁월한 재상인 직稷은 평범한 농부였으나 끝내 천하를 소유하셨다죠?"
　공자, 아무런 말씀이 없었다. 남궁괄이 나가자, 공자가 찬탄하며 말씀하시다. "군자로구나. 저 사람은! 덕의 의미를 올바로 알고 있구나. 저 사람은!"

「논어」, 14:6

　남궁괄은 공자의 제자로서 훗날 스승의 조카사위가 된 인물이다. 여기서 남궁괄은 나름대로 정치사상사 해석을 통해 스승이 꿈꾸는 '새로운 힘'의 정체를 알아챘음을 보여준다. 즉 무력으로 천하를 평정하려던 명궁 예나 천하장사 오의 죽음이 비극적이었던 반면, 평범한 농사꾼으로 입신하여 주변 사람을 보살피고, 또 스스로 몸을 낮출 줄 알았던 우임금과 재상 직은 끝내 국가를 건설하고 천하를 평화롭게 만들었다는 역사적 사례 분석을 제시하는 것이다. 곧 남궁괄은 정치적 성공의 비밀이 힘(폭력, 용맹)이 아니라 덕(매력, 배려)에 있다는 진리를 알아챈 것이다.
　이에 대한 공자의 응대도 흥미롭다. 제자가 문득 자기 사상의 핵심을 알아챈 데 대해 뭐라 답변하지 못하고 한동안 망연자실해 있다가,

그가 나가고 나서야 "군자로구나, 저 사람은! 덕의 의미를 올바로 알고 있구나. 저 사람은!"이라고 답했으니, 사람이 정곡을 찔리면 이렇게 순간적으로 멍해지는 것이다. 여기서 우리는 공자가 힘(무력)이 아니라 덕(매력)으로 정치를 행하는 것만이 천하를 평화롭게 하는 유일한, 그리고 올바른 길임을 확신했음을 재확인한다. 덕의 특성을 극적으로 드러내는 장면을 하나 더 보자.

> 공자 말씀하시다. "태백泰伯이란 분은 '덕의 극치至德'라 일컬을 만하더구나! 천하를 세 번씩이나 사양하였는데도, 백성들은 그 사실조차 알지 못할 정도였으니."
>
> 『논어』, 8:1

여기서 우리는 덕의 위치가 힘(권력)과는 전혀 상반되는 곳에 자리하고 있음을 잘 알 수 있다. 누구나 욕망하는 황제의 지위를 누구도 알지 못하도록 세 번씩이나 양보했다는 사실을 두고 공자가 '덕의 극치'로 찬양하고 있기 때문이다―이 양보가 겉치레가 아니라 진정한 것임은 '세 번이나 사양했는데도 백성들은 그런 사실이 있었는지조차 몰랐다'는 표현 속에 담겼다.

그렇다면 덕이란 사양이라는 행동을 통해 빈자리가 만들어지고, 거기에 자연히 쌓이는 어떤 미덕―이를테면 주변의 신망과 같은 것―이다. 결국 『논어』에서 개진되는 덕이란 스스로의 겸양modesty과 상대방

六 | 매력의 경영학: 덕치　137

에 대한 배려caring를 통해 형성되는 자연스러운 힘이라고 정의할 수 있다. 상대방을 배려하여 뒤로 물러서는 겸양의 뒷자리에 자연스러운 진공상태가 형성되고, 그 진공을 채우기 위해 외부의 힘이 빨려들면서 형성되는 에너지의 축적이 덕이다.

이렇게 덕이라는 말 속에는 '겸손, 빈 마당, 끌림'과 같은 힘의 변화가 내재되어 있다. 즉 덕치란 내가 남을 능동적으로 다스리려고 나서는 것이 아니라, 도리어 나를 낮추고 상대방의 말을 경청하고 또 함께 더불어 그 문제를 해결하려는 과정 속에 상대방이 끌려드는 것이다—이 대목에서 다시금 '근자열, 원자래近者悅. 遠者來'의 구도, 즉 "가까운 데 사람이 기뻐하면, 먼 데 사람들이 몰려온다"를 연상하자!

다시 지적하거니와 이것은 오늘날 '진공청소기' 작동 방식과 유사하다. 자신을 진공상태로 만듦으로써 주변의 먼지가 빨려드는 진공청소기와, 스스로를 낮추고 겸양하여 상대방을 배려할 때 거기 주변 사람들이 감화되어 끌려드는 '매력적' 리더십, 즉 덕치의 작동 구도는 동질적이다. 이런 점에서 공자의 리더십은 도덕적 매력이라 표현되며, 그 매력은 감동, 즉 '주변 사람들이 느껴서感 움직임動'으로 펼쳐져 마을과 국가, 나아가 온 천하로 확산된다.

그렇다면 덕은 결코 내가 작위적으로 획득 '하는' 것이 아니라 거꾸로 획득 '되는' 것이다. 그러니 덕은 자처할 수 없는 말이다. 덕은 스스로 덕을 자처하지 않기에 도리어 덕이 되는 역설을 품고 있다.

노자도 이런 덕의 역설을 일찌감치 파악했던 듯하다. "큰 덕을 갖춘 사람은 자기의 덕을 의식하지 않는다. 그러기에 정말로 덕이 있는 사람이 된다."(「도덕경」, 제38장) 이처럼 노자가 묘사한 덕의 역설적 특성과 중심기압이 낮을수록 도리어 힘이 강해지는 태풍의 역설은 서로 닮지 않았는가. 역시 "큰 덕은 억지로 하지 않는데도 되지 않는 일이 없다"(「도덕경」, 제38장)라는 노자의 지적도 속을 텅 비우고 또 기압이 낮을수록 더 큰 힘을 자아내는 태풍의 '덕'과 다르지 않다.

더 묘한 사실은 스스로를 내세우지 않고 낮출수록 더 큰 힘이 발휘되는 역설이 오늘날 기업경영에서도 일어나고 있다는 점이다. 즉 자신을 낮추고 상대방에게 겸손하게 배우려드는 덕의 리더십은 평범한 기업을 위대한 기업으로 바꾼 모범적 사례들 속에도 여전히 관찰된다. 현대 기업경영 연구자 짐 콜린스 Jim collins 가 '평범한 기업'을 '위대한 기업'으로 도약시킨 탁월한 기업가들을 연구한 대목에서 덕치에 대한 것과 똑같은 언어를 구사하고 있다는 사실은 놀랍다.

'평범한 기업'의 리더들이 지극히 자기중심적인 것과는 대조적으로 '위대한 기업'으로 도약을 성공시킨 리더들이 자신들의 이야기를 얼마나 삼가는지를 보고 우리는 충격을 받았다. 좋은 회사를 위대한 회사로 도약시킨 리더들은 인터뷰 중에 우리가 끼어들지 않는 한 회사나 다른 경영진의 공헌에 대해서만 이야기했다. 그들 자신의 공헌에 대해 듣고 싶었던 우리의 기대는 번번이 빗나갔다. 마침내 그들 자신에 대해 말해달라고 조르면 이런 식으로들 말하곤 했다.

"나는 내가 거물처럼 비치길 원치 않습니다."

"내가 그렇게 유능했다고요? 아, 그건 너무 이기적인 말처럼 들리는데요, 내 생각엔 난 그런 찬사를 받을 자격이 없어요."

"이 회사에는 나보다도 내 일을 더 잘할 수 있는 사람이 많습니다."

짐 콜린스, 『좋은 기업을 넘어 위대한 기업으로』

짐 콜린스는 결국 다음과 같은 결론을 내릴 수밖에 없었다고 토로한다.

그것은 흔한 거짓 겸양이 아니었다. 평범한 회사를 위대한 회사로 도약시킨 리더들과 함께 일하거나 그들에 대해 글을 쓴 사람들은, 그들의 리더십에 대해 다음과 같은 단어나 표현을 계속 썼다. '조용한', '자신을 낮추는', '겸손한', '조심스러운', '수줍어하는', '정중한', '부드러운', '나서기 싫어하는', '말수가 적은', '자신에 관한 기사를 믿지 않는' 등등이다."

짐 콜린스, 『좋은 기업을 넘어 위대한 기업으로』

더더욱 흥미로운 예는 현대 경영기법으로 알려진 '페덱스FedEx 방식'과 여기 '덕의 힘'의 작동방식은 동질적 형태를 보여준다는 점이다. 페덱스 방식이란 P-S-P라는 간단한 정식으로 요약된다. 앞의 P는 사원people의 만족을 뜻하고, S는 그 사원들이 외부에 제공하는 서비스service의 질을 뜻하며, 마지막 P는 소비자의 만족으로 인해 늘어나는 소득profit을 뜻한다. 여기서 첫번째 P가 '가까운 데 사람이 기뻐하면 近者悅'에 해당한다면, 마지막 P는 '먼 데 사람들이 몰려온다 遠者來'로 치환할 수 있다. 즉 세계적 물류기업인 페덱스 운송회사의 성공 비결과 공자가 제시하는 '덕치 경영론'은 부합한다.

페덱스의 회장, 톰 피터스는 이렇게 말한다. "우리가 사람(종업원)들을 지성으로 보살펴주면 그들은 고객이 원하는 완벽한 서비스를 제공해줄 것이다. 그러면 고객들은 회사의 미래를 확실하게 다지는 데 필요한 이익을 가져다줄 것이다."(마단 비를라, 『페덱스 방식』)

요컨대 공자의 덕치, 스스로를 낮추고 상대를 배려함으로써 획득되는 '덕의 리더십'은 오늘날 자본주의 사회의 기업들을 경영하는 데도 필수적인 미덕이다! 공자의 덕치, 즉 스스로를 낮추고 상대를 배려함으로써 획득되는 '덕의 리더십'은 오늘날 자본주의 시장 사회에서도 통하는 경영의 방식이자 성공의 비결이 된다.

II부 | 공자의 눈으로 '경영' 읽기

七 | 공자에게 명품의 조건은?

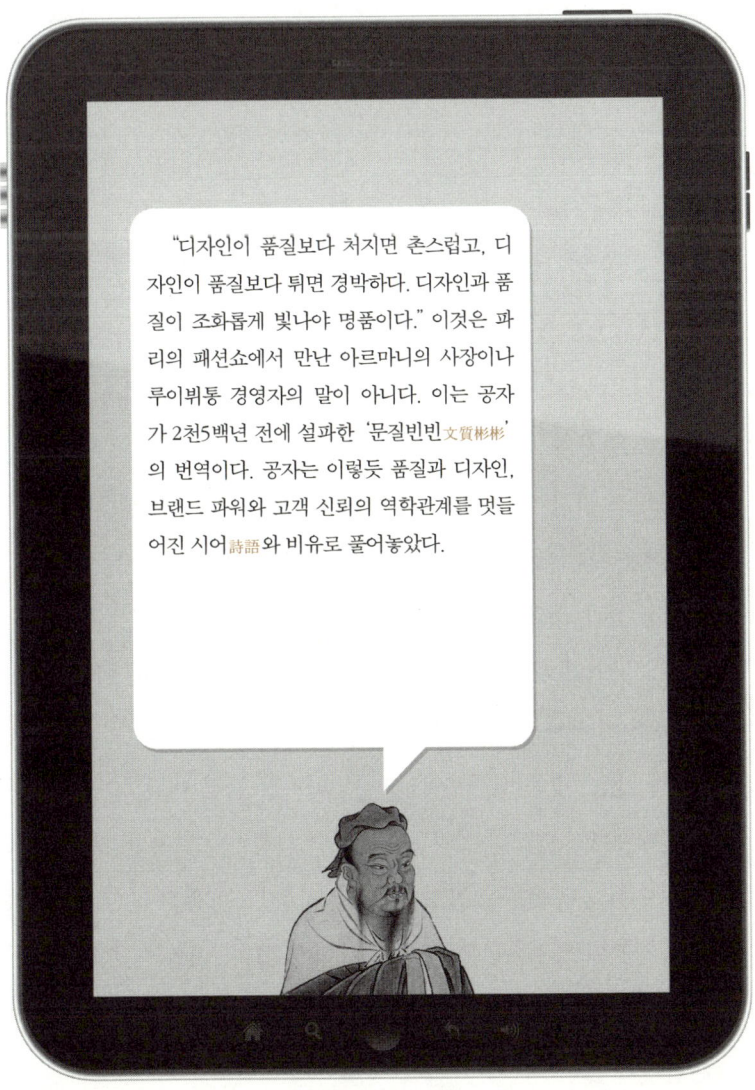

"디자인이 품질보다 처지면 촌스럽고, 디자인이 품질보다 튀면 경박하다. 디자인과 품질이 조화롭게 빛나야 명품이다." 이것은 파리의 패션쇼에서 만난 아르마니의 사장이나 루이뷔통 경영자의 말이 아니다. 이는 공자가 2천5백년 전에 설파한 '문질빈빈文質彬彬'의 번역이다. 공자는 이렇듯 품질과 디자인, 브랜드 파워와 고객 신뢰의 역학관계를 멋들어진 시어詩語와 비유로 풀어놓았다.

최근 언론 보도에 따르면 우리나라의 이른바 '명품시장' 규모는 5조 원 대에 달한다. 지방의 중소 도시에도 '명품매장 아울렛'이 생겨나 성업 중이고, 중저가 명품을 다루는 백화점이 따로 생길 정도가 됐다. 한여름, 프랑스 사람들이 바캉스를 떠난 뒤 동양인들의 긴 행렬이 파리 시내를 메운 지는 꽤 오래됐다. 특히 루이뷔통이나 구찌와 같은 세계적 명품 매장 앞과 샹젤리제 거리의 화장품 백화점에 북적이는 한국인과 일본인, 중국인의 행렬은 상징적이다. 이런 현상들은 '명품'이라는 단어를 오늘날의 세태를 대변하는 상징어로 꼽을 수 있는 조건이 된다.

그런데 막상 '명품이란 무엇인가'를 따지고 들면 대답하기가 쉽지 않다. 인터넷에서 명품의 정의를 찾아보면 사람마다 천차만별이다. 어떤 이는 수준 높은 품질을 꼽고, 또 어떤 사람은 '명품은 곧 브랜드다'라며 그 상표명의 중요성을 강조한다. 어떤 이는 '비싼 게 명품'이라고 조롱하기도 한다. 어쩌면 명품이란 말 자체가 어떤 특정한 의미가 아니라, 오늘날 소비자의 세속적 욕망을 두루 합산한 복합적 개념인지도 모른다.

즉 요즘 우리 귀에 익은 명품이란 '진품, 명품'과 같은 텔레비전 프로그램의 명칭에서 연상되듯, 장인이 오랜 시간 동안 솜씨와 공력을 들여 만든 수제품을 뜻하는 것이 아니라, 세속적 욕망의 대명사, 곧 사치품을 의미할 따름이라는 얘기다. 그러니까 우리는 사치품이라는 명칭에서 연상되는 천박함 또는 윤리적, 도덕적 사시斜視를 회피하면서 고급품에 대한 선망을 드러내려는 대용 언어로서 '명품'이라는 말을 쓰고 있는 셈이다.

1. 명품의 조건

그렇다면 우리가 쓰는 명품이라는 말은 그 본래 뜻에 어긋난 것이다. 실제는 사치품에 불과한 것을 '명품'으로 잘못 호명하는 틈에 사기와 거짓이 끼어드는 것이리라. '짝퉁'이라는 말이 '명품'에 그림자처럼 따라다니는 까닭이 여기서 분명해진다. 몇 년 전 가짜 명품 시계 사건으로 떠들썩했던 일이라든지, 짝퉁 명품 가방들을 모아 불태우는 장면이 툭하면 TV 뉴스에 나오는 것은 오늘날 명품이란 말이 품고 있는 거짓과 허망함을 상징한다. 사치품을 명품이라고 잘못 이름 붙이고 이를 추종하다 보면 가짜가 생겨나는 것은 당연한 일이다.

그러면 참된 명품이란 어떤 것일까. 아니, 이 땅 전래의 명품이란 무엇일까. 혹 『논어』에서 공자가 생각하는 명품의 조건들을 추출해볼 수는 없을까. 2천5백 년 전 춘추시대에 어찌 오늘날과 똑같은 의미의 사치품이 존재했으랴마는, 인간 욕망의 보편성을 생각하면 명품에 대한 공자의 인식도 헤아려볼 수 있을 것이다.

이를테면 『맹자』는 지금으로부터 약 2천3백 년 전의 책이지만, 이 책에서 최고의 음식으로 꼽힌 곰발바닥熊掌 요리는 지금까지도 중국의 진귀한 음식으로 대접받는다. 또 당시 선망의 대상이던 '네 마리 말이 끄는 마차駟'는 오늘날의 최고급 자동차에 비유할 수 있다. 다시 말해 맛난 것 먹고 싶고, 편하고 빠른 차를 타고 싶어하는 인간의 욕망은 예나 지금이나 다를 바 없다. 그렇다면 시공간의 차이에도 불구하고 인류에게 보편적으로 존재하는 명품에 대한 욕망도 있을 법하다. 『논어』를 읽으면서 '문질빈빈文質彬彬'이라는 말이 나오는 다음 문장을 볼 적마다 나는 '명품의 조건'을 떠올리곤 한다.

공자 말씀하시다. "문文보다 질質이 나으면 촌스럽게 되고, '문'이 '질'에 비해 튀면 부박하다. 디자인과 바탕 품질이 서로 조화롭게 빛날 적에야 명품이라 할 수 있다."

『논어』, 6:16

나는 '문질빈빈文質彬彬'에서 문을 요즘 표현으로 치자면 '디자인'으로, 질은 '품질quality'로 해석하고자 한다. 그렇다면 문질빈빈이란 구절은 디자인과 품질이 적절히 조화를 이룰 적에야 ('빈빈'은 '빛나다'는 뜻이다) 명품의 세계가 열린다는 뜻으로 읽을 수 있다.

이 문장에는 공자의 미학적 범주들이 세 층위로 들어차 있다. 첫째는 '촌스러움의 세계'요, 둘째는 '부박한 세계'이며, 셋째는 조화를 뜻하는 '빈빈의 세계'다. 이 가운데 '빈빈의 세계'를 명품의 범주로 지목할 수 있을 것이다.

첫째, 촌스러움野이란 디자인이 품질에 못 미치는 경우다. 사람으로 치면 시골 사람과 같다. 속이 깊고 어진 성품을 갖고 있지만, 그 깊은 심성을 조리 있게 표현하지 못해서 제대로 된 대접을 받지 못하는 모양새다. 의복으로 치자면 옷감은 질기고 또 보온성도 뛰어날 뿐만 아니라 오래 써도 닳지 않지만, 디자인이나 색상이 만족스럽지 못해 옷장 속에 내내 처박혀 있는 처지에 해당한다.

둘째, 부박함史이란 디자인은 반질반질해서 눈길을 끌지만 품질이 이를 따라가지 못하는 경우다. 사람으로 치면 도회지 시장 바닥의 약장수와 같고, 물건으로 보자면 모양은 그럴싸한데 막상 잉크가 술술 나오지 않아 만년필이라는 제 본래 기능을 하지 못하는 싸구려 만년필에 비유할 수 있겠다.

셋째, 문질빈빈이란 말은 디자인과 품질이 함께 조화를 이룰 때라야 얻을 수 있다. 공자가 보는 명품의 세계, 곧 문질빈빈은 품질도 최고급이지만 디자인 역시 최상의 경지에 이른 것이다. 공자가 이상으로 여기는 명품의 조건은 첫째가 최고급의 품질, 둘째는 독특한 디자인, 그리고 셋째는 빈빈, 즉 품질과 디자인의 조화인 것이다.

2. 품질

명품이 되기 위한 첫번째 조건은 무엇보다 품질이다. 제아무리 디자인이 훌륭하다 해도 품질이 최고급이지 않으면 명품이 될 수 없다. 남성의류의 세계적 명품으로 알려진 아르마니의 창업자이자 CEO인 조르지오 아르마니가 다음처럼 말한 것은 명품의 핵심 조건을 찌른 것이다.

최근 럭셔리 브랜드를 보면 너무 튀려고 하는 것 같습니다. 하지만 제게 있어서 럭셔리란 품질입니다.

「위클리비즈 i」

여기 "럭셔리란 곧 품질이라"는 아르마니의 지적은 명품의 기본 요건이 품질에서 시작됨을 명료하게 지적한 것이다. '렉서스' 브랜드를 통해 명품으로 도약하던 토요타자동차가 2010년 한순간에 나락으로 떨어진 것도 품질에서 망가져버렸기 때문 아니던가. 품질이란 곧 '기본'에 대한 강조와 직통한다. 세계적 화장품회사인 에스티로더의 브랜드 CEO 바비 브라운은 이렇게 말했다.

기본이 항상 이기는 것 같습니다. 제가 발견한 것은 아주 단순한 사실, 즉 모든 사람의 얼굴 피부 톤은 옐로yellow라는 것입니다. 얼굴이 옐로면 옐로

화장품을 바르는 게 자연스럽고 기본입니다. 저는 이 기본을 제품에 적용시켰고, 지금 내놓은 옐로 톤을 일관되게 지켰습니다.

「위클리비즈」

공자도 질, 즉 인품이나 사물의 품질을 중시한 흔적을 여러 곳에 남겼다. 가령 "옛 사람들은 '질박함'을 좋아했던 반면, 요즘 사람들은 '찬란함'을 좋아하더군. 나를 보고 고르라면 옛 사람의 질박함 쪽을 선택하겠노라"(『논어』, 11:1)는 대목이 공자의 속마음을 잘 보여준다. 앞서 봤듯 명품의 이상적 조건은 문채文彩와 질박함이 조화를 이루는 것이지만, 정히 둘 가운데 하나를 선택한다면 그는 문채보다 질박함, 즉 디자인보다 기본 품성(품질)을 선택하겠다는 뜻이다. 이와 유사한 맥락에서 품질을 강조한 대목은 또 있다.

"예식은 사치하기보다는 검소한 것이 차라리 낫고, 장례는 매끄러운 것보다 슬픔이 절절한 것이 낫다."

『논어』, 3:4

사치한 예식은 문文에 치우친 것이고, 검소한 의례는 질質에 치우친 것이다. 또 장례식이 형식에 치중한 것은 '문'에 치우친 것이고, 부모 잃은 슬픔이 낭자한 것은 '질'에 치우친 것이다. 둘 다 지나친 것이다. 그러나 현실적으로 문질빈빈이 불가능하다면 사치하거나 매끄러운 형식보다는 검소하고 설움이 질펀한 질박함을 선호하겠다는 뜻이다.

3. 불변의 가치

한편 공자 제자 자하의 꼼꼼한 질문과 이에 대한 공자의 답변을 보자. 여기서 명품의 첫째 조건인 질(바탕, 덕성)에 대한 강조가 선명하게 드러난다.

> 자하가 공자에게 여쭈었다. "『시경』에 이런 노래가 있습디다. '어여쁜 웃음에 귀여운 보조개. 예쁜 눈에 새카만 눈동자여. 흰 바탕에야 문채가 빛난다네' 라고요. 이게 무슨 뜻인지요?"
> 공자가 알려주었다. "그림文을 제대로 그리려면, 먼저 사람됨質이 올발라야 한다는 뜻이지."
>
> 『논어』, 3:8

어여쁜 웃음은 바탕 즉 질이요, 그걸 빛내주는 보조개는 문, 곧 디자인이다. 보조개가 아름답다고는 하나 환한 웃음에 매력을 더하는 것이지, 보조개만으로 미추美醜를 분간할 수는 없다. 또 예쁜 눈, 서글서글한 눈매는 그 자체로 아름다움의 바탕을 이룬다. 그 서글서글한 눈매에 아름다움을 더해주는 것이 새카만 눈동자(디자인)다. 이것은 곧 바탕質이 올바로 갖춰졌을 때라야 디자인文이 제대로 표출될 수 있다는 뜻이다.

회화에서도 도화지(질)가 흰색 바탕일 때라야 작가가 원하는 그림(문)을 뜻대로 표현할 수 있다. 그리하여 자하가 질문한 『시경』의 노랫말에 대한 공자의 답변이 "그림을 제대로 그리려면 바탕, 곧 사람됨이 올발라야 한다"는 것이다. 즉 '기예는 인격이 닦인 다음의 일이다' 혹은 '예술은 인격의 표현이다'와 같은 뜻을 천명한 것이다. 이로부터 전문적 화공이 그린 기술적인 그림보다, 도리어 비록 솜씨는 서툴러도 뜻이 깃든 선비들의 '문인화'를 높이 사는 전통이 수립된다.

때문에 자하와의 대화는 공자가 명품의 첫째 조건으로 '품질'을 강조한 것이라고 해석할 수 있다. 제아무리 아름답고 독특한 디자인을 가진 물건이라도, 즉 '보조개'가 제아무리 귀엽고 '눈동자'가 아무리 새카맣더라도, 해맑은 웃음과 고운 마음씨가 바탕에 없다면 그것은 참된 아름다움이 아니라는 것이다.

흥미로운 것은 3천 년 전 『시경』 속의 노랫말과 1960년대 대중가요 〈마음이 고와야 여자지〉(박춘석 작곡, 남진 노래)의 가사가 그 뜻이 너무나 흡사하다는 사실이다. 그 노랫말을 생각나는 대로 옮기면 이렇다.

> 새카만 눈동자의 아가씨
> 겉으론 거만한 것 같아도
> 마음이 비단같이 고와서
> 정말로 나는 반했네.
> 마음이 고와야 여자지

얼굴만 예쁘다고 여자냐

한번만 마음 주면 변치 않는

여자가 정말 여자지.

"새카만 눈동자의 아가씨"라는 노랫말은 『시경』의 "어여쁜 눈에 새카만 눈동자"라는 대목을 연상시키고, 또 "얼굴만 예쁘다고 여자냐, 마음이 고와야 여자지"라는 가사는 공자가 귀띔한 회사후소繪事後素라, 즉 '그림 그리는 일은 사람 됨됨이 다음'이라는 의미와 통하는 것이다. 수천 년 전 인간의 미적 감각이 오늘날에도 두루 통하는 것으로 보아 어찌 인간이 진보한다고 할 수 있으랴 싶다. 그야말로 사람의 '질'은 변치 않는다고나 할까.

4. 디자인

오늘날은 디자인의 시대다. 이미 제품의 품질 면에서는 동서양이 다르지 않고 선진국과 후진국의 차이도 거의 사라졌다. 품질에 관한 한 '평평한 세계'가 됐다고 해도 과언이 아니다. 그러므로 제품의 가치를 결정하는 데 있어 디자인의 비중이 더욱 커지지 않을 수 없다. 세계적 디자이너 아르마니가 지적하듯, "디자인을 구체화하는 데 한 치의 오차도 있어서는 안 되고, 마음에 들지 않는 것은 절대 수용하지 않는다"(「위클리비즈」)라는 강력한 디자인 고수의 원칙은 '디자인 시대'의 핵심적 가치를 잘 표현한 말이다.

공자도 품질만 중시한 것은 아니다. 앞에서 본 '문질빈빈'이라는 말에 문채, 즉 디자인의 중요성이 이미 깃들어 있다. 주의할 것은 여기에서 문채=디자인이 단순히 미학적이거나 기술적인 차원만을 두고 이르는 말이 아니라는 점이다. 어쩌면 문채=디자인은 소프트웨어적인 것들을 총칭한다. 그런 점에서 문채는 창조적 사유, 예술적 사유와 관련된다. 베스트셀러 『생각의 탄생』의 저자인 로버트 루트번스타인(미국 미시간주립대, 생리학) 교수는 이렇게 지적한다.

"예술 작품은 창조적 사고의 가장 좋은 도구라고 할 수 있어요. 예술은 '독특한 경험'을 제공함으로써 기존 사고방식을 뒤흔들어놓습니다. 예술이 수학, 과학, 어학만큼 인재들에게 중요한 역할을 하는 이유죠."

『위클리비즈i』

여기 "독특한 경험을 제공함으로써 기존 사고방식을 뒤흔들어놓는" 예술의 공능功能에 대해 공자 역시 찬동한 바다. 공자에게 문채의 세계는 시詩와 음악으로 상징된다. 문채에 대한 강조, 우리식으로 하면 디자인과 표현에 대한 공자의 생각들을 『논어』 속에서 찾아보자.

무엇보다 그는 문채의 핵심적 도구로서 시의 중요성을 누누이 강조했다. 시는 본질적으로 공자의 정신, 또는 유교와 친화적이라 할 만하다. 그는 "정치와 외교에서 시를 제대로 활용할 수 있어야 한다"(『논어』, 13:5)고 지적했고, 아들 백어伯魚에게도 시 공부를 권하면서 "시를 모르면 말을 할 수가 없다"(『논어』, 16:13)라고 경고하기도 했다.

뿐만 아니라 사서삼경 가운데 중요한 텍스트가 된 『대학』과 『중용』 그리고 『맹자』에서는 논리 전개를 위해 필수적인 전거의 대부분을 『시경』에서 채용하고 있다. 오늘날까지도 잘 알려진 '요조숙녀', '전전긍긍', '연비어약' 같은 구절들이 모두 시어다. 유교와 시의 친화성은 과거시험에서 시작詩作을 강조한 것으로도 나타났다. 시가 자연과 인간세계를 이해하는 데 간략하면서도 강력한 표현 장르이기 때문이리라. 그렇지만 시는 오늘날식으로 문학 장르의 한 분야만은 아니었다. 공자에게 시란 모든 문화, 디자인, 표현성의 총아였다.

공자 말씀하시다. "애들아. 어찌 시를 배우지 않을쏘냐! 시는 흥을 돋우고, 세상 보는 눈을 갖춰주고, 함께 어울려 사귀는 기술을 가르쳐주고, 또 원망을 표현하는 도구이기도 하느니라. 가까이로는 부모를 모시고 멀리는 국가에 봉사하게 만드는 기술이며, 나아가 날짐승, 들짐승, 풀과 나무와 같은 자연 생태의 이름까지도 모두 시를 통해 알 수 있지 않느냐!"

『논어』, 17:9

이처럼 시는 가정생활의 지침, 정치의 경영술, 외교 관계의 표현술, 사회적 사교술, 대정부 비판 의식, 나아가 동식물에 대한 지식까지 담긴 백과사전과 같은 가치를 갖고 있는 것이었다. 그러므로 유교에서 시는 문학 장르로서만이 아니라 세계를 인식하고 이해하는 문화의 형식, 곧 문채의 핵심적 도구가 된다. 곧 공자에게 '디자인의 세계'는 시에서 비롯된다.

"시詩에서 몸을 일으키고, 예禮에서 바로 서며, 악樂에서 사람됨을 완성한다."
「논어」, 8:8

시, 예, 악은 문(디자인, 표현)의 핵심적 요소들이다. 나아가 공자는 스스로가 문화를 즐겨 배우고 익히는 학습자이기도 했다. 특히 음악은 그 자체로서 인간의 자아를 드러내는 표현 도구다. 음악 속에서 인간은 자유와 자연을 만나게 되는 것이다.

공자가 제나라에서 고전음악 소韶에 심취하였다. 석 달 동안 고기를 먹어도 그 맛을 모를 정도였다. 말씀하시길, "음악의 세계가 이런 경지에까지 이를 줄은 여태 알지 못했구나!"
「논어」, 7:13

공자가 시와 음악의 힘을 깊이 이해한 사람임은 꼭 유의해야 한다. 그러니까 공자에게 시와 음악은 문채의 세계, 즉 디자인된 문명의 중요한 요소였으며 공자는 이를 체득하기 위해 대단한 노력을 기울인 '문화인'이었던 것이다.

5. 호피와 개가죽

공자의 제자들 가운데 '문채=디자인'의 대명사는 자공이다. 앞서 보았듯 그는 장사에 수완이 탁월한 춘추시대의 대재력가이자, 또 외교관으로서 천하의 정세를 바꾼 정치가이기도 했다. 공자도 그를 두고 '언어에는 자공'이라고 하여 말과 표현의 달인임을 인정할 정도였다. 그랬기에 자공이 다음처럼 질(하드웨어)보다 문(소프트웨어)을 강조한 것은 어쩌면 당연한 일이다.

위나라의 대부 극자성이 말했다. "군자는 질質만으로 족한 게야. 문채文는 쓸 데 없는 거라고!"

자공이 말했다. "안타깝도다. 극자성의 주장이여! 급행 마차도 그의 혀를 따르지 못하겠네. '품질'이 바탕이 될 때라야 '문채'가 아름답고, '문채'는 역시 '품질'과 조화를 이뤄야 하는 법. 호랑이와 표범의 화려한 가죽털인들, 그 밑바탕이야 개나 돼지의 가죽과 다를 게 뭘꼬!"

「논어」, 12:8

춘추시대는 전대미문의 폭력과 광기의 세기였다. 또 근거 없는 소문과 잡설들이 횡행하는 시대이기도 했다. 공자도 시대적 병폐 가운데 특별히 "날카로운 입이 나라를 뒤집어엎는 것을 미워하노라"(「논어」, 17:18)고 하면서 진저리를 칠 정도였다. 악성 댓글로 사람들이 죽어가는 오늘날 우리 세태와 흡사한 데가 있었다.

이에 당시 정치가 극자성도 표현력(말주변) 좋은 것은 필요 없고 묵묵한 내면의 힘, 곧 인품이 정치가의 핵심 요건이라고 생각했다. 그가 "군자는 질만으로 족한 게야. 문채는 쓸 데 없는 것"이라고 단정적인 발언을 한 까닭이다. 이 말 속에는 말만 번지르르한 세태를 극복할 진중한 인격자를 기다리는 시대적 바람이 들어 있는 것이다.

공자의 또 다른 제자 자하라면 극자성의 주장에 찬성했을 듯싶다. 자하 역시 "소인배들의 잘못은 언제나 문文에서 비롯된다"("논어」, 19:8)라고 지적한 바 있기 때문이다. 우리 방식으로 당겨 와서 해석하자면, 자하와 극자성은 디자인은 중요하지 않고 오로지 제품의 질만 좋으면 그만이라는 입장인 셈이다. 제품의 질이 좋으면 소비자는 결국 사게 마련이라는 우직한 품질제일주의자들이라 하겠다.

그러나 자공은 인간이 짐승과 다른 점은 문화의 힘, 달리 말해서 '디자인 능력'에 달려 있다고 봤다. 문文이라는 한자의 기원이 몸에 새기는 '문신'에서 비롯됐다는 주장은, 문화와 문명이 가진 디자인의 가치를 잘 드러낸다. 자공은 인간 문명, 즉 인문人文이란 사람마다 문신이 각각 다른 것처럼 각자의 독특성, 즉 개성을 표현하는 행위로 본 것이다. 물론 자공도 인격 혹은 제품의 질을 도외시한 것은 아니었다. 하지만 적어도 디자인은 원단(품질)과 동등한 값어치를 갖고 있다는 것이 자공의 생각이었다.

여기서 그가 디자인의 중요성을 강조하기 위해 가져온 비유의 맛을 한 번 보자. 호피, 즉 호랑이 가죽이 비싼 까닭은 가죽에 드러난 털의 무늬文 때문이다. 만일 호랑이나 표범의 털을 깎아내버린다면, 그 바탕質의 가죽이라야 털을 벗겨낸 개나 돼지가죽과 다를 바가 없지 않겠느냐는 것이다. 그러니 무늬(디자인)가 어찌 바탕만큼 못하랴, 아니 오히려 바탕보다 더 중요하지 않느냐는 것이다. 실제로 호피 가격과 개털 가죽의 차이는 털을 벗겨낸 가죽들의 가격 차이보다 훨씬 크다. 그 차이란 곧 무늬(디자인)의 값어치와 다름없다. 즉 호피 가격은 오로지 호랑이 털의 무늬 값일 따름이다. 디자인의 중요성이 가슴에 와닿지 않는가?

요컨대 『논어』에서 개진되는 명품은 문채(디자인, 표현)와 질(품질, 인품)이 더불어 조화를 이룬 상태가 이상적인 것이다. 이는 오늘날 명품의 조건과도 다를 바 없을 것이다. 그런데 공자는 여기서 한 걸음 더 나아간다. 2천5백 년 전의 공자가 명품의 세번째 조건으로 '브랜드의 가치'를 제시했다면 믿을 수 있을까.

6. 브랜드

우리는 공자의 사상을 따로 정명正名이라는 말로써 개념화하는 것이 낯익다. 이를테면 '임금은 임금답고 신하는 신하다우며, 아비는 아비답고 자식은 자식다운 것'(『논어』, 12:11)을 정치의 핵심으로 지적하는 대목이 대표적이다. 여기서 '임금의 임금다움'이란 곧 브랜드 가치에 대한 공자의 깊은 이해로 해석해도 좋다. 정명은 오늘날의 '브랜드 파워'로 번역할 수 있을 것이다. 브랜드는 명名이요 파워는 정正이다. 공자는 이름(브랜드)의 중요성을 누누이 강조했다.

공자가 말했다. "군자는 죽을 때조차 그 이름 名이 일컬어지지 않음을 병통으로 여긴다."

「논어」, 15:19

'죽을 때조차 이름이 일컬어지지 않음을 병통으로 여기는' 그 '이름'이란 "호랑이는 죽어 가죽을 남기고, 사람은 죽어 이름을 남긴다"라는 속담 속의 호랑이 가죽과 다를 바 없다. 어쩌면 앞서 자공이 인식한 호랑이 가죽과 표범 가죽의 중요성은 그 자체로 디자인적 특성과 더불어 브랜드의 속성을 함께 갖추고 있었던 듯하다. 즉 자공이 털을 벗겨낸 개 가죽과 호랑이 가죽에 차이가 없다고 했을 때, 이미 그는 호랑이의 정체성으로서 호피라는 '브랜드'의 중요성을 함께 인식했으리라는 것이다. 반면 자공에 비해 우직한 제자인 자로는 끝내 브랜드의 가치를 파악하지 못한 듯하다.

자로가 말했다. "지금 위나라 임금이 선생님을 총리로 삼는다면 무엇을 급선무로 삼으시겠습니까?"

공자 말씀하시다. "반드시 이름을 바로잡아야지 正名!"

자로가 말했다. "아이고, 이렇다니깐, 우리 선생님의 고지식함이! 이 상황에서 어떻게 이름을 바로잡을 수 있다는 말입니까?"

공자 말씀하시다. "말을 함부로 하는구나. 이놈! 군자란, 모르면 입 닥치고 배우려 들어야 하거늘! 이름이 바르지 못하면 말이 소통될 수 없고, 말이 소통되지 못하면 일을 해낼 수 없고, 일이 이뤄지지 않으면 문명을 이룩할 수 없는 법. 그러므로 정치가란 '이름이 바르면 名正' 반드시 '말이 소통되도록 해야 하고 言順', 말이 소통되면 또 반드시 '일을 성취해야 하는 법 事成'이다!"

「논어」, 13:3

여기서 공자가 춘추시대 대혼란의 원인을 이름, 곧 브랜드의 문제로 보고 있음이 잘 드러난다. 사회생활, 사업 관계, 그리고 정치 세계는 모두 말과 이름의 세계, 다시 말해 브랜드 위에 구축된 세계임이 잘 드러나 있기 때문이다. 공자가 제시한 명정 名正과 언순 言順 그리고 사성 事成의 단계들, 즉 정확한 이름, 언어의 소통, 사업의 성취라는 연속된 관계의 밑자락에는 '이름과 언어'가 자리하고 있는 것이다. 이것은 곧 공자의 경영론이 '브랜드 파워'에 기반을 두고 있음을 보여준다. 국가든 기업이든 리더가 제 이름에 합당한 행위를 남김없이 행하는 것에서부터 올바른 경영이 시작된다는 뜻이다.

이름과 말, 그리고 업무 성취 간의 이러한 관계는 결코 옛 춘추시대에 국한된 것이 아니다. 오히려 경영의 시대인 오늘날일수록 올바른 이름과 정확한 말의 바탕 위에서라야 대화와 거래가 순조롭게 소통할 수 있고, 또 대화가 순조롭게 통해야 비즈니스가 제대로 성사될 수 있을 것이다. 그러므로 오늘날도 제반 사업의 바탕 자리에는 이름, 곧 브랜드의 가치가 자리잡고 있는 것이다.

그렇다면 브랜드란 무엇일까. 시인 김춘수의 〈꽃〉을 인용하자면,

"내가 그의 이름을 불러주었을 때 / 그는 나에게로 와서 꽃이 되"는 것이리라. 요컨대 꽃이 꽃답지 못하면, 꽃이라는 이름은 헛된 것이다. 그것은 실제를 벗어난 쭉정이 브랜드—오늘날 '명품'이란 이름처럼—일 뿐이다. 그렇다면 역시 브랜드의 힘은 '신뢰'에서 비롯하는 것이라고 할 수 있겠다.

7. 신뢰

누누이 강조했듯 공자가 가장 중시하는 사회적 가치가 바로 신뢰다. 『논어』를 펼치면 신뢰라는 단어를 숱하게 발견할 수 있다. 그 가운데 한 가지만 예로 들어보자.

> 사람으로서 신뢰가 없다면 그를 사람이라 할 수 있을는지 모르겠다. 큰 수레에 끌채고리輗가 없고, 작은 수레에 연결고리軏가 없다면 그 어찌 움직일 수 있으랴!
>
> 『논어』, 2:22

수레와 말을 연결짓는 끌채의 고리가 곧 신뢰라는 것. 즉 말과 실천의 항상성을 결정짓는 핵심요소가 신뢰다. 그렇다면 공자가 꿈꾸는 세계는 한마디로 신뢰사회 fiduciary society라고 이름 붙일 만하다. 당겨서 해석하자면 신뢰, 즉 내 이름의 값어치를 유지하는 것이 브랜드의 조건이다. 이를테면 프라다는 프라다답게, 오메가는 오메가답게, 이 '답게'가 명품의 '명名'을 채우는 내실인 것이다. 그런 점에서 다음 인용문은 다른 각도에서 신뢰의 중요성을 잘 지적하고 있다.

어떤 회사든지 브랜드의 위상을 높여야 한다고 쉴 새 없이 이야기하지만, 실제로 그렇게 하는 회사는 드물다. 이들이 실패하는 까닭은 브랜드와 회사 인지도를 혼돈하기 때문이다. 그들은 브랜드가 신뢰의 동의어이며, 예산 따위로 살 수 있는 것이 아니라는 점을 알지 못한다.

켄 올레타, 「구글드」

더불어 세계적 명품 루이뷔통의 CEO인 이브 카르셀은 명품시장에서 신뢰의 중요성을 다음과 같은 과격한 방식으로 시위하기도 하였다.

우리 제품은 지금까지 그 흔한 세일 한 번 하지 않았지요. 다른 명품업체는 그해에 남은 물량을 세일을 통해 처분하지만 우리는 그냥 폐기 처분합니다. 모조리 없애버리죠.

박종세, 「21세기 경영대가를 만나다」

"차라리 상품을 태워버릴지언정 세일은 하지 않는다"라는 카르셀의 말에서 현대 명품기업들의 '브랜드=신뢰'라는 등식에 대한 치열한 욕망을 읽어낼 수 있다.

결론적으로 우리는 공자에게 명품의 조건이란 품질과 디자인과 브랜드, 그리고 이 세 요소의 조화(빈빈)를 통한 신뢰 획득과 그 유지에 달려 있음을 알았다. 그러나 이 명품의 4대 조건은 고작 옛날 이야기가 아니라 시대와 공간을 초월해 언제 어디서나 통용되는 명품의 참된 조건임도 알 수 있었다. 오늘날 속살 없이 횡행하는 명품이라는 말의 속살을 채우는 내용물도 이 네 가지(품질, 디자인, 브랜드, 신뢰)를 벗어나지 않을 것이다.

八 | 화이부동: 가족경영의 원리

> 가족이 갖는 관계론적 의의에 대한 이해가 없으면 유교, 나아가 동양사상 전반이 수긍하는 효와 공손, 덕의 가치가 깃들일 곳이 없다. 공자는, "정치라는 것도 가정에서 배우고 익힌 형제 간의 우애를 사회나 국가에 옮기는 것에 불과하다"라고 하였다. 국가경영조차 가족 속에서 익힌 '관계 맺기 훈련'의 응용에 불과한 것이다. 그러므로 인간다움도 일차적으로 '가족 내적 관계'를 얼마나 능숙하고 익숙하게 수행하는가에 따라 획득된다. 공자에게 가족은 사회의 출발점인 것이다. 아니 가족 속에 사회가 있다. 가족은 사랑과 예의, 질서 그리고 교회(사당)마저 존재하는 '세계의 중심'이다. 이 세계의 중심(신성)에서 사회(세속)로 에너지가 '흘러내려가는' 것이다. 가족에서 획득한 사랑과 우애는 사회와 국가, 그리고 천하로 넘쳐 나아간다.

1. 개에 대한 명상

  습관적으로 사람들은 좋지 않은 일에다 욕설로 '개' 라는 접두어를 붙이곤 한다. 그러나 개를 함부로 대하면 안 된다. 개가 사람보다 나은 점이 한 두 가지가 아니기 때문인데, 특별히 개는 '전쟁을 치지 않는다' 는 점은 명기해둘 만하다.

  물론 개들도 싸우기는 한다. 먹을거리를 놓고 싸우고, 암컷을 차지하려 수컷들끼리 싸운다. 그러나 개들은 전쟁을 치지는 않는다. 의도적으로, 조직적으로 동족을 살상하지 않는다는 말이다. 싸움과 전쟁은 다른 것이다. 모든 동물들이 다 싸우기는 하지만, 전쟁만은 오로지 인류라는 종자만이 치른다. 불명예스럽게도 인간은 '전쟁을 치는 동물 Homo Furens' 이다!

  심지어 인간들은 동족을 잘 죽이는 자를 영웅으로 떠받든다. 왕조를 건설한 건국자치고 '전쟁광'이 아닌 자가 없었다. 한나라 건국자 유방, 당나라의 이세민, 원나라의 칭기즈칸이 모두 그렇다. 우리나라인들 다를까? 고구려의 건국자 주몽은 그 이름 자체가 '활 잘 쏘는 아이'라는 뜻이다.(『삼국사기』) 또 활 솜씨, 칼 솜씨로는 조선의 건국자 이성계도 뒤지지 않는다. 양날 도끼를 형상한 임금 왕王 자 속에나, 화살矢이 들어 있는 제후 후侯 자 속에도 전쟁의 내력이 깃들어 있다. 이처럼 인간 문명의 역사라는 것은 살상용 무기기술의 발전과 짝을 이룬다. 비록 '개'는 백주대낮에 낯 뜨겁게 흘레를 붙는 통에 욕설의 대명사가 되었지만, 막상 개의 처지에서 보자면 인간이 개보다 못한 것이다.

특별히 인간이 개보다 못한 짓이 횡행한 시대, 전쟁과 살상으로 점철된 시대를 춘추전국시대(BC.770~221)라고 부른다. 이 시대는 한마디로 '전쟁의 시대'였다. 권력 때문에 자식이 아비를 죽이고, 재화를 얻기 위해 신하가 군주를 살해하며, 한 움큼의 밥을 뺏으려고 낯모르는 사람을 척살하는 무도한 시절이었다. 급기야 사람이 무서워 호랑이에게 잡아먹히는 한이 있더라도 심산유곡에서 목숨을 부지하려는 때였다. 이런 시대를 살아갔던 사람이 공자다. 『예기禮記』에는 공자가 제자들과 함께 산길을 가던 중에 한 여인을 만난 일화가 실려 있다.

공자가 제자들과 깊은 산속을 가던 어느 날. 한 여인이 통곡하는 것을 보았다. 우는 까닭을 묻자, 여인은 남편과 자식을 호랑이에게 잡아먹혀 잃었다고 하소연한다.

공자는 산을 떠나 마을에서 살면 될 것 아니냐고 권한다. 그러자 여인은 도시의 정치는 호랑이보다 더 무섭기 때문에 이곳을 떠날 수도 없다고 답한다.

공자는 제자들을 돌아보고 말했다. "단단히 기억해두어라. 세상의 잘못된 정치는 호랑이보다 더 무섭다는 사실을."

이런 폭력과 광기의 시대를 뚫고 새로운 질서를 어떻게 구현할 것인가를 고민한 사람이 공자였다. 공자는 당시를 "잔혹하고 또 살인이 횡행하는 시대"로 규정하고, 이런 "잔혹과 살인을 치유하기 위해서는 적어도 백 년의 세월은 걸릴 것"이라고 암울하게 전망했다.

그러니 『논어』의 밑바닥에는 사람이 짐승으로 타락할지 모른다는, 아니 머지않아 인간이 '개보다 더 못한 짐승으로 추락할 것 같다'는 두려움이 짙게 깔려 있다. 이 점을 두고 맹자는 "공자는 시대를 두려워했다孔子懼"라고 지적했었다. 우리는 『논어』 속에 깃들어 있는 당대에 대한 두려움과 인간의 미래에 대한 절망감을 염두에 두지 않으면 안 된다. 『논어』 속의 담화를 고작 책상머리 앞에서 관념한 백면서생의 형이상학적 언설로 읽어서는 공자의 참된 생각과 만날 수가 없다! 과거의 평화는 옛 전적에나 남아 있고, 내일은 더이상 해가 뜰 것 같지 않은 어두움 속에 처한 상황 속에서 새 길을 뚫으려는 암중모색의 기록이 『논어』다.

2. 공자의 증오

절망과 공포는 분노와 증오를 동반한다. 마을마다 시체더미에서 살이 썩는 냄새가 진동하는 현실에 대한 분노의 강을 건널 때라야 비로소 사태에 대한 냉정한 성찰과 객관적 진단이 가능할 것이다. 평화로운 인간사회에 대한 꿈이 아무리 절실하더라도 당대 현실에 대한 성찰과 진단이 없으면 그 꿈은 한낱 몽상에 불과한 것이다. 내일의 꿈이 몽상이 아니라 이상이 되기 위해서는 타락한 시대에 대한 증오는 필수적이다. 이때 증오는 "강낭꽃보다 더 푸르고" 그 분노는 "양귀비꽃보다 더 붉은" 것이다.

공자사상의 핵심어가 '사랑'을 뜻하는 인仁임은 잘 알려져 있는데, '인'을 주로 다룬 『논어』의 제4권인 '이인'편에 증오惡라는 단어가 유난히 자주 등장하는 것도 이 때문이리라. 좋은 말로 사랑하기를 격려해도 시원치 않을 것 같은데 나쁜 것을 철저하게 미워하는 것이 '인'을 실현하는 방법이라는 매서운 구절들이 들어있다. 어쩌면 유교는 '칼의 종교'일지 모른다는 의심이 드는 것도 이런 대목에서이다. 공자사상의 밑바탕에는 분노와 증오가 깔려 있음을 잊어서는 안 된다. 다음 문답을 보자.

제자 자공이 여쭈었다. "선생님도 미워하는 것이 있는지요?"

공자 말씀하시다. "미워하는 게 있지. 남의 잘못을 떠벌리는 것을 미워하고, 제가 저지른 잘못을 사회의 탓으로 돌리는 것을 미워하고, 용맹스럽기만

하고 무례한 것을 미워하며, '과감하기만 하고 꽉 막힌 것'을 미워한다네."

공자가 물었다. "자네도 미워하는 것이 있는가?"

"주워들은 걸로 자기 지식인 양 여기는 짓, 불손함을 용기로 아는 짓, 그리고 고자질을 정직으로 여기는 것을 미워합니다."

「논어」, 17:24

미워할 대상에 대해서는 철저하게 증오하는 것, 이것이 공자의 또 한 면모임을 알겠다. 다만 그것은 사사로이 자아낸 감정이 아니라, 대상의 잘못에서 비롯된 공분公憤이다. 그러므로 그 증오는 오로지 미움을 받아 마땅한 대상에게만 주어질 뿐, 다른 데로는 옮겨지지 아니한다. "분노를 옮기지 아니함不遷怒"(「논어」, 6:2)이라는 말이 바로 이 점을 드러낸 것인데, 정녕 무섭도록 맑은 거울을 가슴속에 품었다는 뜻이니 전율할 일이다.

여기서 공자는 네 가지 인간유형을 미워한다고 털어놓는다. 첫째는 남의 잘못을 떠벌리는 짓, 둘째 제가 저지른 죄악을 사회구조의 탓으로 돌리는 짓, 셋째 용맹스럽기만 하고 무례한 짓, 그리고 넷째 과감하기만 하고 꽉 막힌 놈을 증오한다는 것이다. 이 가운데 마지막 "과감하기만 하고 꽉 막힌 것을 미워한다"는 대목은 주의 깊게 살펴야 한다. 여기 '꽉 막힌 것窒'은 남의 말에 귀 기울이지 않는다는 뜻이요, '과감하다敢'는 것은 제 알고 있는 것만을 전부로 알고 마구 행동하는 것을 의미한다. 성찰하지 않는 인간, 귀를 막은 인간의 행태를 춘추시대의 질병으로 읽고 있는 것이다.

'귀 막음'은 어디서 비롯되는가? 자공의 증오가 이 대목을 겨눈다. 그는 "주워들은 걸 자기 지식인 양 여기는 짓", 곧 사이비 지식이 '귀 막음'의 뿌리라고 지목한다. 올바로 알려하지 않고 고작 제 입맛에 맞는 정보에만 귀를 열고 또 그것을 바탕으로 상대를 공격하는 짓이나, 혹은 세상 변한 것은 인정하지 않고 오로지 제 살아온 경험만을 진리로 여기는 몽매함, 이런 행동들이 모두 소통장애의 뿌리라는 이야기다. 공자의 증오와 관련하여 한 대목 더 살펴보자.

미생묘가 공자를 두고 말했다. "그대는 어찌하여 여기저기 분주하신가. 너무 말만 번지레한 것 아니신가?"

공자가 말했다. "말만 앞세우려던 것은 아니나 '꽉 막힌 세태가 미워서' 분주하답니다."

『논어』, 14:34

미생묘는 공자의 선배로서 숨어 사는 은둔자였던 듯하다. 이 대화에서는 당혹해하는 공자의 모습이 눈에 보인다. 공자 스스로 "말만 번지레한 것을 싫어하노라"(『논어』, 11:22)고 지적했던 터인데, 여기서는 도리어 본인이 말만 번지레한 사람으로 지목을 당했으니 말이다. 특히 주목할 것은 공자가 제 처신을 변명하면서 내뱉은 '꽉 막힌 세태를 미워한다'는 의미의 '질고疾固'라는 단어다. 여기서 '고'란 관습적 생각이 딱딱하게 굳어 있음을 뜻하는 말이다. 공자는 당대의 병폐로서 딱딱하게 굳어 있는 마음, 돌아앉아 닫힌 마음을 지적한 것이다. 공자의 변명인 즉, 자신의 분주함은 당대 인민들의 '닫힌 마음'을 열기 위한 노력의 일환이었다는 것이다.

앞서 자공과 대화 속의 질窒을 오늘날 식으로 풀면 소통이 단절된 사태, 곧 불통의 사회현상을 뜻하는 한편, 여기 고固는 사람들이 마음을 굳게 닫고 돌아앉은 사태, 곧 소외현상을 의미한다. 공자는 소통이 단절된 세태와 개인으로 분리된 소외현상을 춘추시대의 질병으로 보고 있는 것이다.

3. 화이부동

춘추시대의 소통단절과 인간소외라는 '사회현상'의 근본원인은 무엇일까. '나'를 중심으로 세계를 편제하려는 욕망이 그 뿌리다. 이른바 "소인배는 동이불화同而不和 하노라"(「논어」, 13:23)던 경고 속의 동同이 '나' 중심의 세계관을 표상한다. '상대방이 나와 다름을 인정함'이 화和의 전제라면, '동'은 상대방을 나와 동화시키려는 욕망을 상징하기 때문이다.

'동'은 군주들의 권력 독점, 자신만 옳다는 가치관의 독선, 그리고 언어의 독백을 상징한다. 살육과 전쟁이 난무하는 춘추시대의 야만상태는 천하통일이라는 명목을 내세운 제후들의 권력욕과 영토 독점욕, 그리고 남의 말을 듣지 않고 언제나 자신의 가치관을 상대방에게 강요하려는 데서 비롯된다는 것이다. 그 결과 드러난 것이 소통의 단절이요, 인민의 소외현상이라고 공자는 분석했다. 그렇다면 공자의 꿈, 공자가 제시하려는 새 세계의 비전은 분명해진다.

여기서 공자에게 질문을 던져보자. 춘추시대 사람들의 시대적 소명, 역사적 과제는 무엇이었나? 좀더 우리 주제에 맞추자면 당대의 국가경영 목표는 무엇이었나? 공자는 이렇게 답하리라. 첫째, 권력의 독점 상태를 깨고 인민과 함께 더불어 행하는 권력분립 체제를 건설하는 것. 둘째, 군주가 독점한 가치의 유일성을 분산하여 가치의 다양성을 도모하는 것. 셋째, 지시와 명령만 하려는 상명하복의 독백 구조를 붕괴하고 대화와 소통이라는 새로운 '말의 질서'를 건설하는 것이라고 말이다. 다시 말해 독점에서 분점으로, 유일성에서 다양성으로, 단절에서 소통으로의 전환이 공자가 자임한 프로젝트였다. 이것이 공자가 내내 분주했던 까닭이요, 이 말 저 말 하면서 천하를 주유한 이유였다. 공자가 제자 자로에게 내렸던 가르침을 보자.

자로가 임금 모시는 법을 여쭈었다.
공자 말씀하시다. "속이지 말고, 덤벼들어라!"

『논어』, 14:23

여기서 "속이지 말라"는 것은 윗사람을 거짓으로 대하지 말라, 사실만을 전달하고 공식적인 언어만을 구사하라는 권고로 해석할 수 있다.

다른 곳에서 "임금은 신하를 예에 합당하게 대접하고, 신하는 진심으로 임금을 섬겨야 한다"(『논어』, 3:19)라고 한 지적도 같은 맥락이다.

주목할 부분은 "군주에게 덤벼들어라"는 뒷대목이다. 문맥상으로는 '군주의 잘못을 목숨을 걸고 간하라'는 권고로 읽힌다. 하지만 '덤빈다犯'는 것은 일본 사무라이식의 충성과는 질적으로 다르다. 일본식 충성이 '주군을 위해 목숨을 바친다'는 식의 의리, 즉 군주에 대한 신하의 절대복종 행태를 뜻하는 반면, '덤빈다'는 말에는 군신이 각각 독립된 존재이기 때문에 군주는 신하의 몸과 뜻을 소유하지 못한다는 뜻이 숨어 있다.

공자는 자로에게 신하가 결코 군주의 수족으로 격하되어서는 안 되며, 군신 간은 서로 독립된 존재로서 이성적 거리를 유지하면서 가치를 공유해야 하는 긴장 관계라고 알려주고자 했던 것이다. 군신은 직분이 다를 뿐이니 상하 지배 관계가 아니라 상호적인 수평 관계여야 함을 알려준 셈이다. 자로에게 이런 권고를 한 까닭은 자로가 무사 출신이라 상하의 지배와 복종 논리에 익숙했기 때문으로 보인다. 훗날 주희는 군주와 신하가 긴장 관계를 통해 공익을 실현하는 묘처를 두고서 '서로 반대이면서도 서로를 이뤄주는 관계相反而相成'라는 역설적 언어로 표현하였다. 이는 공자가 말한 '화이부동'의 화和가 표상하는 것과 같다.

여기서 공자의 지적은 현대 기업경영학의 아버지라는 피터 드러커의 생각과도 다르지 않은 것임을 확인할 수 있다.

드러커는 인간을 목적이 아니라, 목적을 위한 수단으로 인식하는 태도를 비도덕적이라고 생각했다. 기업과 사회에 대한 드러커의 글을 읽을 때마다 나는 그가 사람(개인)을 가장 소중한 요소로 여겼음을 확신하게 된다.

피터 드러커, 「피터 드러커의 매니지먼트」, 짐 콜린스가 쓴 개정판 서문

리더가 부하들을 자기 목적의 도구가 아닌 경영 목표를 향한 동반자로 여길 때 제대로 된 성취를 이룰 수 있다는 권고는 동서고금을 막론하고 상통하는 셈이다. 여하튼 공자의 권고인 "덤벼라" 속에는 상호 간의 긴장 관계가 무너지고 주종의 수직적 관계로 전락하여, 군주가 신하를 일방적으로 지배하는 사태에 대한 공자의 염려가 깃들어 있다. 요컨대 힘 가진 자의 '홀로'를 부수고 '함께, 더불어'의 세계 만들기, 이것이 시대경영자를 자임한 공자 프로젝트의 정체였다.

이 대목에서 『칼의 노래』의 작가 김훈의 인터뷰는 인용할 만하다. 기자의 "자기 작품들에 대한 인터넷 상의 댓글은 읽어보는가?"라는 질문에 대한 답변이다.

댓글을 읽은 적은 없다. 작가와 독자는 격리되어 있어야 한다고 생각한다. 뒤엉켜서 끌어안고 떠들어대는 것은 소통이 아니고 사랑도 아니다. 소통을 위해서는 서로 떨어진 거리가 필요하다. 들러붙어서는 소통되지 않는다.

「동아일보」 2009년 10월 9일자

김훈의 주장은 작가와 독자 사이의 격리, 즉 거리두기가 서로의 관계를 '동'으로 타락시키지 않고 '화'의 가치를 살리는 계기라는 것이다. 일방적으로 말하는 독백에서 소통으로 발전하는 바탕이 거리두기, 즉 차이의 인정이라는 것이다. 거리를 두어야만 소통된다는 이 말은, "주종관계로 한통속이 되지 말고 다양성을 위해 덤벼들어라"고 자로에게 권고한 공자의 지적과 다르지 않다. 공자에겐 지배와 복종 관계가 되기 쉬운 상하의 거리를 지켜내면서—혹은 버텨내면서—다양한 가치를 만들고 조절해나가는 노력이 인간경영의 핵심 사안이었던 것이다.

특히 김훈의 "들러붙어서는 소통되지 않는다"는 말은 여러모로 곱씹어볼 만한 말이다. 더불어 작가 공지영의 말도 빌리자면 "가족은 사랑하는 타인이다"라는 지적도 맥락을 같이한다. 그렇다. 가정이 사랑이라는 이름으로 부모의 가치를 일방적으로 자식들에게 주입하는 곳이라면, 반대로 민주적이라는 이름으로 자식들의 바람만 가득 찬 곳이라면, 그곳은 사랑이란 명목의 집착과 애욕의 감옥일 뿐이다. 요컨대 "가족을 사랑하되 타인으로 대하라"는 공지영의 역설은 화목한 가정의 열쇠는 '구성원이 각각 서로 다르다'는 인식을 바탕으로 할 때라야 가능해진다는 이야기다. 여기서 화이부동의 원리로 작동되는 최초의 조직인 가족에 대한 공자의 생각과 그 경영론을 살펴보자.

4. 가화만사성

인간은 동물과 달리 미숙한 채 태어나, 20~30년 동안을 가족이라는 공동체 속에서 성장한 다음 어른이 된다. 이러한 인간의 미숙성 또는 한계성에 대한 통찰이야말로 유교문명의 특성을 이해하는 중요한 요소다. 즉 '가족'은 유교경영론의 기초적이고, 핵심적인 단위가 된다. '나'를 둘러싼 관계의 구체적 현실화는 지배-피지배, 고소인-피고소인, 생산자-소비자와 같은 '정치·사회적 관계'가 아니라, 아버지-아들, 아내-남편, 그리고 형-아우라는 '가족적 관계'로 보기 때문이다.

곧 유교경영론은 근본적으로 서양식 게젤샤프트-게마인샤프트 식의 사회 society가 아니라 가족 관계에 바탕하고 있다. 가족이 갖는 관계론적 의의에 대한 이해가 없으면 유교, 나아가 동양사상 전반이 수긍하는 효와 공손, 덕의 가치가 깃들일 곳이 없다. 공자가 지적한 것처럼, "정치라는 것도 가정에서 배우고 익힌 형제 간의 우애를 사회나 국가에 옮기는 것에 불과하다"(『논어』, 2:21)라고 하였으니, 국가경영조차 가족 속에서 익힌 '관계 맺기 훈련 修己'의 응용에 불과한 것이다.

그러므로 인간다움 仁도 일차적으로 이 '가족 내적 관계'를 얼마나 능숙하고 익숙하게 수행하는가에 따라 획득된다. 공자에게 가족은 사회의 출발점인 것이다. 아니 가족 속에 사회가 있다. 가족은 사랑과 예의, 질서 그리고 교회(사당)마저 존재하는 '세계의 중심 Omphalos'이다. 이 세계의 중심(신성)에서 사회(세속)로 에너지가 '흘러내려가는' 것이다. 가족에서 획득한 사랑과 우애는 사회와 국가, 그리고 천하로 넘쳐 나아간다.

그러니 태생적으로 나라는 존재와 가깝기로는 부모 형제만한 사람이 없다. 특히 부모는 나의 살과 뼈, 피부와 머리카락을 만들어 준 은인들이다.(신체발부 身體髮膚 수지부모 受之父母라는 귀에 익은 『효경』의 첫 구절이 이 뜻을 선언한 것이다.) 그리고 부모는 "진자리 마른자리 갈아뉘시며" 당신들을 희생하면서 우리를 길러주신다. 그러니까 이분들의 사랑이야말로 '인'의 순수한 결정체라고 할 수 있을 것이다.

공자는 이 점을 특별히 주목한다. 남편과 자식을 호랑이에게 잡아먹히면서도 마을에 나가 살기를 두려워할 정도로 가혹했던 춘추시대에도, 맑고도 짙은 사랑의 지하수가 부모로부터 자식에게로 흘러내리고 있음을 발견한 것이다. 그리고 가족 속의 사랑 속에서 공자는 춘추시대의 폭력과 광기를 극복하고 세계평화 平天下를 건설할 대안을 찾아냈다!

가족의 화목은 내리사랑과 치사랑의 두 방향의 교섭으로 이뤄진다. 내리사랑은 모든 동물들이 다 갖추고 있다. 모든 생명체 어미의 유전자 속에 자식사랑의 본성이 심겨져 있는 것이다. 이것을 생식본능이라고 부르면 그만이다. 그러나 연어가 수만 킬로미터를 달려 자기 고향으로 돌아와 알을 낳고는 장렬하게 죽어가는 장면들 앞에서 우리는 숙연해지곤 한다. 가슴 절절한 어미의 사랑은 『삼국유사』를 통해서도 전해진다.

승려 혜통의 본래 이름은 알 수가 없다. 다만 속세에 살 때 그의 집이 경주 남산의 서쪽 기슭에 있었다 한다. 어느 날 동쪽 시냇가에서 놀다가 수달 한 마리를 잡았다. 그 살은 발라 먹고, 뼈는 동산 안에 버렸다. 그런데 이튿날 새

벽에 그 뼈가 없어졌으므로 핏자국을 따라 찾아가니 뼈는 전에 살던 굴로 되돌아가서 새끼 다섯 마리를 안고 있었다. 혜통이 바라보고 한참이나 놀라고 이상히 여겨 탄식하고 망설이다가 마침내 속세를 버리고 출가하여 이름을 혜통이라고 바꿨다.

「삼국유사」, 「혜통항룡」 조

 승려 혜통이 어미 수달의 뼈가 새끼 다섯 마리를 안고 있는 모양을 보고 놀란 것은 무엇 때문이었을까? 죽어서도 새끼들을 염려하여, 하룻밤새라도 차마 죽어 있을 수 없는 어미의 사랑 때문이리라. 어린 새끼들이 배고파 우는 소리가 죽은 어미의 뼈조차 움직여 동굴로 이끈 사랑에 감동한 것이다. 이런 어미의 자식사랑을 우리말로는 '내리사랑'이라고 불렀고, 한자로는 자애慈愛라고 썼다. 물이 위에서 아래로 흐르듯, 사랑도 부모로부터 자식에게로 흘러내리는 것이 자연스럽다는 뜻이다.
 내리사랑은 모든 동물들이 다 갖추고 있지만, 다만 부모님이 베푼 사랑을 기억했다가 그 은혜를 되갚겠다는 동물은 오로지 인간밖에 없다. 이 되갚으려는 마음을 한자로는 효孝라고 쓰고, 우리말로는 '치사랑'이라고 불렀다. 동물의 가족은 새끼를 낳아 기르는 동안 생겨났다가 자식이 크면 곧 사라지지만, 인간에게 가족은 태어나 죽을 때까지 언제나 함께한다.
 그러니까 동물의 사랑은 어미로부터 자식에게로 흘러내리기만 할 뿐 거슬러 치올라가는 법이 거의 없지만, 인간만은 가족이라는 공동체를 통해 내리사랑과 치사랑을 주고받으면서 화목이라는 꽃을 피워낸다. 이 점을 잘 알아야 왜 공자가 '가족'을 그토록 중시하고, 또 효를 중요시했던가를 이해할 수 있다. 가족은 사랑仁의 샘이요 또 그 배양장임을 잊어서는 안 된다. 다음 대목을 보자.

> 맹무백이 효를 여쭈었다.
> 공자 말씀하시다. "부모는 오로지 자식이 아플까 염려하시니라."
> 『논어』, 2:6

앞에서 본 어미 수달의 새끼사랑을 연상하면 인간의 자식사랑은 넉넉히 짐작할 수 있으리라. 자식들이 세상의 목표를 다 이루어 부귀한 사람이 되고 또 높은 명예를 얻었어도 부모는 내내 그 자식의 건강을 걱정한다. 그러니까 효란 다른 것이 아니다. 제 한 몸을 잘 추슬러 건강하게 살아가는 것이 효행의 기본이 되는 것이다.

속담에 "여든 먹은 어머니, 예순 먹은 자식더러 차 조심하라고 한다"는 말도 이와 근사하다. 다 늙어 당신 한 몸조차 건사하기 어려운 어머니가 이미 노인이 되어 손자까지 둔 아들에게 찻길을 조심하라며 염려하는 그 마음을 아는 것, 그 내리사랑을 거슬러 알아채어 조심하며 살아가는 것, 이것이 효의 정체다.

공자 말씀하시다. "부모님의 나이는 알지 않을 수 없네. 한편으로는 기쁘고 또 한편으로는 두렵기 때문이지."

「논어」, 4:21

부모의 나이를 알아 한편으로 기쁜 까닭은 무엇이던가? 지금까지 살아계셔서 우리가 그 모습을 볼 수 있고, 또 그 사랑을 입을 수 있기 때문이다. 반면 두려운 까닭은 무엇 때문인가? 하루에 비유하면 이미 정오를 지나 서쪽으로 기울기 시작한 해와 같음을 아는 까닭이다. 서쪽으로 기운 해가 언제 저물지 모르니까 두려운 것이다.

아! "한편으로는 기쁘고, 또 한편으로는 두렵다"니. 정녕코 사랑의 본질이 꼭 이와 같을 것이다. 만나서 기쁘지만, 금방 떠나버릴까 두려워함. 이것이 사랑의 내막 아니던가! 한 사태를 두고 겹쳐드는 역설적인 이중二重의 마음. 모든 진실은 이렇게 두 겹(기쁨/두려움)으로 이뤄진 것이리니, 나는 이 대목에 이를 때마다 공자가 사랑의 구조를 철저히 깨달았던 사람임을 느낀다.

부모님이 살아계셔서(또는 아직 건강하셔서) 내게 사랑을 베풀어주니 기쁘지만, 그러나 이미 정오를 넘어 서쪽으로 기운 해가 부모의 모습. 언젠가는 내 곁을 떠날 것이니 하루하루가 안타깝고 끝내는 두려움마저 생긴다. 그러니 부모님의 연세를 알지 않을 수 없으니, 그 연세에 맞춰 효를 해야겠기에 그렇다. 맹자가 말했듯 "나이 50에 접어들면 추위를 더 타니 명주로 옷을 해드리고, 70세가 넘어서면 고기가 아니면 허기를 면키 어려우니 고기를 상에 올리고 싶기"(『맹자』) 때문이다.

이처럼 한 사태에 깃들인 두 겹, 즉 부모를 대함에 느끼는 기쁨과 두려움의 변주야말로 효도를 통해 배우는 가장 핵심적인 사람다움仁이다. 세상사 모든 일은 두 겹으로 이뤄졌으니, 기쁨과 두려움이 청실과 홍실로 짜인 것이리라.

다시금 정리해보자. 부모가 자식을 아끼는 마음인 내리사랑은 모든 동물의 유전자 속에 새겨진 원초적인 사랑이다. 그러나 그 사랑을 되갚으려는 마음인 치사랑은 오로지 인간만이 가진 특성이다. 공자는 인간만이 가진 이 치사랑의 특성(효심)을 발견하였고 효행을 통해 자아낸 사랑의 물결이 마을과 사회, 그리고 국가와 온 천하에 이르도록 흘러넘치게 만들고자 했던 것이다.

특별히 여기서 유의할 점은 효도가 부모에 대한 절대적인 복종을 뜻하는 것은 아니라는 것이다. 공자에 이어 유교를 발전시킨 순자荀子가 이 점을 잘 지적하고 있다.

"집에 들어와서 효도하고 사회에 나가서 공손한 것은 사람의 작은 행실이다. 윗사람에게 순종하고 아랫사람을 따뜻이 보살피는 것은 사람의 중간 행실이다. 참된 진리를 따를 뿐 사람으로서의 임금은 좇지 말라. 정의를 따르고 아버지 말씀이라고 그저 순종하지 말라. 이것이 사람의 가장 큰 행실이다."

『순자』, 「자도子道」 편

그저 부모의 명령을 거스르지 않고 시키는 대로 따라 묵종하는 것이 효가 아니다! 올바른 길을 배우고 익혀서 그 길로 나아가는 것, 그리고 부모님께도 그 길을 권하고 함께 손잡고 나아가는 것이 참된 효라는 사실을 우리는 잊지 말아야 하리라.

요컨대 공자가 꿈꾸는 화이부동의 경영원리는 가족 속에서 주고받으며 피워내는 부모와 자식 간의 사랑의 순환, 곧 '화목'에서 비롯할 따름이다. 치국과 평천하란 가화家和의 원리를 문턱 너머 세계로 퍼뜨리는 응용 과정에 불과하다. 공자는 가정의 화목만이, 사람이 짐승보다 못한 동물로 추락하고 있던 춘추시대를 극복하고 참된 평화를 이룰 핵심 에너지라고 믿었던 것이다. 그러니까 『논어』는 가정에서 발출한 화목과 사람에 대한 사랑이 문턱을 흘러넘쳐 저 먼 세계에까지 미치는 길을 여러 가지 예화를 통해 설명한 책이라고도 할 수 있겠다.

가족 속에서 몸에 익힌 친근한 이(부모)에 대한 사랑을 이웃과 마을, 사회와 국가 나아가 온 세상에까지 넘실대도록 만들기, 이것이 공자의 꿈이다. 수신-제가-치국-평천하의 이상은 폭력이나 강제를 통해 전 세계를 지배하겠다는 권력적 야망이 아니라, 가족 속에 존재하는 원초적 사랑을 닦고 몸에 익혀, 그것을 문지방 너머 또 학연과 지연의 언덕을 넘어 그리고 국가와 인종의 경계조차 넘어서 온 세상에 퍼뜨리려는 매력의 확산 프로그램이다. 그리고 그 사랑은 추상적인 어느 신神이 부여하는 것이 아니라, 살과 살이 서로 닿는 가족 내에서 빚어진다는 점을 발견하고 이를 기르고자 한 것이 공자의 생각이다.

5. '상갓집 개'

공자의 위대한 점은 폭력이나 금력을 국가경영의 중요한 도구로 여겼던 당시 사람들에게, '정치나 경영은 가족 속에서 배양된 사랑의 힘에 기초한다는 사실'을 알려준 데 있다. 이것은 동양의 사상사에서 분수령에 해당한다. 요컨대 공자는 그 이전 샤먼의 힘(신화)과 폭력의 힘(무력)에 지배되던 인간사회를, 사랑과 신뢰가 통용되는 문명사회로 전환시키려했던 최초의 사상가였던 것이다.

하지만 그 길은 험난했다. 흥미롭게도 공자의 분주한 까닭을 이해하고, 그의 사상을 온전히 이해한 날카로운 비평이 은둔자로 보이는 사람한테서 튀어나온다.

> 제자 자로가 길이 늦어져서 석문石門에서 묵었다. 새벽녘 성문이 열려 안으로 들어가려는데, 문지기가 물었다. "어디서 오는 길이슈?"
>
> 자로가 말했다. "공자한테서 오는 길이외다."
>
> 문지기가 말했다. "음! 그 안 될 줄을 알면서도 행하는 사람 말이우?"
>
> 『논어』, 14:41

분명 이 문지기는 숨어 사는 현자임에 틀림없다. 단 한마디로 공자를 찍어 넘겨버렸다. "안 될 줄을 알면서도 행하는 사람"이라니. 이보다 더 정확하고 올바르게 공자를 정의할 수 있을까? 정녕 안 될 줄 번연히 알면서도 세상사에 개입하는 '비관적인 사회참여'야말로 공자의 특별한 점이다. 세태를 비관하여 자연 속으로 물러나 몸을 감춰버리는 은둔자의 세계관과, 세상사를 비관함에도 불구하고 다시 일어나 사회에 개입하려는 공자 사이의 결정적 차이가 이것이다.

공자는 세상에 대한 비관도 불구하고 세상속으로 몸을 던지는 길을 택했다. 문제의 원인을 사회구조 탓으로 돌리며 뒤로 물러나 조소하는 은둔의 길도 아니요, 그저 제 한 몸의 안락을 위해 이념과 지식을 파는 참여 일변도의 길도 아닌 샛길을 택한 것이다. 안 될 줄 알면서도 뚜벅뚜벅 걷는 길, 찬바람을 가르면서 여기저기 기웃거리며 걸었던 것이다. 누구도 반기지 않는데 제 허기를 못 이겨 여기저기 주둥이를 갖다대는 '상갓집 개 喪家之狗' 꼴이라는 손가락질을 받으면서 말이다.

九 | 인의 경영학, 소통의 리더십

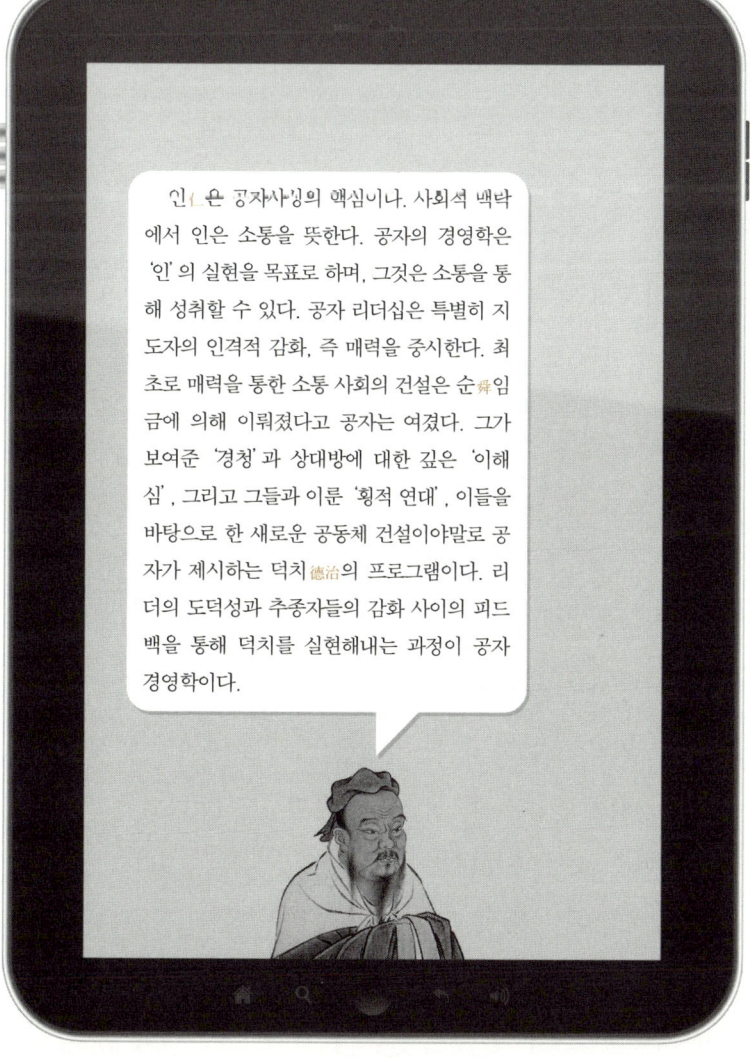

인(仁)은 공자사상의 핵심이다. 사회적 맥락에서 인은 소통을 뜻한다. 공자의 경영학은 '인'의 실현을 목표로 하며, 그것은 소통을 통해 성취할 수 있다. 공자 리더십은 특별히 지도자의 인격적 감화, 즉 매력을 중시한다. 최초로 매력을 통한 소통 사회의 건설은 순(舜)임금에 의해 이뤄졌다고 공자는 여겼다. 그가 보여준 '경청'과 상대방에 대한 깊은 '이해심', 그리고 그들과 이룬 '횡적 연대', 이들을 바탕으로 한 새로운 공동체 건설이야말로 공자가 제시하는 덕치(德治)의 프로그램이다. 리더의 도덕성과 추종자들의 감화 사이의 피드백을 통해 덕치를 실현해내는 과정이 공자 경영학이다.

동양의 정치, 경영사상은 크게 둘로 나뉜다. 하나는 '소통을 통한 공동체 건설'이요, 또 하나는 '명령과 통제를 통한 조직체 건설'이다. 앞의 것은 유교와 통하고, 뒤는 법가와 연결된다. 유교가 소통을 통한 공동체 건설을 지향하는 까닭은, 말言語이 소통되는 장으로서 인간관계를 중시하며, 그 관계유지를 위한 신뢰를 사회와 조직의 핵심조건으로 삼기 때문이다. 이 속에서 주제는 무엇보다 말과 인민과의 관계, 즉 소통이다.

소통을 통한 공동체 건설을 위주로 삼는 유교적 리더십은 특별히 지도자의 인격적 감화, 즉 매력을 중시한다. 지도자의 인격적 매력을 통한 소통사회의 건설은 순舜임금에 의해 역사화되었다고 생각해왔다. 그가 보여준 '경청'과 상대방에 대한 깊은 '이해심', 그리고 인민들과 이룬 '횡적 연대', 이들을 바탕으로 한 새로운 국가의 건설(실천)이야말로 유교에서 제시하는 덕치의 내용물이다. 또 지도자의 인격과 추종자들의 감화 사이의 피드백을 통해 실현되는 것이 유교적 경영학이다. 그 핵심에 공자의 인仁이 들어있다.

1. 인이란 소통이다

불교의 핵심어가 '자비' 요 기독교가 '사랑' 이라면 유교는 '인' 이다. 인은 우리말로 '어질다' 라고 번역하지만, 그것으로 전모를 파악하긴 요령부득이다. (인과 마찬가지로 현賢자도 우리는 '어질다' 라고 새긴다.) 인은 때로 '사람을 사랑함' 을, 때로는 '사람다움' 을 또 때로는 '능숙한 인간관계' 를 뜻하기도 한다. 곧 특정한 명사로 개념화하기 어려운 것이 인이다. 반면 인의 반대말인 불인不仁은 그 개념이 정확하게 쓰인 용례가 있다. '불인' 이 의학용어였기 때문이다.

그렇다면 불인을 이해하면 거꾸로 인의 뜻을 헤아릴 수 있겠다. 주희朱熹의 스승인 정이程頤는 "의학서적에서는 손발이 마비된 것을 불인이라 한다. 따라서 인이란 천지만물이 한 몸으로 순환되는 경지를 뜻한다"라고 해설한다.(『논어집주』) 무엇보다 『동의보감』의 저자 허준이 "불인이란 몸이 마비된 것을 말한다. 기혈이 통하면 병이 없고, 기혈이 막히면 병이 생긴다"라고 서술한 대목이 의학용어로서의 불인=마비paralysis를 명징하게 보여준다. 허준과 정이가 든 의학적 개념으로서 인과 불인의 용례에 주목하면 인정仁政, 즉 인의 경영학적 의미가 선명하게 드러난다.

유교에서 경영이란, 마치 의학치료가 몸에 막힌 기혈을 뚫어 마비된 수족을 풀어주는 것과 마찬가지로, 가정과 사회, 국가, 나아가 천지자연의 억눌린 기운을 소통하게 만드는 것이라고 할 수 있다. 한의학이 몸의 기운 즉 기혈氣血을 대상으로 삼는다면, 경영은 재화와 물자의 소통을 소재로 삼는다는 차이가 있을 뿐이다. 고대 동양사회에서 치수治水가 국가경영의 핵심사안이었듯, 물의 흐름을 둘러싼 '순임금 설화'는 유교에서 이해하는 경영의 역할을 잘 보여준다.

중국 고대의 요임금 시절엔 왕위를 자식에게 물려주는 것이 아니라 사람들 가운데서 현명한 사람을 후계자로 뽑았다. 순은 그 후보들 가운데 한 사람에 불과했다. 오늘날 우리 사회의 이슈가 물가物價라고 한다면 당시는 홍수가 큰 문제였다. 농경사회에서 홍수는 하루아침에 생명과 삶의 터전을 앗아가 버리는 대재앙이었다. 그러니 요임금이 홍수문제를 해결할 수 있는 사람에게 왕위를 넘겨주기로 한 것은 어쩌면 당연한 일이었다. 가장 강력한 후보자는 곤鯤이라는 인물이었다. '곤'이란 글자가 '물고기 알'을 뜻하는 데서도 보이듯 그는 당시 물 관리 전문가로 유명했다. 그래서 신하들이 그를 후계자 1순위로 추천했던 것이다. 그러나 "곤은 9년의 말미를 얻었음에도 결국 홍수관리에 실패하고 만다."(『사기』) 그 까닭은 그가 둑을 단단히 쌓아 물을 잡으려 했기 때문이었다.

그 다음 후보자가 시골에서 농사짓던 '순'이었다. "그의 아비와 어미는 포악했고, 이복동생은 언제나 그를 괴롭히는 악동이었다. 그럼에도 순은 부모에게 효성을 다하고 동생에겐 사랑을 잃지 않는 인물이었다."(「맹자」) 요임금은 처음에는 순의 자질을 두고 반신반의하였으나, 끝내 그는 홍수를 잡는 데 성공을 거둔다. 순이 치수에 성공한 까닭은, 물이 빠져나갈 길(운하)을 구비마다 팠던 데 있었다. 요컨대 치수 전문가였던 '곤'이 실패한 것은 둑을 쌓아 물과 싸우려들었기 때문이요, 고작 농사꾼에 불과했으나 '순'이 성공한 까닭은 물길을 터주었기 때문이라는 스토리다.(위앤커, 「중국신화전설」)

여기서 우리는 먼저 고대 동양인들의 정치적 꿈이 민주적 절차를 통한 왕위계승이었음을 알 수 있다. 또 그 승계의 조건이 지혜와 공적에 있어야 한다는 바람도 배울 수 있다. 그러나 무엇보다 '치수설화'의 핵심은 물을 막으려들면 실패하고, 물길을 터줄 때만 성공한다는 소통의 신화라는 점에 있다. 물의 위상은 사람과 사람 사이에서는 곧 말과 같다. 요컨대 말이든 물이든 막으면 망하고 트면 산다는 것. 치수설화에서 상징적으로 드러난 물과 말 사이의 상관성이 보다 직접적으로 표출된 것이 춘추시대 각국 역사서인 『국어國語』의 기사다.

백성의 입을 막는 것은 물을 막는 것보다 더 위험하다. 물이 막히면 제방이 무너져서 다치는 사람이 많게 마련이다. 물을 다스리는 일은 제방을 쌓아 물길을 잘 이끌어 흐르게 할 것이며, 백성 다스리는 일은 자유롭게 말하도록 하는 데 있다. 말을 자유롭게 할 수 있어야 정치의 잘잘못을 가릴 수 있으며, 선을 행하고 실패에 대비해야만 자원과 의식을 풍요롭게 할 수 있다. 무릇 백성은 마음속으로 생각하여 그것을 입으로 말하며 그런 뒤에 행하는데, 어찌 말을 막을 수 있으랴! 만일 그들의 말을 막는다손 치더라도 얼마나 갈 수 있으리오!

「국어」, 「주어周語」 상

이러한 물과 말 사이의 은유, 나아가 물과 정치 간의 비유는 유교 텍스트들 속에서 자주 등장한다. "어진 사람은 산을 좋아하고, 지혜로운 이는 물을 좋아한다樂山樂水"라는 공자의 말씀, "물이란 움푹 팬 웅덩이를 채우고 난 다음에야 흘러내려간다"는 맹자의 관찰, 그리고 "백성은 물과 같고 군주는 물 위에 떠있는 배와 같다"는 순자의 비유 등은 생각나는 대로 떠올린 예들에 불과하다. 이렇게 물길水路이든 말길言路이든 막으려들면 결국 둑이든 정권이든 무너뜨리고 만다는 말과 물의 상관성은 공자가 지향하는 '인'의 소통론적 특성을 예감케 해준다.

2. 나를 알고, 남에게 베풀어라

그렇다면 공자의 핵심어 인=소통을 유추하자면, 유교가 꿈꾸는 이상사회를 '소통이 실현되는 나라'라고 부를 수 있겠다. 공자는 국가와 천하 권력의 일인 소유화와 집중 현상에 저항하고, 통치자와 인민 간의 소통이 이뤄질 때에야 살육과 전쟁이 종식되고 평화와 문명의 세계를 이룰 수 있다고 믿었다. 공자의 경영사상을 인정仁政과 덕치德治로 개념화하는 데는 리더와 인민 간의 소통을 통해, 더불어 사는 공동체

수립에의 의지가 그 밑에 깔려 있다. 앞서 의학적 관점에서 짚어본 '인=순환'의 등식이 유교경영에서는 '인=소통'의 등식으로 전환된다. 그러면 소통으로서의 인의 경영학은 어떻게 구현되는 것인가. 다음 대화에 주목해보자.

> 공자가 제자 증삼에게 말했다. "증삼아, 나의 도는 하나로 꿰느니라."
> 증삼이 곧 바로 대답하였다. "네. 알겠습니다."
> 공자는 교실을 나가버렸다.
> 다른 제자들이 증삼에게 물었다. "무슨 말씀이신지요."
> 증삼이 답했다. "선생님의 도는 충서忠恕일 따름이야."
>
> 「논어」, 4:15

여기 충忠과 서恕는 인을 위한 방법론으로서 오랫동안 주목받아온 개념이다. 주희가 '충'을 두고 '자신을 낱낱이 아는 것盡己'으로, 또 '서'를 두고는 '나를 미뤄 상대방에게 미치는 것推己及人'으로 해설하고 이 둘을 인의 지름길로서 지목한 것이 그 대표적인 예다.

충이란 인간관계에서의 소통불능과 소외현상을 예방하기 위한 전제로서 '나'(발화자)를 점검하는 과정이다. '내뱉으려는 말이 정상적인 것인가'를 스스로 성찰하는 것이 충이라는 뜻이다. 예를 들어 의사와 정신병자 사이의 대화는 소통 과정이라고 할 수가 없고, 다만 치료과정에 불과하다. 정신병자의 말은 신뢰할 수 없기에 그렇다. 정신병자는 제가 내뱉는 말의 소통 가능성을 감안하지 않고 내뱉기 때문이다. 자신에 대한 성찰, 즉 충의 과정을 통과하지 않는 발화자가 정신병자다. 따라서 정신병자와의 대화는 치료과정일 따름이다. 즉 정신병자를 치료하기 위해서는 의사와의 대화가 필요하지만 그것은 소통이 아니라 치료 과정일 뿐이며 또 정신병자끼리의 약속은 환상에 불과하다.

소통론의 관점에서 보면, 충이란 대화에 나서기 전에 점검하는 '나'의 객관화 과정이 된다. 예컨대 "과연 내가 하려는 말의 진정성을 나는 신뢰할 수 있는가?" "나는 상대방의 말을 듣고 기억할 수 있는가?" "나는 남과 행한 약속을 실현할 수 있는가?" 등이 그 점검항목에 해당한다. 이렇게 충은 대화에 나서기 전에 스스로를 점검하는 자기 객관화 과정이다. 한나 아렌트가 묘사한 유태인 살해범 아이히만의 '생각 없음thoughtlessness'이란 곧 충의 불능상태, 자기 자신을 객관화하지 못하는 정신병적 상태를 의미한다고 할 수 있다.

한편 소통론의 관점에서 '서'란 상대방을 이해하는 과정을 의미한다. '이해'란 상대방의 의사나 행동을 내 경우의 것으로 접어서 생각함이다. 자주 쓰는 역지사지 易地思之라는 말, 즉 '입장 바꿔 생각해보기'가 곧 '서'에 해당한다. 나를 주장하고 타인을 설득하기 전에 상대방을 제대로 이해하지 않으면 제대로 된 대화(소통)가 불가능할 것이기에, 서=역지사지의 과정은 대화에 나서기 전에 필수적으로 점검해야 할 과정이다.

그렇다면 '상대를 이해하기' 위해서는 그 전제로서 '나에 대한 객관적 성찰忠'과 '상대의 의사와 행동에 대한 입장을 바꿔놓고 이해하기 恕'는 꼭 점검해야 할 요소들이다. 공자가 인仁을 두고 "내가 원하지 않은 바를 남에게 미루지 말라, 그리하면 집안이든 나라든 원망怨이 없으리라"(「논어」, 12:2)고 지적한 것은 곧 상대의 처지를 헤아려 나의 경우로 '접어서 생각하기'를 통할 때라야 원망, 곧 소통 실패로 인한 소외와 불만 그리고 사회적 갈등과 정치적 분쟁이 사라지리라는 뜻이다.

그러므로 가족과 학교, 기업과 국가의 경영을 위해 충과 서의 과정은 필수불가결한 요소가 된다. 분쟁의 종식과 갈등의 치유는 경영의 한 목표이기 때문이다. 공자가 인을 극기복례克己復禮의 과정으로 정의했을 때,(「논어」, 12:1) 여기 극기란 곧 대화에 나아가기 부족한 나를 점검하고 성찰하는 과정으로서의 충을, 그리고 복례란 이를 바탕으로 상대를 이해하는 단계인 '서'로 나아가는 것으로 볼 수 있으리라.

인이란 자기 스스로를 객관화하는 성찰(충)을 바탕으로 하여, 한걸음 더 나아가 상대를 자기의 입장으로 당겨서 이해하는(서) 과정을 통과하여 상호 이해에 도달할 때 획득하는 이름이 된다. 그렇다면 경영학적 차원에서 인이란, 성리학에서 말하듯 "하늘로부터 마음속에 갖춰진 덕성이자, 우주만물의 생육시키는 사랑의 이치仁者, 心之德, 愛之理"(「논어집주」)라는 주희의 해석보다는, 다산 정약용이 정의하였던 바, "인이란 두 사람의 관계다. 두 사람 간의 관계를 잘 수행할 때 획득하는 실천적 개념이다仁者, 二人也, 二人相與者也"(「논어고금주」)라는 해석이 더욱 적합해 보인다.

결국 인이란 사람들 관계 속에 순조로운 언어와 자원의 유통이요, 유교경영이란 그 유통과정을 가로막는 각종 장애물들을 제거함으로써 순조로운 소통 상태를 보장하는 행위가 된다. 경영학적 차원에서 인이란 도랑을 흐르는 물처럼, 실체(명사)가 아니라 과정(동사)으로서 존재할 따름이다. 이런 점에서 물의 흐름을 막고 트는 데 대한 치수설화는 유교경영의 이상주의를 상징하고 있다.

3. 소통을 위하여

그러나 말이 쉽지 소통하는 일은 녹록하지 않다. 대화의 훈련이 되어 있지 않는 사람들끼리 소통은 불가능하다. 우리는 '토론'이나 '회의'라는 이름을 걸고는 끝까지 자기주장으로만 일관하는 토론 아닌 독백, 대화 아닌 자기주장, 회의 아닌 명령을 지겹도록 보고 겪어온 터다. 공자는 상호소통을 위해서 특별히 상대방의 말에 경청하기를 강조한다. 또 스스로 다변多辯과 과장된 표현법에 주의하기를 권한다. 과장과 다변은 정확한 이해를 해치는 핵심 요소이기 때문이다.

대화란 훈련을 필요로 하는, 섬세하고도 미묘하며 또 매우 어려운 기술임을 잊어서는 안 된다. 예컨대 ❶ 자신을 정확하게 알고 ❷ 상대방 의사를 이해하려 하고 ❸ 발화하기 전에 상대방의 말에 귀 기울일 줄 알고 ❹ 말을 합리적이고 조리 있게 함으로써 상대를 배려하는 다양하고 섬세한 기술들이 요구된다. 그런 점에서 소통과 대화는 대단히 '고급한 기술haute couture'이다. (유교에서 대화의 고급기술을 먼저 습득하는 과정을 수기修己라고 부르고, 또 그 지침이 되는 텍스트가 『소학』이다.) 김홍우 교수(정치철학)는 대화의 정치적 특성과 중요성, 그리고 그것의 어려움을 다음과 같이 지적한다.

> 정치나 정치적 전통은 '말言語'을 매개하지 않고 직접적으로 인식하는 것은 불가능하다. 아렌트가 말했듯이 정치는 침묵의 행동이 아니라 말하는 행동을 통해서 전개되며, 따라서 정치과정의 중심은 행위자들의 말이며, 또 여기에는 필연적으로 독특한 '함께 말하는 방식與議', 즉 공통된 문제를 제기하는 방식, 제기된 문제를 함께 논의하는 방식, 함께 말하기의 문제점을 조정하고 함께 결정하는 것을 공적으로 검증하는 방식 등이 있게 마련이다. 그러나 대부분의 사람들은 '함께 말하기'가 너무나 평범하다는 이유 때문에 그것이 얼마나 위협적인가를 쉽사리 무시해버린다.
>
> 김홍우, 『한국정치사상사』

위의 주장을 우리식으로 해석하자면, 경영의 현장은 대화하는 와중에 살아나 꽃피었다가, 대화가 불통되면서 함께 죽어버리는 것이다. 이런 소통과 경영의 밀접한 관계는 곧 유교경영학의 세계와 동질적이다. 특히 맹자의 순임금에 대한 설명 속에서, 소통의 성공이 곧 최상의 경영목표라는 생각이 선명하게 드러난다. 맹자가 기술하는 순임금의 모습을 원문에 가깝게 읽어보자(참고로 원문도 함께 게시한다).

맹자 말씀하시다. "공자의 제자 자로는 남들이 자기 잘못을 지적해주면 기뻐하였다. 또 우임금은 선한 말을 들으면 그 말을 해준 사람에게 절을 올렸다. 위대한 순大舜은 자로나 우임금보다 더욱 위대하였다. 순은 남과 더불어 함께하기를 잘하였으니, 자기를 버리고 상대방의 견해를 따르고, 다른 사람들 견해를 즐겁게 취하는 것을 선善으로 여겼다. 그는 농사꾼으로 시작하여 도공, 어부를 거쳐 천자에 이르기까지 남에게서 견해를 취하지 않은 것이 없었다. 상대방의 견해를 취하기를 선으로 여겼다는 것은 곧 무슨 일이든 '남과 함께하기與人'를 선으로 여겼다는 뜻이다. 그러니 군자에겐 '남과 함께하기를 선으로 여기는 것' 보다 더 큰 것은 없다."

孟子曰, "子路, 人告之以有過, 則喜. 禹聞善言, 則拜. 大舜有大焉, 善與人同, 捨己從人, 樂取於人以爲善. 自耕稼陶漁, 以至爲帝, 無非取於人者. 取諸人以爲善, 是與人爲善者也. 故君子莫大乎與人爲善."

『맹자』, 「공손추」 상, 제8장

다음은 위의 기사를 네 문단으로 나누고 각각 현대식으로 해설해본 것이다.

❶ 자로는 남들이 자신의 허물을 지적해주면 기뻐하였다. 또 우임금은 좋은 조언을 들으면 상대방에게 감사의 예를 올렸다.

❷ 순임금은 자로나 우임금보다 더 위대하였다. 그 까닭은, 첫째 순임금이

주변의 사람들과 잘 어울렸다는 점, 둘째 자기 견해를 주장하기보다 남의 의견을 경청하였다는 점, 셋째 잘 들을 뿐 아니라 남의 조언을 즐겨 취하여 정책화시켰다는 점에 있다.

❸ 그것은 순임금이 농사꾼 시절부터 옹기 굽는 도공이었을 때나 강에서 물고기를 잡는 어부일 때도 그러하였고, 급기야 천자가 되었을 때도 언제나 남의 견해를 잘 취하였던 그 일관된 자세에서 증명할 수 있다.

❹ 남에게서 의견을 잘 취해서 썼다는 것은 곧 남과 더불어 소통하기를 잘했다는 뜻이다. 그래서 군자란 '남과 더불어 소통하기를 잘함' 보다 더 위대한 일이 없다고 말한다.

위와 같이 정리되는 순의 출세기, 즉 농사꾼에서 몸을 일으켜 급기야 천자에까지 입신하게 되는 과정에서 눈여겨볼 점은 그 출세의 동력이다. 그것은 자신을 낮추고(겸손), 상대의 말을 들어주며(경청), 그 사정을 해소하는 순의 인간적 매력이다. 그리고 매력의 근원은 남들과 함께 더불어 함, 맹자의 개념으로 표현하자면 여민 與民(백성과 함께 함)에서 비롯된다. 요컨대 한낱 농사꾼에서 천자가 되기까지 순의 영웅적 입신 과정은 '대화와 소통의 확산과정'이었던 것이다.

4. 경청과 이해, 그리고 실천

인을 실현할 소통 리더십의 기술을 구체적으로 살펴보기로 하자. 소통의 리더십을 위한 첫번째 기술은 '경청'이다. 이 점은 위 인용문 속에서 자로가 "남들이 자신의 허물을 지적해주면 기뻐했다"고 한 데서 잘 드러난다. 다만 맹자가 보기에 자로의 것은 '소극적 경청'에 불과하다. 그가 기뻐한 것이 '자신의 허물'에 대한 지적, 즉 이미 저질러진 잘못에 대한 지적이기 때문이다. 이 점은 곧 이은 우임금과 비교할 때 더욱 그러하다. 우임금의 경청은 자로의 것보다 질적으로 고양되어 있다. 우임금은 "좋은 조언을 들으면 상대방에게 감사의 예를 올렸다"고 하였다. 자로의 것에 비해 우임금의 것은 '적극적 경청'이라고 할 수 있다. 즉 둘 다 남의 조언을 기쁘게 수용함은 동질적이지만, 자로의 것이 과거의 실수나 행실에 국한된다면 우임금의 것은 공공정책에 대한 제안을 수납하는 점에서 차이가 있다.

유교 리더십에서 '듣기'의 중요성은 '말하기' 만큼, 아니 말하기보다 더 중시되는 경향을 보여준다. 『논어』에 비해 『중용』과 『맹자』로 갈수록 리더(군자)는 더욱더 적극적으로 '듣는 사람'으로 등장하며, 또 듣기를 강요하기조차 한다. 공자가 '말하기 리더십'의 특성을 유지하려 하였다면, 맹자는 입에서 귀耳로 전환시키려고 노력하며 또 이를 통해 공공성을 확보하려 한다. '말하는 리더'로부터 '듣는 리더'로의 위상 전환이 이 속에서 관철된다. 맹자의 '대순大舜 프로젝트', 즉 잘 들어서 천자가 되었다는 새로운 리더십 기획의 의도가 바로 이것이다.

이는 법가와 비교해볼 때 더욱 선명해진다. 법가의 리더십은 눈目으로 표상된다. 한비자에게 군주는 관찰자요, 응시자이며, 평가자다. 경영의 현장에서 말과 대화는 최대한 삭제되어야 한다. 특히 군주와 신하 사이의 대화는 금기시된다. 그래야만 평가의 객관성을 확보할 수 있고, 또 '시선의 권력'을 확보할 수 있기 때문이다. 따라서 한비자는 군주에게 남의 말을 들어서는 안 된다고 조언하며,("신하들의 입을 함부로 놀리지 않도록 해야 한다."『한비자』) 또 신하가 군주의 입을 봉쇄해서도 안 된다고 강조하는 것이다. 법가를 '눈의 리더십'이라고 이름 붙인다면, 맹자의 것은 분명 '귀의 리더십'이다.

다음, 자로와 우임금으로 전개된 경청의 리더십은 순임금에 이르러 타인과의 소통으로 발전한다. 맹자는 순임금의 소통능력에 대해 대大라는 명예를 부여한다. 즉 그를 대순大舜이라 칭한다. 대순의 소통 방법은 '자기를 버리고 상대방의 좋은 견해를 따르고, 상대방에게서 취하기를 잘함'에 있다. 곧 '소통'이란 "상대방에게서 의견을 취함"일 뿐이다.

'상대방에게 의견을 취하는 과정'이란 앞서 공자가 지적한 인을 위한 방법론인 충서忠恕를 몸소 실천하는 것일 따름이다. 대화에 나서기 전에 점검하는 자기 자신에 대한 성찰忠과, 또 상대방에 대한 입장 바꿔 생각하기恕의 과정 말이다. 충과 서의 과정을 바탕으로 대화를 수행할 적에라야 서로는 마음으로 소통할 수 있게 된다. 대순은 이 과정을 몸소 실천해내었기에, 한낱 농사꾼에서 도공을 거쳐 위대한 성왕으로 입신할 수 있었다는 것이다.

한편 정신과 의사인 우종민은 소통과 관련하여 최근의 연구결과를 이렇게 제시한다.

소통이란 두 사람이 대화를 나누는 것 같지만, 실은 네 명이 대화하는 것과 같다. 한 사람 속에는 두 개의 자아가 존재하기 때문이다. 성공적인 커뮤니케이션은 겉의 자아들(행동하는 자아) 간의 대화가 아니라 속의 자아들(관찰하는 자아) 간의 소통에 있다. 즉 대화와 소통의 궁극적 목표는 겉말(의사)의 전달에 국한되는 것이 아니다. 실은 속, 즉 사람됨의 이해와 그 이해를 통한 관계의 형성, 그리고 신뢰의 구축에 있다.

우종민, 〈커뮤니케이션 기법 ABC〉, 「인제대학교 백병원보」, 2007년 7월호.

이런 최신 심리과학의 연구 성과는 공자와 맹자가 강조하는 충과 서가 오늘날 대화와 소통에도 통용 가능한 것임을 보여주는 방증 사례로 삼을 수 있는 것이다.

결국 순임금의 위대함은 '남과 더불어 소통하기를 잘함', 즉 상호소통에 성공한 데 있다. 자로나 우임금의 소통이 '일방향'인 데 반해 순은 쌍방향의 소통에 성공함으로써 최고 경영자가 되었다는 점은 주목해야 한다. 즉 상명하복식 조직organization이 아니라 상호소통의 공동체community를 건설하고 경영해낸 데 순임금의 위대함이 있다. 이렇게 읽자면 유교가 꿈꾸는 이상사회의 모습이 선명하게 드러난다. 그것은 상호소통, 쌍방향의 커뮤니케이션을 통해 도달하는 '말이 곧 사람'(논어, 5:9)이 되는 신뢰사회에의 꿈이다.

정문길 교수는 신뢰사회에의 꿈을 다음과 같이 묘사한 적이 있는데, 이것은 공자가 지향하는 인의 공동체와 다를 바 없다.

우리는 지금 하나의 가치가 유일한 가치로서 다른 가치를 능가하고 지배하려는 시대에 살고 있다. 셰익스피어나 괴테가 지적한 것처럼 화폐가치가 사랑과 지혜를 통제하고, 권력이 우리들 삶의 모든 영역에 편재하는 시대, 다시 말하면 우리는 화폐가 사랑을 독점하고 권력이 지혜를 충복으로 부리는 등의 '압제'의 시대에 살고 있다. 그러나 우리들이 희구하는 세계는 힘이 권력을, 아름다움이 사랑을, 신뢰가 지식을 관장하지만, 이들 서로는 그 어느 것도 자기의 영역을 넘어서서 다른 분야나 영역의 지배권을 주장하지 않는 조화의 세계이다. 이들은 자기 분야의 중요성만큼 다른 영역의 중요성을 인정하고, 그것을 이해하기 위해 그 자신의 능력을 키워가는 상호존경의 세계이다.

정문길, 「삶의 정치」

결국 순임금이 '대순'으로 칭송된 까닭은 '잘 듣기'에서 비롯한다. 이를 통해 인민들과 목표를 공유하고 그리고 그들과 함께 연대를 맺어 사업을 성취한 데 있다. 공자와 맹자는 소통이 리더와 추종자들이 연대를 이루는 원동력이며 그 실천이 곧 참된 경영의 과정임을 굳게 믿었던 것이다. 공자가 내내 순임금을 덕치의 모델로 삼은 까닭이 여기 있다. 도덕적 자질 善만이 아니라 상대방의 말을 잘 듣는 경청과 상호 간의 이해와 연대, 그리고 실천을 통해 공동체를 건설해 낸 이력으로 말미암아 순임금을 덕치의 모델로 삼은 것이다.

반면 한비자의 법가는 공동체가 아니라 조직체를 꿈꾼다. 상명하복의 조직체는 일사불란하게 통치자의 명령 order에 따라 동원되고, 신민들은 전체 조직(유기체)의 한 요소일 뿐이다. 인민들은 조직의 목표를 위해 동원되는 도구-대상일 따름이다.

유교의 리더십은, 경영의 수단이 지도자와 인민들 '사이' 그리고 그 '속'에서 형성되어 솟아나와야지, 위에서 덮쳐누르는 식이어서는 안 된다고 믿는다. 즉 '함께 더불어' 하는 리더십일 때만 경영은 그 목적을 달성할 수 있다는 것이다. 다음 『맹자』의 지적이야말로 그런 특성을 선명하게 보여주는 예다.

"군자의 선한 마음만으로 경영을 행하기는 부족하며, 그렇다고 완벽한 제도만으로 경영이 성취되지도 않는다."

곧 도덕善이든, 규율法이든 아무리 완벽한 것일지라도 외부에서 강요되는 것(명령)이라면 그것은 실제 경영상에는 작동되지 않고 매양 겉돌게 마련이라는 것이다. 마음에서 발출하여 관계를 통해 소통되는 내발적內發的이고 관계적關係的인 과정에서 힘이 발생한다. 이것이 참된 경영의 힘이라는 것이다. 참된 경영의 동력은 강요나 폭력으로 이룰 수 없으며, 리더십이 대중(인민, 직원)의 동의를 얻을 때, 즉 경청-이해-연대-실천이라는 과정을 통해 매력을 형성할 때 획득되는 것이다. 리더의 인격과 추종자들의 감화 사이의 피드백을 통해 실현되는 것이 유교적 리더십이다.

피터 드러커의 다음 지적은 소통의 리더십이 결코 유교에 국한되지도, 또 과거의 것만도 아님을 확인시켜준다. 역시 이런 특성은 공자사상의 현재적 가치에 대한 방증으로 삼을 수 있을 것이다.

"진정으로 '위대한 사람'이자 진짜 '지도자'는 일반적인 통념과는 완전히 다른 모습이며 다르게 행동한다. 그는 사람들을 카리스마로 이끌지 않는다. 진정으로 강한 사람은 노력과 헌신으로 이끈다. 모든 것을 자기 손아귀에 집중시키는 것이 아니라 하나의 팀을 구성한다. 조종이 아닌 성실성으로 지배한다. 영리한 것이 아니라 단순하고 정직하다."

「피터 드러커 자서전」

십 | 공자 경영학의 모델: 순

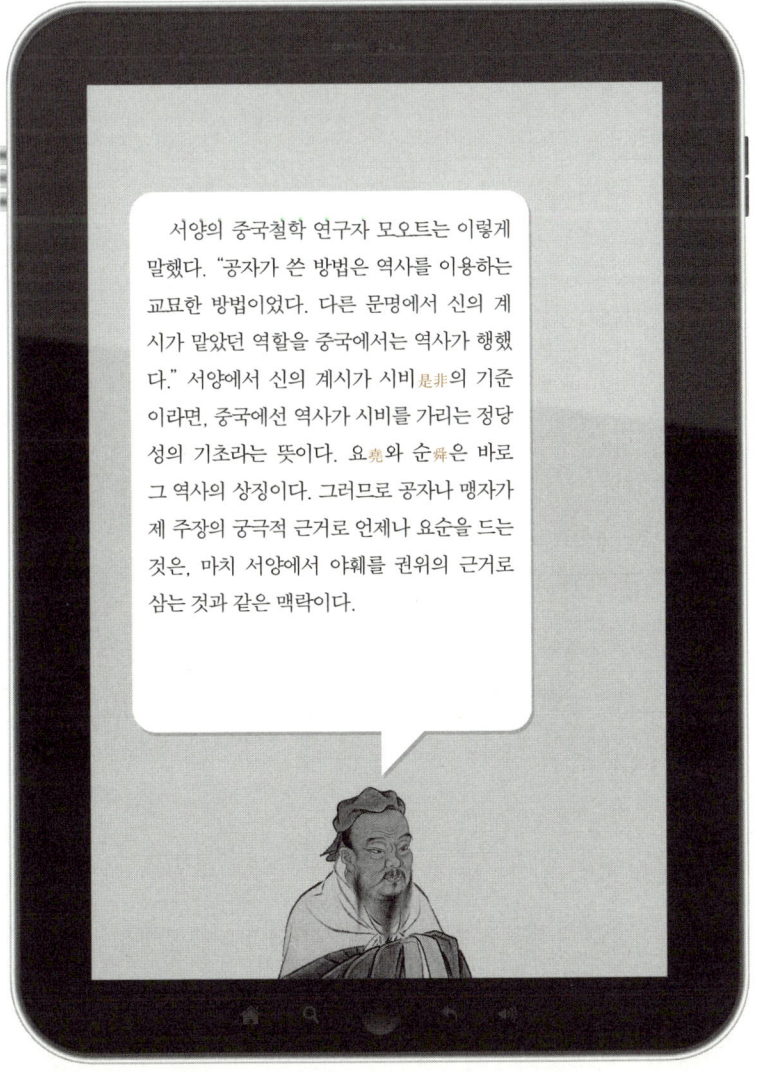

서양의 중국철학 연구자 모오트는 이렇게 말했다. "공자가 쓴 방법은 역사를 이용하는 교묘한 방법이었다. 다른 문명에서 신의 계시가 맡았던 역할을 중국에서는 역사가 행했다." 서양에서 신의 계시가 시비是非의 기준이라면, 중국에선 역사가 시비를 가리는 정당성의 기초라는 뜻이다. 요堯와 순舜은 바로 그 역사의 상징이다. 그러므로 공자나 맹자가 제 주장의 궁극적 근거로 언제나 요순을 드는 것은, 마치 서양에서 야훼를 권위의 근거로 삼는 것과 같은 맥락이다.

서양 기독교 전통은 하나님의 '말씀'으로부터 시작된다. 하나님은 인간과 자연을 창조하고 거기에 속성을 부여하는 외부적 존재다. "태초에 말씀이 있었다"는 선언은 세상의 판단기준이 사람의 바깥 혹은 위에 존재하는 신의 말씀 logos에서 비롯된다는 의미를 담고 있다. 이 '말씀'은 모세의 십계명으로 계승된다.

야훼께서 모세에게 말씀하셨다. "너는 내가 있는 산으로 올라와서 여기에서 기다려라. 그러면 내가, 백성을 가르치려고 몸소 석판에 기록한 율법과 계명을 너에게 주겠다."
「성경」, 24:9-12

이같은 '말씀'의 전통을 따를 때 인간세상의 갈등과 분쟁을 해결하기는 간편하다. 하느님이 모세에게 "백성을 가르치려고 몸소 석판에 기록한 율법과 계명"을 주었으니, 그 계명이 갈등과 싸움을 판정하는 기준이 되기 때문이다. 요컨대 십계명에 따라 살면 되고, 그것을 어기면 처벌받는다.

그러나 동아시아에는 하나님의 전통이 없다. 자연과 인간 바깥에 따로 생명을 창조하는 야훼(조물주)가 없다는 뜻이다. 동아시아의 신관神觀은 천도교의 교리로 잘 알려진 인내천 人乃天 속에 들어있다. 인내천, 곧 "사람이 곧 하늘이다"라는 말을 풀면 "모든 사람의 본성 속에 하느님이 깃들었다"는 뜻이다. 세계의 중심이 인간이라는 뜻이니까 듣기에는 좋은데, 사람들 사이의 갈등과 분쟁을 해결하기는 도리어 힘들다. 누가 옳은가를 판정할 권위를 사람 속에서 찾아야 하는 형편인데, 누구나 제 주장이 옳다고 내세울 것이기 때문이다.

폭력을 제외하면, 인간 사회의 갈등과 분쟁을 해결할 근거는 두 군데 밖에 없다. 저 위에 있는 하느님(상제)이거나 아니면 저 먼 데 있는 전통이다. 동아시아에서는 추상적인 절대 신의 권위가 부정되므로, 전통 즉 '역사'에서 판정의 권위를 찾을 수밖에 없다. 오래된 전통과 신화나 설화 같은 해묵은 가치들이 힘을 갖게 된다. 공자가 자신의 학문 방법론을 "옛것을 서술할 뿐 창작하지 않으며, 옛것을 믿고 또 좋아한다"('논어』, 7:1)라고 설명한 것도 역사와 전통에서 학문적 정당성을 찾으려 한 노력의 일환이다.

동양 고전에 요와 순이라는 이름이 자주 출현하는 이유도 여기에 있다. 요와 순, 곧 요임금과 순임금은 실존한 인물이 아니라 당시 인간사회의 문제들을 해결하고 극복하려고 만든 신화적 장치로 이해하는 것이 맞다. 요와 순은 서양에서 하나님의 말씀이 행했던 역할처럼, 당대의 분쟁을 해결하기 위해 가공된 권위적 인물이다.

1. 요순, 희망의 투영물

이런 점에서 서양의 중국철학 연구자 모오트Mote의 "공자가 쓴 방법은 역사를 이용하는 교묘한 방법이었다. 다른 문명에서 신의 계시가 맡았던 역할을 중국에서는 역사가 행했다"(『중국문명의 철학적 기초』)는 지적은 정곡을 찌르는 것이다. 서양에서 신의 계시가 시비是非의 기준이라면, 중국에선 역사가 시비를 가리는 정당성의 기준이었다. 요와 순은 바로 그 역사의 상징이다. 그러므로 공자나 맹자가 제 주장의 궁극적 근거로 요와 순을 드는 것은, 마치 서양에서 야훼를 권위의 근거로 삼는 것과 같은 맥락이다.

공자에게 요임금은 최초로 '인간사회의 원형'을 만든 존재로 그려진다.

> 공자 말씀하시다. "위대하구나! 요의 임금 노릇하심이여. 높고 높도다! 오로지 하늘이 큰데, 오직 '요'가 이를 법으로 삼았으니. 넓고 넓도다! 백성들이 뭐라 이름조차 짓지 못하는구나. 높고 높도다! 그가 이룬 공功이여. 눈부시도다! 그가 이룬 문명이여."
>
> 『논어』, 8:19

공자가 그린 요임금은 자연법칙을 기준으로 인간사회에 최초로 질서를 부여한 문명창조의 어버이다. 그런 요의 위대성은 도저히 "이름조차 지을 수 없는 것"으로 묘사된다. '크고' '우뚝하며' '까마득하고' '눈부신' 존재이니, 이것들은 내용을 가진 말言이 아니라 감탄하는 소리聲일 따름이다. 마치 '아!' 나 '억!' 처럼. 그렇기에 요의 행적은 "뭐라 이름조차 짓지 못하는" 것이어서, 기껏 "그가 이룬 사업과 문명이 눈부시다"고 표현할 수밖에 없다는 것이다.

요의 역할은 여기까지다. 요의 위상은 말로 나아가지 못하고 소리에 머문다. 소리는 말의 소재요 바탕일 뿐 내용을 갖춘 언어가 아니다. 인간 문명은 소리를 벗어나 말(언어)로써 표출될 때라야 가능하다. 소리를 바탕으로 말로 나아간 존재가 바로 순이다. 즉 인간 문명의 실제 건설자는 순임금이다. 요는 순의 출현을 위한 예비적 존재일 뿐, 요순설화의 핵심은 순임금에게 있다는 얘기다.

주의할 것은 『논어』를 위시한 동양 고전들 속에 그려진 요와 순의 행적이 '역사적 사실'이 아니라 후세 해석자들의 희망을 비춘 투영물이라는 점이다. 그러므로 동양 고전에서 지겨울 정도로 반복되는 '요와 순', '요순시대', '요임금·순임금' 등의 표현은 겉보기에는 같지만 속에 품은 뜻은 텍스트마다 다르다. 독자는 요순이라는 이름을 단일한 역사적 진실로 읽어서는 안 된다. 그 이름 밑에 깔린 각기 다른 서술자의 욕망을 읽어내야 한다.

가령 〈격양가擊壤歌〉라는 고사에서 '요순'이라는 이름은 노자풍의 자연주의를 내포하고 있다. 다리를 뻗고 앉은 노인이 한 손으로는 배를 두드리고 다른 손으로는 땅바닥을 치며 노래 부른다고 하여 〈격양가〉다. "해가 뜨면 일하고 해가 지면 쉬노라. 우물 파서 물 마시고 밭을 갈아 밥 먹으니, 임금의 힘이 내게 무슨 소용이 있으랴!" 하는 노랫말에는 군주가 누구인지 백성이 알지 못하는 정치야말로 이상적인 정치라는 해석이 깃들어 있다. 일종의 자유방임에 대한 희망이 요순이라는 이름에 투사되어 있는 것이다.

그러나 조선후기 실학자 다산 정약용이 생각하는 요순은 이와 전혀 다르다. 그는 큰목소리로 이렇게 강조한다.

> 공자가 말씀하기를 "요순시대는 희희호호하였다"고 했다. 요즘 사람들은 이걸 순박하고 태평스럽다는 뜻으로 보고 있는데 절대로 그렇지 않다. 희희熙熙는 '밝다'는 뜻이고 호호皞皞는 '희다'는 뜻이니 희희호호하다는 말은 모든 일이 두루 잘 다스려져서 밝고 환하여 티끌 하나, 터럭 하나라도 악이나 더러움을 숨길 수 없다는 뜻이다. 요사이 속담에서 말하는 "밤이 낮과 같은 세상"이라는 게 참으로 요순의 세상을 말하는 것이다.
>
> 정약용,「유배지에서 보낸 편지」

정약용이 요순시대를 "밤이 낮과 같이 투명한 세상"으로 읽고 또 요순을 엄격한 통치자로 읽은 까닭은, 조선 후기의 이완되고 부패한 사회 분위기를 일신할 필요성을 절박하게 느꼈기 때문이다. 정약용이 묘사한 요순시대를, 한밤중에도 감시 카메라가 눈을 밝히고 있어 감히 범죄를 저지르지 못하는 오늘날의 사회풍경에 비유할 수 있을까? 〈격양가〉에 나타나 있는 자유방임 상태에 대한 욕망과, 정약용의 법치사회에 대한 동경 사이의 간격은 결코 요순이라는 말로 한데 아우를 수 없는 것이다. 동아시아 지성사에 반복되는 '요순'이라는 이름 밑에는 전혀 다른 꿈들이 아로새겨져 있음을 주의해야 하는 이유다.

2. 소유와 경영의 분리

그러면 순이라는 이름에 투영한 공자의 욕망과 바람은 무엇이었을까. 순은 우선 국가경영자로서 등장한다.

> 공자 말씀하시다. "무위이치 無爲而治, 즉 억지로 하지 않고도 잘 다스린 이는 순임금일진저! 도대체 어떻게 하셨던 걸까? 다만 공손하게 몸을 낮추고 바르게 남쪽을 향해 앉아 있을 뿐이던 것을."
>
> 『논어』, 15:4

공자가 지적한 무위이치, 곧 '억지로 하지 않고도 잘 다스려진 정치'란 "아무런 행동도 하지 않는데 다스려지지 않는 것이 없다"(『도덕경』)는 신비주의를 뜻하는 것은 아니다. 공자가 말하는 무위이치란 덕치 德治의 다른 표현이다. 그 실현의 방법론이 "공손하게 몸을 낮추고", "남쪽을 향해", "조용히 앉아 있었다"라는 뒷 문장에 담겨 있다.

첫째, 순의 무위경영은 군주의 '공손하게 몸을 낮춤恭己'에서 비롯된다고 하였다. 이것은 자기 몸을 낮추고 상대방을 높이는 겸양의 리더십을 뜻한다. 공손하게 몸을 낮추는 '공기'의 리더십에서 공자의 '덕치', 즉 "가까운 사람들이 기뻐하고 먼 데 사람들이 몰려드는 것"(「논어」, 13:16)이 가능해진다.

둘째, "남쪽을 향하다南面"란 군주의 옥좌가 남쪽으로 향해 있는 데서 연유한 표현이다. 앞서 보았듯, 임금의 지위는 북극성에 비유된다. 북극성은 항성이므로 항해하는 선박들과 길 가는 수레들이 방위를 잡는 표준이 된다. 그러므로 "바르게 남쪽을 향해 앉아 있기만 했을 뿐"이란 말은 순임금이 인간 사회의 옳고 그름의 근거가 되고 또 행위 정당성의 표준이 되었다는 뜻이다.

그러나 '고요히 남쪽을 향해 앉아 있기'만 했는데도 천하의 평화가 이루어진다? 과연 그런 기적이 일어날 수 있을까? 우아하고 조용한 백조의 자태 아래 물밑에는 분주한 갈퀴질이 있는 법! 순임금의 고요한 무위경영의 배후에는 각 분야를 맡은 신하들의 부지런하고 분주한 '유위경영'이 있었다. "순임금이 익益에게 불을 맡겨 산과 들의 초목을 불태우게 하고, 우禹에게 아홉 강물을 뚫게 하니 드디어 땅 위에 사람이 살 수 있게 되었다"라는 맹자의 전언이 그 내력을 말해준다. 겸양과 위임의 리더십이 무위이치를 구성하는 것이다. 여기서 '순임금의 무위정치=겸양의 리더십=북극성=덕치사상'이라는 하나의 등식이 성립된다.

다만, 공자는 무위경영의 핵심적 요건으로 '소유와 경영의 분리'를 요구한다.

> 공자 말씀하시다. "높고 높구나. 순과 우는 천하를 소유하고서도 간여하지 않았으니!"
> 『논어』, 8:18

특별히 여기서 주목할 점은 무위경영의 조건으로서 "천하를 소유하였는데도 간여하지 않았다有天下也而不與焉"를 든다는 점이다. 이것은 곧 천하를 사유私有하지 않고 관리했다는 의미를 포함한다. "천하를 소유하였지만, 이에 간여하지 않았다"는 대목은 오늘날 숭상하는 기업경영론, 즉 '소유와 경영의 분리'와 다를 바 없다.

그러면 공자 경영학에 있어 리더의 역할은 영국의 '군림하되 통치하지 않는' 상징적인 존재에 지나지 않는 것일까? 그렇지는 않다. 공자 경영학이 법치가 아니라 인치人治를 지향하는 한, 리더는 매우 중요한 역할을 수행한다. 리더의 중요한 역할은 사람을 아는 안목인 '지인知人'과 사람을 적재적소에 배치하는 능력인 '용인用人'에 있다. 리더는 경영의 마당場을 마련하고 또 최고경영자CEO를 선발하는 존재로서, 눈앞에 드러나지는 않지만 '보이지 않는 손'으로 중요한 역할을 수행한다. 순임금이 행한 지인과 용인의 예를 좀더 구체적으로 살펴보자.

순임금은 신하 다섯 사람을 두었는데도 천하가 잘 다스려졌다. 무왕武王은 말하였다. '내 유능한 신하 열 사람을 두었노라'고.

공자가 평론하였다. "재주 있는 이를 얻기가 어렵다고 하더니 정말 그렇지 않으냐? 요순시절부터 무왕 때까지가 흥성하였는데, 그 열 사람 가운데 그의 부인이 끼어 있으니 아홉 사람에 불과하구나."

「논어」, 8:20

순임금은 5명의 신하만으로 이상 정치를 실현할 수 있었으나, 뒷날 주나라를 건설한 무왕은 그 두 배인 10명으로 혁명을 이룰 수 있었다. 그 10명도 그의 부인을 끼워 넣어서야 겨우 수를 채웠으니 적재적소에 인재를 등용하기가 쉽지 않았던 것이다. 그만큼 사람을 제대로 알고 쓰기란 어렵다.

3. 사람 쓰기의 어려움

공자가 성주가 된 제자 자유에게 던진 질문 속에도 유능한 인재 구하기의 중요성이 잘 드러나 있다. 공자가 사람을 얻는 것을 경영의 요체로 삼고 있다는 표지이기도 하다.

공자의 제자 자유가 무성 땅의 성주가 되었다.

공자가 물었다. "자넨 '사람을 얻었는가得人'?"

자유가 대답했다. "'담대멸명'이라는 자가 있습니다. 업무를 처리함에 편법을 쓰지 않고, 공무가 아니고선 여태 저희 집에 온 적이 없습니다."

「논어」, 6:12

이 대화의 핵심어는 득인得人, 즉 "사람을 얻었는가"이다. 거듭 말하지만 공자의 사상은 법치가 아닌 '인치'를 지향한다. 법치가 제도나 규범, 성문법에 의거해 경영하는 경직된 체제라면, 인치는 적재적소에 바른 사람을 선발하는, 인사人事에 경영의 사활이 걸린다. 그러므로 인치에서 가장 중요한 것은 당연히 유능한 사람 구하기다. 경영학 용어로 하자면 인사경영이 핵심이다. 그렇다면 공자가 성읍의 책임자가 된 제자에게 "사람을 얻었는지"를 질문한 것은 경영의 핵심을 찌른 것이다.

이에 제자인 자유는 담대멸명이라는 인물을 거론하면서, 그가 업무를 추진함에 있어 편법을 쓰지 않는 도덕주의자이자 공과 사의 구별이 분명한 원칙주의자라고 예시한다. 담대멸명은 절제와 성찰이 생활 속에 녹아 있었기에 "업무를 처리하는 데 편법을 쓰지 않고", "공무가 아니고서는 상관의 사택을 찾지 않을" 수 있었으리라. 이에 대해 공자가 응답한 기록은 없으나, 사마천의 『사기』에 담대멸명이 공자의 제자로 기록되어 있는 것을 볼 때 이를 계기로 공자가 그를 제자로 받아들였을 가능성도 있다. 공자가 담대멸명의 경영자로서 자질을 인정한 것으로 봐도 좋을 듯하다.

『논어』에는 노나라 재상의 지위에 있으면서 현인인 유하혜를 등용하지 않은 장문중에 대해 공자가 저주에 가까운 비난을 퍼붓는 대목이 있다.(『논어』, 15:13) 그 까닭은 장문중이 유능한 인재를 알면서도(지인) 그를 적재적소에 등용하지(용인) 않았기 때문이다. 다시 말해, 사적인 감정이나 개인의 호오好惡를 넘어 객관적인 '득인'의 역할을 수행해야 할 경영자의 본분을 망각했기 때문이다.

그렇다면 공자 경영학의 주인공은 소유자(군주)가 아니라 경영자(군자)가 된다. 공자가 꿈꾼 이상적 체제는 소유자 독재체제가 아니라 과도기적으로는 소유자-경영자 협의체제이거나, 궁극적으로는 소유-경영의 분리를 통한 전문 경영인체제로 볼 수 있다. 공자 경영학의 핵심은 사람을 바로 볼 줄 알고, 또 사람을 바로 쓸 줄 아는 데로 귀결한다. 이것은 다시 맹자에게 계승되어 사람 중심의 국가경영을 뜻하는 인정仁政의 핵심요소로 전개된다.

흥미롭게도 노자 역시 "좋은 무사는 용맹을 드러내지 않고, 잘 싸우는 사람은 성내지 않으며, 적과 잘 싸워 이기는 자는 개입하지 않는다. 그리고 '사람을 잘 부리는 사람'은 사람들의 밑에 위치한다. 이것이 사람 부리는 힘이다"(『도덕경』) 라고 지적한 바 있다. 노자도 경영자의 미덕이 스스로를 낮추고, 유능한 인재를 모으고, 또 인재들이 마음껏 재능을 발휘할 수 있는 마당을 마련해주는 데 있다고 본 것이다.

4. 현대 기업경영과 무위이치

한편 공자는 순의 경영원리를 "순임금이 천하를 소유하고서 인민들 가운데서 '고요'를 뽑아 재상에 임용하니, 불인不仁한 자들이 사라졌다"(『논어』, 12:22)고 좀더 구체적으로 묘사하기도 한다.

　이 예화는 순임금의 용인술을 좀더 구체적으로 또 극적으로 표현하고 있다. 해석하자면 국가 소유자인 순이 '고요'라는 최고경영자CEO를 발탁해 전권을 위임하니 부정직한 사람들이 정직한 사람으로 바뀌어 조정이 맑아지고 부패가 사라져버렸다는 것이다. 순에게 사람의 재능을 아는 눈, 곧 지인의 능력이 있었기에 숨어 있는 현인을 발탁할 수 있었고 또 그에게 경영권을 맡김으로써 부정을 저지르던 이들도 바른 구성원이 되었다는 설명이다. 무위경영의 효과를 말하고 있는 셈이다. "윗물이 맑아야 아랫물이 맑아지는" 경영의 원리를 순임금은 실천해낸 것이다.

　이러한 '무위경영'의 놀라운 경지를 따로 성聖이라고도 부르며, 이를 실현한 임금은 성왕聖王이라고 칭한다. 즉 요나 순과 같이 소유하되 경영에 개입하지 않은 이들이 모두 성왕이다. 동양인이 꿈꾸는 경영 리더십의 이상이 바로 '겉은 군주이면서 속은 성인'이라는 내성외왕內聖外王 속에 함축돼 있다. 그리고 순임금이 바로 이런 내성외왕의 모델인 것이다.

　주목할 것은 순임금의 '무위이치'가 결코 케케묵은 수천 년 전의 일화가 아니라 오늘날 기업경영에서도 핵심적 사안으로 부각되고 있다는 사실이다. 미국의 경영학자 짐 콜린스는 평범한 기업을 위대한 기업으로 전환시킨 리더십을 연구하면서 세계적 면도기 회사인 질레트 사의 경영자에 대해 다음과 같이 서술했다.

나는 홍콩의 이사회에 참석한 질레트의 한 고위직 이사 부부와 함께 며칠간을 보낸 적이 있다. 대화 중에 나는 그들에게 질레트를 평범한 회사에서 위대한 회사로 전환시키는 데 가장 큰 역할을 맡았던 CEO 콜먼 모클러가 멋진 삶을 살았다고 생각하는지 물었다.

콜먼의 삶은 세 가지 큰 사랑, 즉 자신의 가족과 하버드대학, 질레트를 축으로 움직였다고 그들은 말했다. 심지어는 회사가 인수당할 위기에 처해 있던 1980년대의 가장 암울하고 엄혹한 시절에도, 또 질레트의 사업이 점점 더 전세계로 힘차게 뻗어나가고 있을 때에도 모클러는 삶의 균형을 훌륭하게 유지했다. 그는 가족과 함께 보내는 시간을 눈에 띄게 줄인 적이 없었고, 밤이나 주말에 일을 한 적도 거의 없었다. 예배에도 규칙적으로 참석했다. 하버드대학의 이사회에서도 능동적인 활동을 계속했다.

모클러가 이 모든 일을 어떻게 성공적으로 수행했는지를 묻자, 이사는 말했다.

"아, 그건 사실 그에게 힘든 일이 아니었어요. 그는 적합한 사람들을 주위에서 모으고 사람들을 적재적소에 앉히는 데 능했기 때문에 밤낮없이 줄곧 회사에 있을 필요가 없었던 것뿐입니다. 그것이 콜먼의 성공과 균형의 비밀의 전부입니다."

짐 콜린스, 「좋은 기업을 넘어 위대한 기업으로」

특별히 인용문의 끝 문단 가운데, 질레트 사의 경영자가 "적합한 사람들을 주위에서 모으고 사람들을 적재적소에 앉히는 데 능했기 때문에 밤낮없이 줄곧 회사에 있을 필요가 없었던 것뿐"이라는 대목은 고스란히 『논어』에 기술된 순임금의 무위이치론, 즉 "공손하게 몸을 낮추고 임금 자리에 바로 앉아 있기만 했을 뿐"이라는 지적과 더불어 "순임금이 천하를 소유함에 인민들 속에서 '고요'를 뽑아 재상에 임용하니, 불인한 자들이 사라졌다"는 대목과도 겹친다.

그렇다면 예나 지금이나 최상의 리더십의 요건은 같다. 첫째 인재를 파악하는 안목을 갖추고, 둘째 스스로를 낮춰 각 분야의 인재를 받아들이며, 셋째 이들을 적재적소에 배치해 자기 기량을 발휘하게 만드는 마당을 마련하는 데 있을 따름이다.

5. 순의 비전: 소통과 유대

2010년 일본의 토요타자동차 사태에서 보듯, 소통문화의 건설은 조직의 사활이 걸린 중대한 문제이다. 하지만 현실에서는 상하 간 의사소통은 물론이고 횡적인 소통조차 쉽지 않다. 상명하복의 전제적 조직문화를 가진 동아시아는 물론 서양의 조직도 소통 문제는 똑같이 두통거리다.

연구를 통해서 우리는 최고 리더가 매우 강력한 힘으로 회사를 이끌며 공포감을 조성하다 보니, 사람들이 외부의 현실을 걱정하며 그것이 회사에 어떤 영향을 미칠 것인가를 염려하기보다는 오히려 리더가 무슨 말을 할지, 그가 어떻게 생각할지, 그가 무슨 일을 할지에 대해 더 속을 태우는 기업들을 발견했다.

짐 콜린스, 「좋은 기업을 넘어 위대한 기업으로」

회사 내부의 상급자 눈치를 보는 통에 실제 시장의 변화에는 신경 쓸 겨를이 없다는 것. 그렇다. 동서고금을 막론하고 강력한 카리스마를 가진 리더가 이끄는 집단은, 상부의 지시에 부응하는 데 골머리를 앓는 반면 외부(시장)의 문제에 대해서는 소홀히 여기는 경향을 보인다. 조직의 위기는 이 틈새를 파고든다. 토요타 사태의 원인도 이것이었다.

순임금이 소통문화 건설에 매진했음을 보여주는 사례가 여럿 있다. 오늘날 우리에게 동아시아의 조직문화는 상명하복, 대의멸친, 멸사봉공 등 아랫사람의 희생과 복종을 요구하는 것으로 알려져 있다. 그런데 유교 전통 가운데 소통사회를 지향하고 또 몸소 실현한 순임금과 같은 인물이 존재했다는 사실은 놀랍다.

앞 장에서 우리는 순임금이 한낱 농사꾼에서, 대화와 소통을 통해 천자로 입신출세한 이력을 살펴본 바 있다. 거기서 맹자는 '상대방과 더불어 하기'라는 뜻의 '여인與人'을 순임금의 리더십 핵심어로 들고 있었다. '여인'이란 곧 '상대방과 친구 되기'를 뜻한다. 친구 관계란 돈이나 지위가 아닌 의사의 소통(커뮤니케이션)을 통해 나와 너가 '우리'로 전환하는 관계를 말한다. 맹자에게 순임금은 의사소통을 통해 동료를 확보한 사람이었던 것이다.

의사소통을 통해 유대관계를 형성한 순임금의 장점이 "자기를 버리고 남의 좋은 견해를 따르고, 남에게서 취하기를 잘한" 데 있다고 설명한 맹자의 지적을 다시 상기하자. 이 태도가 순으로 하여금 "농사꾼으로 시작하여 도공, 어부를 거쳐 천자에 이르게" 한 힘이었다.

순의 별명이 도군都君이었다는 점은 이 대목에서 특기할 만하다. "순이 머무는 곳마다 3년이 지나면 도회지를 이루므로 그를 '도군'이라고 불렀다"(『맹자집주』)는 해설은 그가 스스로 사람을 끌어들인 것이 아니라, 사람들이 그의 주변으로 몰려들었다는 뜻이다. 사람들이 몰려들게끔 만든 순의 힘(매력)은 자기 자신을 낮추고 상대방의 견해를 경청하는 데 있다. 폭력이나 권력으로 남을 지배한 것이 아니라, 겸양과 경청에서 비롯된 도덕적 매력에 사람들이 끌린 것이다. 한마디로 순임금의 힘은 권력이 아니라 매력이었다는 것이다. (앞서 덕이 형성하는 힘, 즉 매력을 진공청소기에 비유했던 대목을 연상하자. 진공 상태로 비우는데도 먼지가 빨려드는 진공청소기의 역설과, 자기 자신을 낮춰 겸양하고 남의 말을 들어주는 데 사람들이 몰려드는 매력의 역설은 상통하는 데가 있다.)

유교사상에서 순임금의 이런 특성은 매우 중요하다. 공자와 맹자에 의해 순임금의 성취는 '덕치와 인정仁政의 모델'이 되어 계승되기 때문이다. 다시금 순의 특성을 반추해보자. 첫째, 한낱 농사꾼에서 시작해 천자의 지위에까지 오른 순의 출세기는 그의 인간적 매력에서 비롯됐다는 점이다. 그 매력을 구성하는 요소가 자신을 낮추고(겸양), 상대의 말을 잘 들어주며(경청), 그 사정을 해소해주는 실천(배려) 과정이다. 즉 이 과정이 순의 리더십을 구성하는 요소들이다.

둘째, 매력적인 리더십을 실현할 동력이 '남과 더불어 잘 소통함'에서 나왔다는 사실이다. 맹자는 남과 소통을 잘한 것이야말로 그가 '위대한 순大舜'으로 불리는 까닭이라고 했다. 상대방 위에 군림하려는 지배욕이 아닌, 상대방과 의사를 소통하는 과정에서 순의 매력적 리더십이 형성된다는 것이다. 농사꾼에서 천자가 된 순임금의 영웅적 입신 과정을 '매력적 덕성'과 '소통 의지' 그리고 그 실천 과정으로 압축한 맹자의 분석은 유교 리더십의 핵심으로 승화한다. 이를테면 상하의 지배-복종 관계가 아니라, 동료와의 상호 유대 관계에 대한 꿈이 순에 대한 묘사에 녹아 있다. 결국 공자와 맹자의 새로운 세계에 대한 꿈이 순임금에게 투영된 것이 무위이치요, 횡적 유대의 비전이었던 셈이다.

그런데 영국의 경영학자 개리 해멀이 소개하는 '고어텍스 섬유'로 유명한 고어 앤드 어소시에이트Gore & Associaltes의 경영혁신 사례는 순임금이 실현한 소통과 상호 유대의 현대판을 보는 듯하다. 이 회사는 연 21억 달러의 매출을 올리고 세계 45개 공장에 8천여 명의 직원을 고용하는 글로벌 기업이다. 이 회사가 확립한 여러 경영원칙은 현대 기업이론의 정설과 완전히 반대로 움직이고 있다고 한다.

개리 해멀에 따르면 이 회사의 경영자 빌 고어의 문제의식은 "회사 전체를 관료주의에서 탈피하도록 계획할 수는 없을까?"에서 출발했다. 그 결과 이 회사는 "마치 팬케이크처럼 수평적 조직이 되었다. 이곳에는 관리계층도 없고, 조직도도 없다. 직함을 가진 사람들은 별로 없고 보스도 없다. 고어의 핵심부서는 스스로 관리하는 소규모 팀으로 구성되어 있고 모든 팀은 다음과 같은 공통목표를 가지고 있다. '재미있게 일하면서 돈을 벌자.'" (개리 해멀, 『경영의 미래』)

이런 수평적 조직은 현대의 통상적인 기업이 아니라 순임금이 제시한 비전과 상통한다. 더욱이 빌 고어가 실현한 권력구조의 형태 역시 순임금의 '함께, 더불어' 구조와 합치한다.

고어에는 계급이나 직함이 없지만 어떤 동료는 단순한 호칭인 '리더'라고 불린다. 고어에서 상급 리더는 하급 리더를 임명하지 않는다. 오히려 동료들이 그럴 만하다고 판단할 때, 리더를 선출한다. 리더 호칭을 받은 사람은 일을 해내고 팀을 이끌어가는 능력을 행사함으로써 영향력을 발휘한다. 고어에서 팀 성공에 크게 이바지하고 거듭 성과를 이룩하는 사람들은 추종자를 모을 수 있다. 섬유기술 그룹의 제조분야 리더인 리치 버킹엄은 이렇게 말한다. "만약 회의를 소집하는 데 사람들이 모여들면, 소집한 사람이 리더가 됩니다."

개리 해멀, 『경영의 미래』

상하구조가 아니라 동료들이 상호 유대 관계를 맺어 단체를 구성하는 점에서 고어와 순임금의 나라는 닮았다. 그리고 그것이 커뮤니케이션을 통해 획득되는 조직이라는 점에서도 그러하다.

소통의 궁극적 목표는 언어 교환에만 그치는 것이 아니라, 상대방에 대한 이해와 그 이해를 통한 관계 형성, 그리고 신뢰 구축에 있다. 공자가 순임금의 경영이념을 무위이치로 개념화하고 또 그 이상으로서 소통을 통한 유대 관계를 제시한 것은 그의 경영철학이 궁극적으로 약자들과 '함께 더불어' 살아가는 사회를 구성하는 데 있음을 보여준다.

십일 | 국가경영의 세 요건 : 균등, 화합, 안정

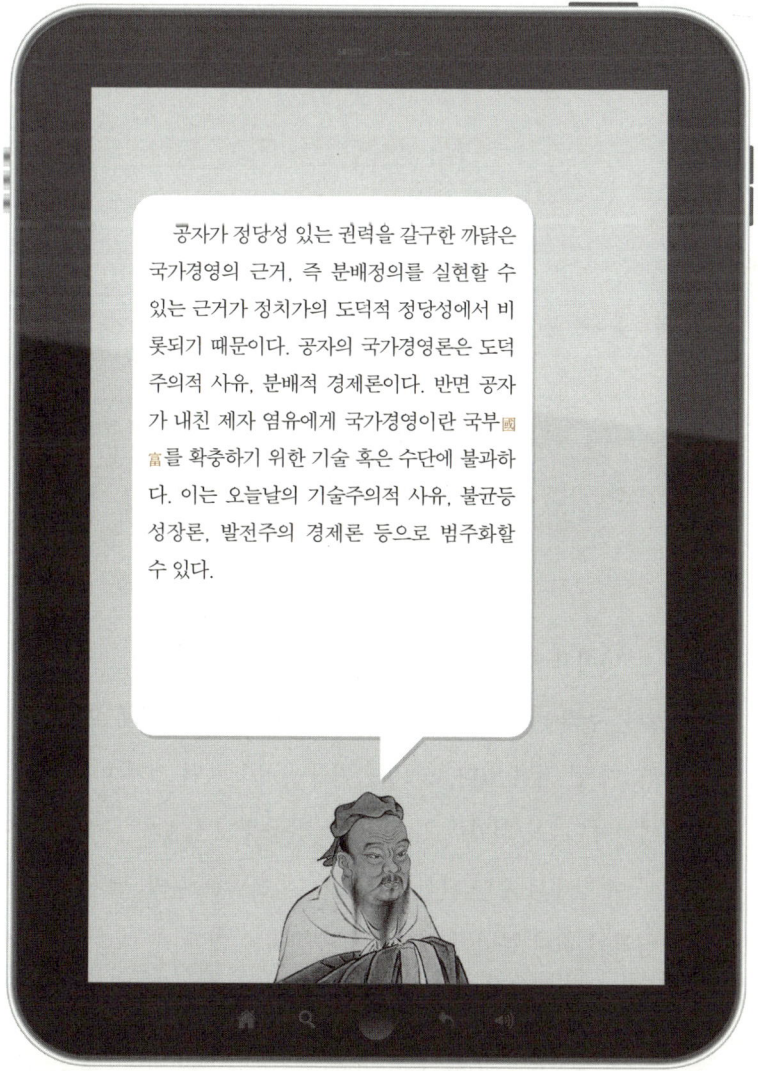

공자가 정당성 있는 권력을 갈구한 까닭은 국가경영의 근거, 즉 분배정의를 실현할 수 있는 근거가 정치가의 도덕적 정당성에서 비롯되기 때문이다. 공자의 국가경영론은 도덕주의적 사유, 분배적 경제론이다. 반면 공자가 내친 제자 염유에게 국가경영이란 국부國富를 확충하기 위한 기술 혹은 수단에 불과하다. 이는 오늘날의 기술주의적 사유, 불균등성장론, 발전주의 경제론 등으로 범주화할 수 있다.

정의는 올바른 분배만의 문제는 아니다. 올바른 가치측정의 문제이기도 하다.
(……)
시장은 생산 활동을 조직하는 데 유용한 도구이지만, 오늘날 이익의 추구에만 몰두하는 시장의 도덕적 한계를 공론에 부칠 필요가 있다.

마이클 샌델, 「정의란 무엇인가」

2010년, 마이클 샌델의 『정의란 무엇인가』가 최장기 베스트셀러를 기록하였다. 우리 출판계에서 정치철학에 관한 책이 이렇게 오래도록 베스트셀러가 된 적이 없다. 2010년 가을에 방한했던 저자 마이클 샌델조차 세계적으로도 희귀한 일이라고 놀라움을 표시했다.

이 책이 이 땅에서 오랜 관심의 초점이 된 까닭은 우리 국민들이 최근 공공영역인 정치 분야에서 정의가 구현되지 않는 데 대한 강렬한 불만을 갖고 있기 때문으로 해석해야 할 것이다. 말하자면 '부정의' 한 현실에 대한 성찰이 '정의란 무엇인가'라는 질문과 만나게 된 근본 원인인 것이다. 오늘날 이 땅에서 자행되는 '정의롭지 못함'에 대한 성찰을 헤아리면 몇 가지로 나눠볼 수 있을 것 같다.

첫째는 효율 지상주의에 대한 비판적 인식이다. 수단과 방법을 가리지 않고 성공하면 장땡이라는 식의 결과 지상주의에 대해 회의하는 눈길이다. 목표의 성취 과정에 대한 적법성과 적합성을 따져야 한다는 인식이 『정의란 무엇인가』라는 책이 공감을 얻은 맥락 속에 들어 있다는 것.

둘째는 형식적인 기회의 균등만이 아닌 실질적인 기회의 균등, 이를테면 교육과 학습의 실질적인 기회 균등이 국민 전체에게 고루 제공돼야 한다는 생각이 깃들어 있다. 부자는 자식에게 질 높은 사교육을 제공해 좋은 학교에 진학시킬 수 있는 기회를 '실질적으로' 확보하고 있는 반면, 가난한 집 자식들은 사교육 자체를 받지 못해 성공의 기회를 놓치게 만드는 구조적 병폐에 대한 비판이다.

셋째는 경제적 불평등에 대한 불만이다. 한국 대기업의 성장 과정에는 많은 정치적, 법적 특혜가 있었고, 그 이면에는 당연히 국민의 경제적 손실과 희생이 따랐다. 그러나 현재 대기업은 그 경제적 성과를 독점하고, 또 그것을 자손에게 대물림까지 한다. 이런 현실이 불공정하다는 국민들의 인식이 저변에 깔려 있는 것이다.

넷째는 공공영역의 사유화에 대한 분노다. 외교통상부의 수장인 장관이 제 자식에게 외교관 직업을 대물림하려는 데 대한 국민의 절망과 분노가 그 대표적인 사례다. 또 공동체 유지를 위한 구성원의 의무, 대표적으로 군 복무를 이행하지 않은 자들이 고위 공직을 차지하는 데 대한 비아냥거림도 이 속에는 들어 있다. 말하자면 획득 과정의 불공정, 기회의 불공평, 소득의 불균등, 그리고 공공영역의 사유화와 탐욕 등이 『정의란 무엇인가』를 베스트셀러로 만든 '부정의'의 내용물인 셈이다.

1. 정의를 뜻하는 두 글자

동아시아에서 정의에 대한 인식은 그 연원이 꽤 깊다. 그것은 정의를 의미하는 의義 자 속에 양羊이 들어있는 데서도 간취할 수 있다. 즉 이 땅에서 정의에 대한 인식은 농경시대를 지나 저 멀리 수렵과 목축의 시대에까지 닿는다는, 기원의 원시성을 글자에서 짐작할 수 있다.

보다시피 '義' 자의 글꼴은 양 자 그리고 아我 자 모양의 창칼로 이뤄졌다. 원시 공동체에서 먹을거리를 정확하게 갈라 균등하게 나누는 데서 생겨난 자형인 것이다. 먹어야 살지만 고르게 나눠 먹기, 이것이 '의'라는 글자의 밑바탕인 셈이다. 즉 의에는 분배의 균등, 업무의 합리성이 고유하게 박혀 있다. 이것이 동아시아에서 '정의' 인식의 밑바탕이 된다.

또 의에는 부족한 것을 의식적으로 보충한다는 뜻도 있다. '의안義眼', '의족義足'과 같은 말이 그런 예이다. 눈이 하나 없을 때 따로 끼우는 눈을 의안이라 하고, 다리가 하나 없을 때 끼우는 기구를 의족이라 한다. 또 친구를 형이나 아우로 삼을 때 의형제義兄弟라 이르고, 낯모르는 타인의 불행에 재물을 기부하는 의연금義捐金이라는 말도 있다. 그러니까 부족하거나 불행한 것을 사람의 힘으로 메우려는 노력, 나아가 공동체에 대한 헌신 같은 것이 '정의'의 사회적, 실천적 의미를 구성해나간다.

고문자古文字를 연구하는 학자 가운데는 정의를 뜻하는 본래 글자는 다른 '의宜' 자였다고 주장하는 이들도 있다. 이 글자가 점차 '마땅히'라는 다른 뜻으로 전변되어 쓰이다 보니 '義' 자가 그 본래 뜻을 대신하게 됐다는 것이다. 한문학자 김언종 교수는 이렇게 설명한다.

> 宜(의)는 宀(면)과 且(조)로 구성된 글자다. 宀은 지붕과 두 기둥의 상형으로 '집'이 본뜻인 글자다. 한편 且는 제수祭需를 담아 탁자 위에 올려놓는 나무 틀, 즉 찬합의 상형이다. 그 안에 든 제수는 고깃덩어리다. 이렇게 의 자는 조상의 신주를 모신 사당의 탁자 위에 희생 고기를 담은 제수를 찬합에 담아서 올려놓고 나니 마음이 편하고 떳떳하고 마땅하며 옳다는 의미를 담은 글자다.
>
> 김언종, 「한자의 뿌리」

이로부터 동아시아에서 정의란 분배의 균등성, 업무의 합리성, 그리고 공동체에 대한 헌신이라는 뜻에 덧붙여 행위의 정당성, 당위성, 평등성과 같은 의미가 파생된다.

2. 정의란 무엇인가

유교에서 정의감은 수오지심羞惡之心이라, 수치심과 증오심에서 비롯한다. 수치심은 '자기 자신의 잘못'을 성찰하는 양심이다. 새벽녘에 잠

잠이 깨어 어제 한 일을 헤아려볼 때 문득 목덜미가 발갛게 타오르는 뜨거운 기운을 느낄 때가 있다. 이것이 부끄러움이다. 이 마음이 있을 때 사람이요, 이것이 없으면 사람 탈을 쓴 짐승에 불과하다. 이를 두고 맹자는 "부끄러움이야말로 사람다움을 구성하는 가장 큰 요소다"(『맹자』)라고 지적한 바 있다. 사람과 짐승을 구별하는 경계선에 수치심이 자리하는 것이다.

한편 증오심은 부끄러움을 공동체에 미루어 적용할 때 생기는 '공적 수치심'이다. 즉 수치심이 개인적 덕성이라면, 증오심은 공적 덕목이다. 제 몫은 꼭 챙기면서 남의 사정은 거들떠보지 않는 동료에 대한 미움, 제가 저지른 불법을 합법화하는 권력자에 대한 분노, 생명을 함부로 대하고 또 죽이는 짓에 대한 증오심이 정의감을 구성한다. 그러니까 증오심의 밑바탕에는 수치심이 깔려야 하고, 수치심은 증오심으로 밀고 나아가야 한다. 그럴 때 안팎으로 정의가 선다.

주의할 것은 증오의 속살에는 사랑이 담겨 있다는 점이다. 아니, 증오는 오로지 사랑에서 빚어질 뿐이다. 앞에서 언급했던 전우익도 비슷한 말을 했다.

난장판 같은 세상에서 속 빈 강정같이 사랑, 사랑 하는데 참된 삶이란 사랑과 증오로 이뤄집니다. 증오도 사랑과 존경 못지않게 소중합니다. 사랑의 배경은 증오고 미움의 배경은 사랑이나 존경입니다. 배경 없는 사진이 어디 있어요?

전우익, 『사람이 뭔데』

실은 사랑의 반대말은 증오가 아니라 무관심이다. 증오는 사랑의 뒷면이다. 공자사상의 핵심어가 '사랑'을 뜻하는 인仁임은 잘 알려져 있는데 또 막상 '인'을 주로 다루는『논어』의「이인」편에 증오惡라는 단어가 유난히 자주 등장하는 까닭이 이 때문이다. 좋은 말로 사랑하기를 격려해도 시원치 않을 것 같은데, 부정한 자를 철저하게 미워하는 것이 '인'을 실현하는 한 방법이라는 매서운 뜻이 그 속에 들어차 있다. 함께 더불어 잘살기 위해서는, 구성원들의 분노와 증오가 필수적인 요소인 것이다.

맹자가 사랑을 뜻하는 '인'과, 그에 상반되게 증오를 함축하는 '의'를 아울러 '인의仁義'를 사람다움의 핵심으로 삼은 까닭도 같다. 한마디로 유교에서 정의는 인간과 사회의 필수 조건이다.

정의가 정치적으로 인식되는 순간은 부끄러움을 모르는 소인배들이 공직에 취임해 공적 지위를 사익을 위한 도구로 삼는 데서부터다. 부끄러움을 잊은 소인배들의 이익 추구에 대한 공동체 구성원의 대응방법은 증오심을 바탕으로 한 저항이다. 저항은 공자와 맹자가 권하는 합당하고 올바른 길이다. 맹자가, 타고난 군주일지라도 제 생각에만 빠져 공동체를 해치는 자는 독부獨夫, 즉 '홀 사내'에 불과하므로 역성혁명을 당연한 일로 여긴 까닭도 이 때문이다.(「맹자」)

그렇다면 이 땅 도처에서 터져나오는 '부정의'한 행태들, 이를테면 혈연과 학연, 지연을 기화로 패거리를 이뤄 공무를 이용해 사익을 취하는 일이 비일비재한 권력층의 악폐를 심드렁하게 '유교 문화'의 탓으로 돌려서는 될 일이 아니다.

3. 유교와 공공성

실은 유교가 다루는 핵심 분야가 국가경영이다. "도덕적으로 수련한 사람이라야만, 정의로운 정치를 행할 수 있다"는 수기치인 修己治人의 구도 속에 유교사상이 자리잡고 있다. 그중에서도 『논어』는 행정의 공정성과 의무의 공평성, 그리고 사회정의를 정면에서 다루는 공공 철학의 고전이다.

이를테면 "군자는 정의義에 밝고, 소인은 이익利에 밝다"(『논어』, 4:16)라는 대목을 들어보자. 여기에서 군자란 정치 지도자를 뜻하고, 소인이란 민간 경제활동에 종사하는 일반 백성을 의미한다. 이 속에는 이익을 낮추고 정의를 높이 보는 가치판단이 전혀 존재하지 않는다. 다만 공공영역과 사적인 시장영역은 그 범주가 다르다는 것이요, 공공영역의 지도자(곧 군자)에게는 '정의'가 핵심적 가치관으로 요구된다는 것을 강조할 뿐이다. 또 시장영역에서 삶을 영위하는 자(곧 소인)에게 '이익의 추구'는 당연하다고 본다. 그러니까 공자는 시장의 이익을 무시하거나 백성의 경제생활을 도외시한 것이 결코 아니다. 다만 공공영역에서 정의가 설 자리를 잃고 도리어 시장의 이익에 침윤된다면 그 공동체는 희망이 없다는 점을 지적할 따름이다.

공적 영역과 사적 영역의 이러한 구분은 맹자에게서 더욱 첨예해진다. 『맹자』를 펼치면 맨 앞에, 잘 알려져 있으면서도 크게 오해되는 구절인 "하필왈리"라는 대목이 나온다. 맹자를 맞이한 양나라 혜왕은 "내 나라를 이롭게 할 어떤 방책을 가져오셨나요?"라며 인사말을 던진다. 이에 대해 맹자가 "하필왈리, 인의이이의 何必曰利, 仁義而已矣"라, 즉 "하필이면 이익을 말씀하시오! 오로지 인의가 있을 따름인 것!"(「맹자」)이라고 답하는 장면이 그것이다.

그런데 이 대목은 대개 오해하듯 맹자가 이익과 손실이라는 현실 정치 세계를 도외시하고 인과 의라는 윤리적 가치만을 숭상한 관념론자 또는 이상주의자라는 뜻이 아니다. 이 대목은 국가경영자인 군주의 관심이 이익의 추구에 몰두한다면 결국 국가(공동체)는 위험에 빠지고 말 것이라는 지적이나 다름없다.

이런 추론은 이어지는 문장에서 확실해진다. 즉 "군주가 사적 이익을 추구하면, 그 아래 계급인 대부 역시 제 집안의 이익을 따지고, 또 그 아래 계급인 무사들은 제 몸의 이익을 챙기게 마련이다. 이렇게 이익을 놓고 위아래가 다투다 보면 끝내 그 국가는 위기에 빠지고 만다"라는 대목이 이 점을 증명한다.

도리어 맹자는 시장 경제활동을 크게 장려한 사상가다. 상인을 우대해 관세와 물품세를 철폐하면 천하의 재화가 모두 그 나라로 몰려들 것이라며, 이것이 왕도정치를 이루는 한 방법이라고 주장한 터다. 요즘 식으로 하자면 무관세 '허브(hub) 자유무역지대'를 건설하라는 권고다. 맹자 연구자 박기봉의 해설도 이런 해석을 뒷받침한다.

맹자 경제사상의 특징은 모든 산업, 특히 상업을 중시하였다는 점이다. 그는 상업이 없으면 사회생활의 영위가 불가능하다는 점을 알고 있었을 뿐 아니라, 상인이나 여행자도 모두 민民에 포함되므로, 그들에게도 당연히 인정仁政을 베풀어야 한다고 했다. 상업은 '성과를 융통시켜주고通功易事' '유무有無를 서로 소통시켜준다'는 점에서 다른 업종이 대신할 수 없는 중요한 기능을 맡고 있으며, 따라서 사회경제적 발전을 촉진시키는 데 유익하다는 점을 맹자는 충분히 인식하고 있었다. 그리하여 그는 상업의 보호와 발전을 주장하였고, 상업세의 면제를 통해서 타국의 상인이나 여행자들이 자국으로 찾아오는 것을 촉진하고, 그들에게도 인정을 베풀어야 한다고 했다.

박기봉, 「맹자」

공자와 맹자의 주장은 사회정의가 경제적 이익보다 우선돼야 한다는 것이 아니다. 그들은 시장에서의 이익 추구를 당연한 것으로 수긍하고 또 적극 권장한다. 다만 그들이 문제 삼은 것은 이익을 추구하는 시장영역과 정의를 중시하는 공공영역이 분명하게 구분돼야 한다는 점이다. 그들이 인식한 춘추전국시대의 큰 문제는 이 두 영역이 섞여서 공공영역이 시장판으로 변하는 현상, 즉 정의보다는 이익이 우선시되는 점이었다. 이것이 당대 위기의 핵심이었다. 이에 공자와 맹자는 공공영역으로부터 시장 논리를 몰아내고 정의의 논리, 즉 공평성과 공정성이 관철되는 사회로 재건해야 한다는 점을 누누이 강조했을 따름이다.

따라서 공자가 "이득을 보면 정의를 생각해야 한다"(「논어」, 16:10)라든지, "군자란 정의를 바탕으로 삼고, 예의에 맞게 그것을 실천해야 한다"(「논어」, 15:17)라고 한 권고들은 모두 국가경영자, 즉 정치가에게 적용되는 규범이지 결코 일반 대중의 경제활동에 대한 지침은 아니다.

4. 공공영역과 시장영역

그런데 시장영역과 공공영역의 구분, 그리고 두 영역이 섞임으로써 발생하는 위기는 결코 2천 년 전의 사태만은 아니다. 최근 경제학자들의 연구에도 두 영역이 구분되지 않으면 큰 재앙이 일어날 것이라는 똑같은 경고가 나오고 있다. 새로운 실천경제학을 모색하는 댄 애리얼리 Dan Ariely 교수는 다음과 같은 실험 결과를 보고했다.

UC 샌디에이고대학 교수인 우리 그니지와 미네소타대학 교수인 알도 러스티치니는 사회규범(공공영역)에서 시장규칙으로 바뀔 때 달라지는 점들을 확인할 수 있는 실험을 했다.

몇 년 전 그들은 이스라엘에 있는 한 탁아소에서 아이를 늦게 찾으러 오는 부모에게 벌금을 부과하는 것이 유용한 억제 기능을 하는지 알아보기 위한 연구를 했다. 우리와 알도 교수는 벌금이 그다지 효과적이지 않으며 장기적으로 부정적인 영향을 미친다는 결론을 내렸다. 왜 그랬을까?

벌금을 부과하기 전, 보육교사와 부모는 아이를 늦게 찾으러 오는 것이 사회규범, 즉 공공의 미덕을 해친다고 생각했다. 따라서 부모들은 어쩌다 늦으면 마음으로부터 죄송스러워했다. 그런 미안함이 부모로 하여금 다음부터는 제 시간에 아이를 찾으러 가도록 만들었다.

그러나 벌금을 부과하기 시작하자, 공공영역이 시장영역으로 바뀐 모양이 됐다. 부모는 자신들이 늦은 것을 돈으로 처리하면서부터 아이를 늦게 찾으러 오는 상황을 시장의 규칙으로 받아들이기 시작한 것이다. 벌금을 내면 되니까 이제는 늦을지 말지를 상황에 맞춰 결정하면 그만이었다. 물론 이것은 탁아소에서 의도했던 바가 아니었다.

진짜 얘기는 지금부터 시작이다. 이 실험에서 가장 흥미로운 일은 그로부터 몇 주 뒤 탁아소가 벌금제도를 다시 없애면서 일어났다. 탁아소가 공공영역으로 되돌아간 것이다. 그렇다면 부모들도 공공영역의 세계로 돌아왔을까? 다시 죄책감을 느끼기 시작했을까? 전혀 그렇지 않았다. 벌금은 없앴지만 부모의 처신은 바뀌지 않았다. 그들은 여전히 늦게 아이를 찾으러 왔다. 벌금을 없애자 오히려 아이를 늦게 찾으러 오는 횟수가 조금 늘기까지 했다. 결국 공공영역의 규범도 시장영역의 규칙도 모두 제거되어버린 것이다.

이 실험을 통해 한 가지 유감스러운 사실을 알 수 있었다. 공공영역의 규범과 시장의 규칙이 충돌하면 공공의 규범이 밀린다. 다시 말해 사회적, 공공의 관계는 다시 세우기 어렵다. 다 피어버린 장미처럼 한번 공공영역이 시장영역에 밀리게 되면 회복은 거의 불가능하다.

댄 애리얼리, 『상식 밖의 경제학』

상당히 긴 인용문을 빌려온 까닭은 여기 이스라엘 탁아소 실험에서 명징하게 드러나는, 시장의 이기심이 침투한 공공영역의 붕괴 사태와 한번 무너진 공공영역은 재건되기 어렵다는 결과가 춘추전국시대 공자와 맹자가 직면한 공공영역의 붕괴 사태와 직결되기 때문이다.

맹자가 공공영역의 책임자인 군주에게 "하필이면 이익을 말하느냐!"라며 '하필'이라는 급박한 단어를 사용한 까닭이나, 공자가 "정의롭지 않은 부유함과 존귀한 지위는 내게 뜬구름과 같노라"(『논어』, 7:15)며 부정한 재화에 대해 경고한 까닭도 바로 이 지점에 있다.

공자는 춘추시대의 정치가 정의와 공동선의 실현, 즉 가치의 실현이라는 형이상학적 의미를 상실하고, 기껏 이익의 확대나 조정의 영역으로 추락하고 말았다고 생각한 것이다. 맹자 역시 정치에는 인의라는 도덕적 영역이 존재하며, 정치가 그 도덕성의 영역을 잃어버린 원인이 시대적 혼란 때문이라는 것을 통찰했다. 그런데 서양 고대의 아리스토텔레스도 동일한 고민을 했었다.

> 아리스토텔레스에게 정치는 어느 모로 보나 경제와 다르다. 정치의 목적은 단지 공리를 극대화하거나 개인의 이익 추구를 위해 공정한 규칙을 제공하는 데 머무르지 않는다. 우리의 본성을 표현하고 좋은 삶의 본질과 인간의 능력을 펼쳐 보이는 것이다.
>
> 마이클 샌델, 『정의란 무엇인가』

그렇다면 우리는 동서고금의 지성인들이 동일하게 공공영역과 시장영역을 구별했다는 점을 알 수 있다. 또 시장을 경영하는 추동력인 '이익 추구'가 공공영역을 오염시키고 나면 다시 재건하기가 어렵다는 사실을 똑같이 인식했다는 점도 알 수 있다. 그리고 국가경영의 원리는 고작 시장을 보호하고 이익을 합리화하는 절차를 제공하는 수단이 아니라, 인간다움을 실현하는 기제를 제시하고 더불어 살아가는 가치, 즉 공동체의 좋은 삶을 제공하는 데 있다는 사실을 알게 된다.

5. 공자 대 염유

춘추시대는 오늘날과 마찬가지로 권력을 추구하고 이익에 몰두하는 세태였다. 염유는 공자의 제자들 가운데 특히 경제와 이익에 밝은 '리얼리스트'였다. 역시 당시 권력자들은 염유의 이런 '재정, 회계 전문가'로서의 기술을 탐냈으니, 매양 공자학교에서 스카우트 대상 1번이 염유와 군사 전문가인 자로였던 것도 이 때문이었다.

그리하여 염유는 탁월한 회계와 재정 능력을 바탕으로 당대의 통치자, 계씨 가문에 취업할 수 있었다.(「논어」, 16:1) 한편 그의 재정운용 기술과 회계의 재능은 그를 전문적 기술주의에 몰두하게 만드는 장애물이기도 했다. 결국 그는 당시 권력자 계씨의 이익에 복무하는 반도덕적 처신을 보이다가 공자로부터 파문 선고를 당하기에 이른다.

당시 권력자, 계씨는 노나라 건국자 주공보다 더 부유하였다. 그런데도 염유가 그를 위해 세금을 수탈하여 더욱 부유하게 만들었다. 공자 말씀하시다. "저놈은 내 학교 출신이 아니다. 얘들아! 북을 울려서 성토하여도 좋으니라."

「논어」 11:16

아무리 탁월한 기예와 지식을 갖고 있어도 도덕적 판단이 배제된 기술 위주의 사고방식은 재난을 부르게 된다는 공자의 도덕주의적, 또는 성찰적 가치에 대한 강조를 여실히 볼 수 있는 대목이다. 오늘날로 끌어와 해석하자면, 기술의 공정성, 수단과 방법의 도덕성에 주의해야 한다는 공자의 경고로 읽을 수 있다. 공자 가르침의 핵심은 기술이나 지식에 있는 것이 아니라, 그러한 재능을 스스로 통제할 수 있는 도덕적 감찰, 공공적 사유에 있음을 이 대목에서 다시금 느낄 수 있다.

공자는 공공영역의 경영학을 단순히 '시장의 기술'로 인식하는 염유에게 자신의 생각을, 정치경제학적 언어로 제시한다.

"국가를 경영하는 자는 모자람을 근심하지 않고 고르지 均 않음을 근심하고, 또 가난을 근심하지 않고 평안하지 않음을 근심한다. 대개 고르면 가난하지 않고, 화목하면 모자라지 않고, 평안하면 기울지 않기 때문이다."

『논어』, 16:1

우리는 이 지점에서 염유와 공자가 모두 재정 및 회계 전문가라는 사실을 환기할 필요가 있다. 염유는 공자학교의 재정을 담당한 인물로서 공자는 그의 경제전문가로서의 기예를 높게 평가한 바 있다.(『논어』14:13)

동시에 공자도 회계 전문가로서 이력을 갖춘 사람이다. 가령 사마천은 "공자는 젊어서 가난하고 비천하였다. 이로 말미암아 성장하여서도 위리 委吏가 되었는데, 그 출납이 정확하였다"(『사기』, 「공자세가」)라고 지적했다. '위리'란 '창고에 쌓인 곡식(=화폐) 관리를 맡은 벼슬아치'를 뜻한다. 곧 공자가 재정담당관으로서 업무를 훌륭하게 수행했음을 잘 보여주는 예다. 또 맹자는 더 구체적으로 "공자가 일찍이 재정 담당관이 되었는데, 말씀하시길 '회계는 출납이 맞아떨어지는 것이 전부다'라고 하였다"(맹자)는 증언을 전한다.

오늘날로 치자면 공자를 '회계사 출신'으로 번역해도 틀린 말이 아니다. 강조하거니와 공자는 실물경제에 대한 나름의 식견을 갖춘 사람이지, 그것을 내치고 도덕적 세계를 건설하려 한 순진한 관념론자는 아니었다. 그는 당시 현실정치의 심층, 즉 국가의 재정과 경제 운용에 대해 넉넉한 식견을 갖춘 사람이었던 것이다.

이런 사실은 염유와 관련을 지어 공자를 생각할 때 염두에 둬야 할 중요한 이력이다. 회계사로서 공자의 이력과 재정에 밝은 염유의 자질은 상통하는 바가 있고, 이런 공통점으로 말미암아 스승 공자는 제자 염유의 성격과 꿈을 보다 객관적으로 파악할 수 있었을 것이다. 그리고 이런 출신상의 공통점으로 말미암아 공자는 염유의 재정 운용 능력을 이해하는 한편, 냉정하게 비판할 수도 있었던 것이리라.

또 공자는 염유에게 수준이 한층 더 높은 정치경제학적 비전을 제시하고 있는데, 이것은 제자의 소질에 걸맞은 교육을 하는 공자 특유의 면모이다. 다음을 보자.

공자가 위나라로 가는데 염유가 말고삐를 잡았다.

공자 말씀하시다. "사람들이 참 많구나庶."

염유가 말했다. "이미 많아진 다음에는 또 무엇을 더해야겠습니까."

"음, 풍요롭게富 해주어야지."

"이미 풍요로워진 다음에는 또 무엇을 해주어야 하리까."

"음, 가르쳐야지敎."

『논어』, 13:9

여기서 공자는 염유에게 '인구 증가庶 ▶ 경제적 풍요富 ▶ 도덕문화 창달敎' 이라는 3단계 국가경영론을 제시한다. 그런데 『논어』 전체를 살펴보면 염유는 세 가지 가운데 오로지 경제적 풍요에만 집착하고 있음을 발견할 수 있다. 나머지 인구 증가 문제와 도덕문화의 창달은 그의 관심 밖이다.

가령 '도덕문화 창달' 부분에 대해 염유는 "경제 문제는 3년 내에 해결할 수 있지만, 예악禮樂은 다른 사람을 기다리겠노라"(『논어』, 11:23)며 스스로 선을 그어 포기하고 있다. 즉 염유는 오로지 경제적 풍요라는 기술적 측면에만 집중하고 있다. 또 그는 이 경제적 풍요가 누구를 위한 것인지에 대한 도덕적 가치 판단은 배제한다. 그리고 그 과실을 어떻게 분배할 것인지에 대해서도 전혀 언급하지 않는다. 그의 관심은 오로지 권력자를 위해 그가 가진 재정, 회계 기술을 발휘하는 데 있을 뿐이다. 그러나 공자는 그것은 국가경영자로서의 도리에 맞지 않다고 판단한 것이다. 이것이 공자가 권력자 계씨의 재산을 늘리는 데 매진한 염유를 학교에서 파문한 까닭이다.

6. 공자의 국가경영론

공자가 제시하는 국가경영론의 핵심은 "모자람을 근심하지 않고 고르지 않음을 근심하고, 또 가난을 근심하지 않고 평안하지 않음을 근심한다"라는 데 있을 뿐이다. 공자의 국가경영은 빵을 크게 만드는 것이 아니라, 재화를 균등하게 분배하는 '정의로운 사회均'를 건설하는 데 있는 것이다.

여기서 공자에게 국가경영론은 재화의 축적을 꾀하는 경제에 종속된 기술적 행위가 아니라, 재화를 어떻게 분배할 것인가 하는 사회 정의의 수립에 핵심이 있음을 알 수 있다. 균등한 분배均, 인민 각자의 처지가 서로 다르다는 사실에 대한 인정과 화합和, 그리고 안정된 생활安, 이 세 가지─즉 "대개 고르면 가난하지 않고, 화목하면 모자라지 않고, 평안하면 기울지 않기 때문이다"─가 국가를 경영하는 요체라는 것이다.

그런데 이런 화합과 안정, 분배의 정의를 실현하려면 무엇보다 국가경영자의 도덕적 정당성이 우선적으로 요청된다는 점에 유의해야 한다. 즉 경제적 풍요만을 위한다면 국가경영자에게 회계 기술과 재정운용 기술만이 필요하겠지만, 정의로운 사회와 균등한 분배를 위해서는 도덕적 훈련과 권력의 정당성이 반드시 요구되는 것이다. 만약 국가경영자에게 이런 도덕적 인식이 전제되지 않는다면 정의와 균등한 분배의 욕망 자체가 일어나지 않기 때문이다.

공자가 정당성 있는 권력을 그렇게도 갈구한 까닭은 국가경영의 근거, 즉 분배의 정의를 실현할 수 있는 근거가 정치가의 도덕적 정당성에서 비롯되기 때문이다. 반면 염유에게 국가경영이란, 나라의 경쟁력國富을 확충하기 위한 기술 혹은 수단에 불과하다. 염유의 생각을 오늘날 식으로는 기술주의적 사유, 불균등 성장론, 또는 발전주의 경제론 등으로 범주화할 수 있을 것이다. 이에 비해 공자의 국가경영론은 도덕주의적 사유, 분배적 경제론이라고 해석할 수 있다.

따라서 이런 공자의 국가경영론은 염유가 추구하는, 국부國富를 극대화하기 위해서라면 설사 부도덕하고 수탈적 방법일지라도 허용돼야 한다는, 이를테면 '불균등 국가발전론'의 견해와는 상반된다. 그뿐만 아니라 공자의 견해는 오늘날 탈도덕적 시장 논리를 뒤쫓는 기업적 국가enterprise state에 대해서도 반성을 요구한다.

달리 살피면 공자와 염유는 '공공영역을 어떻게 볼 것인가'를 둘러싸고 치열한 견해 차이를 보이는 것이다. 공자가 공정한 분배를 꾀하는 사회 복지론을 택한다면, 염유는 공공영역의 독립성을 인정하지 않고 오로지 이익의 추구를 꾀하는 시장 중심의 논리다. 이런 염유의 입장은 오늘날 신자유주의적 자본주의론과 크게 다르지 않다.

이쯤에서 우리는 공자의 국가경영론의 방향을 확연하게 이해할 수 있다. 즉 권력자 계씨의 수족이 되어 세금 수탈에 앞장선 염유의 '탈도덕적 기술주의 국가경영론'이 공자로부터 공공영역을 시장의 이기심으로 오염시킨 죄목으로 파문 선고를 받게 된 까닭을 분명히 이해할 수 있는 것이다. 나아가 공자는 염유 방식의 '기업국가론'이 "국가의 붕괴와 인민의 이탈 그리고 가정의 파괴로 귀결되어, 결국 공동체를 지켜낼 수 없는 내란 상태를 결과할 것"(「논어」, 16:1)이라고 경고한다. 이것은 앞서 인용했듯, 맹자가 양혜왕에게 "군주라면서 어찌 이익을 논하시는가!"라며 준열히 꾸짖던 대목과 합치한다.

여기서 또 우리는 『정의란 무엇인가』의 저자 마이클 샌델의 목소리도 메아리처럼 들을 수 있다.

> 정의는 올바른 분배만의 문제는 아니다. 올바른 가치측정의 문제이기도 하다. 시장은 생산 활동을 조직하는 데 유용한 도구이지만, 오늘날 이익의 추구에만 몰두하는 시장의 도덕적 한계를 공론에 부칠 필요가 있다.
>
> 마이클 샌델, 『정의란 무엇인가』

공자는 이러한 주장에 동의할 것이다. 그리고 맹자는, 샌델이 『정의란 무엇인가』에서 결론으로 남긴 질문인 "공동선을 추구하는 새로운 정치는 과연 어떤 모습일까?"에 대해 이렇게 답할 것이다.

"나는 오랜 옛날 왕도정치와 인정仁政의 방법론을 제시한 적이 있노라. 『논어』와 『맹자』를 읽어보기를 권한다"라고.

十二 | 에필로그: 공자, 한국 청년에게 고함

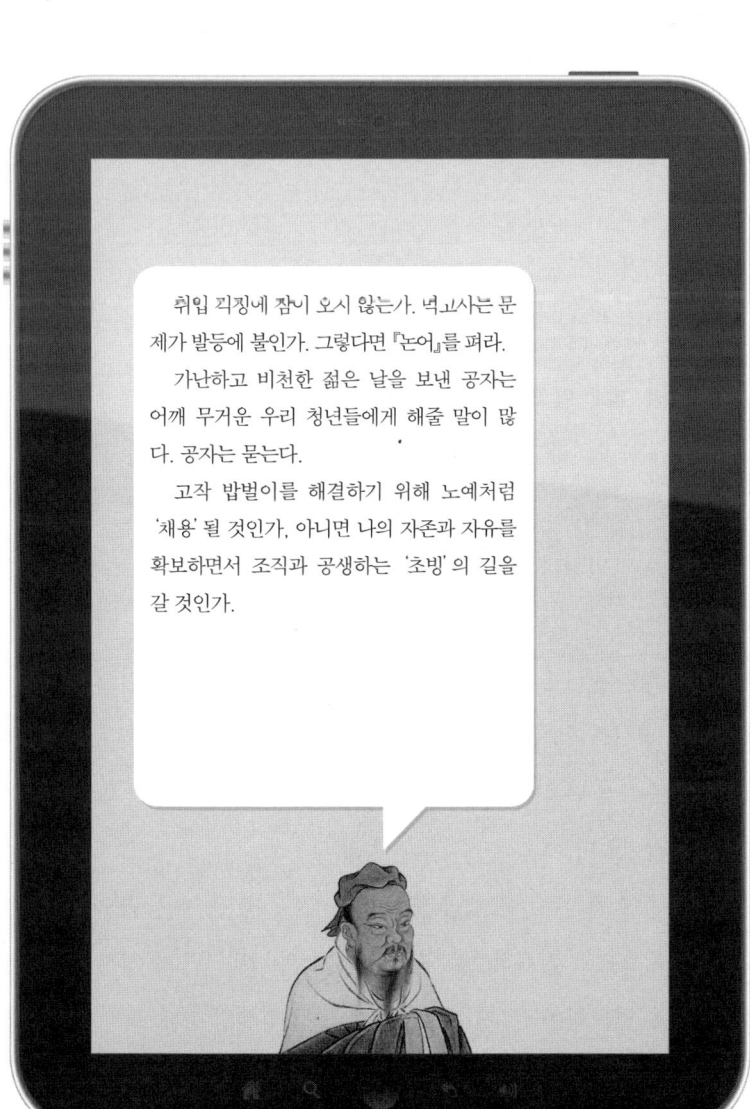

취업 직전에 잠시 오시 않는가. 녁고사는 문제가 발등에 불인가. 그렇다면 『논어』를 펴라.

가난하고 비천한 젊은 날을 보낸 공자는 어깨 무거운 우리 청년들에게 해줄 말이 많다. 공자는 묻는다.

고작 밥벌이를 해결하기 위해 노예처럼 '채용' 될 것인가, 아니면 나의 자존과 자유를 확보하면서 조직과 공생하는 '초빙'의 길을 갈 것인가.

1. 공자는 '88만 원 세대'

동서양을 막론하고 고대 세계는 엄격한 계급사회였다. 옛 중국의 지배계급은 세 계층으로 이뤄졌다. 맨 위에 왕, 그 아래에 제후, 또 그 밑에는 대부가 있었다. 이들은 모두 귀족으로서 세습하는 봉토, 직할 영지가 있었다. 다시 말해 평생 먹고사는 데 걱정이 없었다.

평민 계층은 사土와 민民으로 나뉘었다. '민'은 주로 농업에 종사했으니, 농경사회이던 시대에 인민은 생산력의 핵심 계층이었다. '사'는 지배 계층과 인민 사이에 위치하면서 다양한 기술을 가지고 밥을 버는 중간 계급이었다.

이 가운데 공자는 '사' 계급 출신이다. '사' 계급은 제 능력으로 밥을 벌어야 했으므로 경제적으로 불안정한 계층이었다. 공자 역시 평생토록 생존을 염려하며 살아갔다. 맹자는 "공자가 실업 상태로 석 달을 지내면 매우 불안해했으며, 직장을 얻기 위해 폐백을 싣고 집을 나섰다"고 증언했다. 공자가 고작 석 달 동안의 실직에 그렇게 황망해한 까닭을 맹자는 "'사' 계급에게 직장을 잃는다는 것은 제후가 영지를 잃는 것과 같은 재난이기 때문"이라고 설명한다. 여하튼 이런 증언을 통해 공자가 '사' 계층에 속한다는 사실을 분명하게 알 수 있으며, 또 공자가 생존을 걱정하며 살 만큼 곤궁한 처지였음을 엿볼 수 있다.

공자는 어릴 적부터 매우 궁핍한 생활을 한 것 같다. 공자 스스로 "나는 어려서부터 비천하여, 자질구레한 일에 다양한 재능을 갖고 있노라"(「논어」, 9:6)고 토로할 정도였다. 이에 덧붙여 "생전에 공자 선생님은 '제대로 된 직장을 얻지 못했기에 이런저런 기예에 능하게 됐노라'며 말씀한 적이 있다"(「논어」, 9:6)라는 제자의 증언도 있다. 공자의 청장년 시절에 관해 사마천은 다음과 같이 정리한다.

"공자는 어려서 가난하고 비천했다. 청년기에 이르러 세도가 계씨 집안의 창고지기委吏로 취업했는데, 출납을 정확하게 처리했다. 또 목장지기司職吏가 되어서는 온갖 가축들을 번식시키기도 했다."

「사기세가」

『논어』, 『맹자』, 『사기』의 기사를 종합해 현대식으로 해석하자면 공자는 '택시기사執鞭之士'부터 '공장 기술자匠人', 그리고 '목장지기' 같은 힘든 직업을 전전했다. 이 정도 이력이면 공자를 '88만 원 세대'라고 이름붙일 수 있을 것이다.

'사' 계급에게 취업은 중요한 이슈였음에 분명하다. 공자가 "우리 학교에서 3년 과정을 이수하고 난 뒤 취업에 연연하지 않는 녀석을 찾아보기 힘들더구나"(『논어』, 8:12)라며 개탄한 대목을 읽다 보면 취업 문제는 지금이나 다를 바 없이 2천5백 년 전 춘추시대 청년들에게도 심각했던 것 같다.

물론 개중에는 직장에 목매지 않는 어엿한 자세를 보여 스승을 감동시키는 제자도 있었다.

> 공자가 제자 칠조개에게 직장을 알선해줬다. 한데 칠조개는 "저는 아직 그 자리를 맡을 만한 깜냥이 되지 못합니다"라고 사양했다. 공자가 크게 기뻐했다.
>
> 『논어』, 5:5

옛날 춘추시대라면 직장도 변변찮을 뿐만 아니라 그 숫자도 많지 않았을 것이다. 혹 칠조개는 가난했던 것인지 모른다. 이에 스승이 나서서 직장을 알선해준 것이리라. 그런데 그 당사자가 기뻐 날뛰기는커녕 "저는 아직 그런 자리를 맡을 만한 실력이 없습니다"라고 했으니 스승의 놀라움이 어땠을까. 어쨌거나 이처럼 칼칼한 칠조개의 처신에 대해 스승이 흔연한 기쁨을 표시했다는 반응 자체를 당시의 취업난을 반증하는 사례로 여길 수도 있을 것이다.

예나 지금이나 취업은 중요한 것이다. 작가 김훈의 말을 빌리자면,

먹고서 육신을 유지해야 한다는 점에서 "인간은 비루하고, 인간은 치사하고, 인간은 던적스럽다. 이것이 인간의 당면문제다."(「공무도하」) 어쩌면 이 비루하고 치사한 생존의 문제, 또는 취업의 조건을 도외시하지 않는 리얼리티에서 『논어』의 힘은 비롯되는 것인지도 모른다.

2. 채용이냐, 초빙이냐

공자의 제자 가운데 자공은 사업에 일가견이 있던 사람이다. 재산을 불려 큰 부자가 됐는데, 사마천이 춘추전국시대 재벌에 대한 이야기인 「화식열전」을 서술하면서 자공의 자리를 마련해놓을 정도였다.(제3장 「신뢰경영」을 참고할 것!)

이렇듯 이재理財에 밝은 자공의 재능과, 그를 둘러싼 상업적 환경은 자연히 대화의 바탕으로 드러나기도 하는데, 다음에서 보듯 상거래에 비유해 질문을 취하는 방식이 꼭 그렇다.

> 자공이 스승에게 여쭈었다. "아름다운 옥구슬이 여기 있다고 합시다. 궤짝 속에다 감춰둬야藏 할까요, 아니면 좋은 값을 구求하여 팔아야 할까요?"
>
> 공자 말씀하시다. "팔아야지. 팔아야 하고말고! 다만 난 제값에 팔리길 기다리고待 있느니라."
>
> 『논어』, 9:12

이 대화 속에 드러나는 공자의 '취업 철학'을 좀 깊이 살펴보자. 자공이 서두를 뗀 '아름다운 옥구슬'은 공자를 은유한 것이다. 제자의 눈에 스승의 지혜와 재능은 마치 빛나는 옥구슬과 같아 보였던 것이리라. 그런데 그런 스승의 빛나는 재능이 사회에 쓰이지 않아 안타까운 것이다. 동시에 여러 나라를 방문해서 평화 사상을 설파하면서도 그것을 실현할 자리(직장)를 얻으려고 애쓰지 않는 처신도 의아하다.

이에 혹시 스승이 말씀으로는 참여를 주장하면서도 실제로는 노자나 장자가 주장한 은둔을 지향하는 삶을 살려고 하는 것은 아닌지 의심을 품고서 질문을 던진다. 그것이 "궤짝 속에다 감춰둬야 할까요, 아니면 좋은 값을 구하여 팔아야 할까요?"라는 물음이다. 상인인 자공에게 세상만사 이치의 핵심은—그게 재능이든 재화든— '팔 것인가, 말 것인가'의 선택으로 귀결된다.

그런데 스승의 응답이 묘하다. 공자는 거듭 "옥구슬은 팔아야 한다"라고 못을 박는 것이다. 단 조건이 있다. 제대로 값을 쳐줄 장사꾼을 기다린다는 것이다. 이 '기다린다'에 공자의 속셈이 들어 있다. '기다림'이라는 말에는, 직장을 얻는 것이야 천번 만번 옳지만 그렇다고 헐값으로 아무에게나 몸을 팔 수 없다는 뜻이 깃들어 있다. 여기서 사제 간 대화는 '팔 것인가, 말 것인가'의 차원을 뛰어넘어, '구하느냐求, 기다리느냐待'의 차원으로 페이지가 넘어간다. 그러면 '구한다'와 '기다린다'의 차이는 무엇일까.

'직장을 구한다'라고 할 적엔 직장이 목적이 되고 '나'는 그 수단이 된다. 즉 '구직'에는 자기 재능을 그 직장에 팔겠다는 조건이 전제돼 있다. 구직의 차원에서는 직장이 우선이고, 사람은 거기에 쓰이는 수단이 된다. 요컨대 직장이 주체요, 사람은 도구다. 그렇기에 직장을 구하려 한다면 그가 가진 몸뚱이와 지식은 직장에 소모될 것을 각오해야 한다. "좋은 값을 구하여 팔아야 할까요?"라는 자공의 교묘한 질문 가운데 '팔아야 함'은 넉넉히 받아들이면서 '구한다'는 것을 거부하는 까닭은 이 때문이다.

문제는 배고픔이리라. 대부분의 사람들이 초빙을 기다리지 못하고, 구직의 길로 뛰어드는 까닭은 육신의 허기 때문이다. 이에 대해 공자는 담담하게 다음과 같이 말한다.

"군자는 도道를 추구하지 먹을 것을 도모하지 않는다. 농사를 짓더라도 굶주림이 그 가운데 있고, 도를 배우다 보면 먹을거리가 그 속에서 생기기도 하는 법! 군자는 도를 근심하지, 가난은 걱정하지 않는 것이다."

『논어』, 15:31

그러나 이런 안빈낙도의 삶이란 지나치게 고결한 경지가 아닐까? 특히 화폐의 크기로 가치를 재는 자본주의 사회에서 "도를 근심하지 가난은 걱정하지 않는다"는 말 따위는 시대착오적인 것이 아닌가? 그런데 공자는 그렇지 않다고 말한다. 꼼꼼하게 계산을 해보면 구직이 아니라, 초빙을 기다리는 길이야말로 사람을 옳게 살리는 길이면서 또 풍요를 누릴 수 있는 바른 길이라고 주장한다.

공자 말씀하시다. "직장位이 없음을 근심할 것이 아니요, 전문가立가 되지 못함을 근심할 일이다. 또 남이 나를 알아주지 않는다고 근심할 까닭이 없고, 내가 남에게 알려질 만한 것을 찾아야 할 일이다."

「논어」, 4:14

남의 구미에 맞도록 나를 만들 일이 아니라—즉 '채용' 되기 위해 안달할 것이 아니라—내가 세운 '나의 길'에 매진해 그 분야 전문가가 되면 그에 합당한 자리가 자연히 생겨나게 마련—끝내는 '초빙' 된다는 뜻—이라는 것이다. 그러니 나를 알아달라고, 내게 자리를 달라고 남에게 껄떡댈 것이 아니라, 내가 바라는 공부와 원하는 일에 매진해 전문가 되기가 우선이라는 것이다. 공자는 허기를 무릅쓰고 우선 전문가가 되기 위해 필요한 지식과 정보가 무엇인지를 찾아가는 주체적인 인간, 자기 인생을 제 스스로 주도하는 인간이 되기를 권한다.

3. 한국의 청년들에게 고함

공자는 2천5백 년 전 불우한 청소년기를 지나며 평생을 생존의 불안에 떨었기에, 오늘날 '88만 원 세대'와 또 '비정년'의 불안에 시달리는 젊은이들의 처지에 누구보다 공감할 것이다. 끝내 인생의 끝자락 70대에 이르러 "제 마음대로 해도 경우에 어긋나지 않는다"(「논어」, 2:4)는 성인의 경지에 도달했다니, 공자는 오늘날 불안한 이 땅의 청년들에게 귀감이 될 만한 조언을 할 수 있으리라.

시대의 변화에 따라 오늘날 기업의 요구 조건도 많이 변한 듯하다. 옛날에는 어떤 분야든 전문적 지식을 갖춘 '인재'를 요구하더니 이제는 사회적 관계, 남과 함께 더불어 살 줄 아는 '인간'을 요구하는 목소리도 나오는 듯하다. 오늘날 경영계에서는 이렇게 말한다.

> 요즘 기업은 원만한 대인관계, 원활한 의사소통 능력, 철저한 자기관리 능력을 가진 인재를 원한다. 팀워크가 중요하기 때문이다. 대학에서 전문적인 지식뿐만 아니라 이런 소양을 가진 졸업생을 배출해줬으면 좋겠다.
>
> 김영배, 한국경영자총협회 부회장, 「중앙일보」, 2010년 7월 15일자

그런데 이 인용문에 들어 있는 현대 기업의 요구조건 세 가지인 ❶ 원만한 대인관계, ❷ 원활한 의사소통, ❸ 철저한 자기관리는 곧 공자 사상의 핵심어 인仁의 구성 성분들이다. 앞에서 보았듯 '仁'이라는 글자 자체가 '두 사람二人'으로 이뤄져 있고, 두 사람 사이의 소통이야말로 인의 핵심인 까닭이다. 그렇다면 오늘날 청년들에게 공자가 조언할 첫번째 내용은 상대방과 더불어 살기의 기술일 것이다.

1. 상대방의 처지를 배려하라

오늘날 한국 땅에서 점증하는 이기주의와 독선적인 세태에 대해 공자는 크게 염려할 것이다. 공자의 염려는 '고독은 인간을 짐승으로 타락시키는 질병이다'라는 한 문장으로 요약할 수 있겠다. 공자는 인간과 짐승의 가장 큰 차이가 '더

불어 사는 기술'을 가졌는가, 아닌가에 달려 있다고 보기 때문이다. 그러므로 공자는 '인'을 다음과 같이 정의한다.

"인이란 내가 이룬 것은 남도 함께 이루도록 해주고, 내가 아는 것은 남에게도 알려줘 함께 하는 것이지. 내 주변에서 '함께하기'를 실천할 수 있다면 그게 '인'을 이루는 방법인 게지."

「논어」, 6:28

물론 남과 더불어 살기 위해서라도 나의 '자립'이 앞장을 선다. 앎이든 돈이든 내가 가진 게 없다면 남에게 베푼다는 것은 불가능하기 때문이다. 가령 학습의 즐거움을 내가 느끼지 못하고서야 어찌 남과 더불어 즐거워할 수 있을까. 그러니 '인'을 위한 첫번째 조건은 자립한 사람이 되는 것이다. 그 다음에야 비로소 내가 획득한 즐거움을 나 혼자 독점하지 않고 주변 사람과 더불어 나누겠다고 손길을 내밀 수 있다. 이 손길에 '인'이 있을 따름이라는 것이다.

그러니까 유엔 사무총장이나 대통령이 되어 빈민을 구제하는 그런 큰 사랑이 아니라, 내가 아프리카 사람이라면 그 이웃에서부터, 또 내가 중국인이라면 또 그 주변 사람에게 베푸는 것이 바로 '인'이다. 공자의 사랑(인)이란 오로지 주변의 이웃, 상대방과 '더불어 함'에 깃든다는 사실을 잊지 말아야 한다. 즉 함께 나누는 손길은 저 멀리 있는 사람에게 미치기 전에, 혹은 어마어마한 일을 통해서가 아니라 내 주변에 있는 사람들과 그 고민을 함께 해결하려는 '작은 노력'에서 시작된다는 점에 주목해야 한다. 내가 획득한 기쁨과 즐거움을 주변 사람들과 함께 나누는 것, 이것이 인(사랑)일 뿐이다.

이 점을 두고 공자는 "인이란 곧 주변 사람을 아끼는 것"(「논어」, 12:22)으로 정의하기도 하고, 또는 "인이 어디 멀리 떨어져 있다더냐? 아니다. 내가 상대방을 안타까워하며 손을 내미는 순간, 그 자리에 인이 깃들인다"(「논어」, 7:29)라고 지적한 적도 있다. 이처럼 '지금'을 살아가는 와중에 그저 내 '주변' 사람들에게 내가 가진 것을 나누는 행위가 공자사상의 핵심이며, 인을 실천하는 일이 된다. 그렇다면 인이란 추상적이거나 이론적인 것이 아니다. 이 대목에서 〈왕의 남자〉로 1천만 명의 관람객을 끌어낸 이준익 감독의 말은 경청할 가치가 있다.

영화는 대단위 집단작업이다. 자기 혼자 잘한다고 절대로 일이 잘되지 않는다. 내 옆에 있는 사람이 더 잘하게 하는 게 가장 중요하다. 혼자 잘하려고 하면 현장 전체가 짜증스러워진다. 영화 현장에서는 수만 가지 판단과 선택이 이뤄지는데, 내가 3할만 하면 7할은 누군가가 메워줘야 하는 게임이다. 남이 더 잘하도록 하는 사람이 평생 영화할 수 있는 자격을 갖춘 사람이라고 생각한다.

「AM7」, 2006년 6월 20일자

이준익 감독의 체험적 술회는, "내가 이룬 것은 남도 함께 이루도록 해주고, 내가 아는 것은 남에게도 알려줘 함께하는 것이지. 내 주변에서 '함께하기'를 실천할 수 있다면 그게 '인'을 이루는 방법"이라던 공자의 생각과 겹친다.

2. 10년 너머 세월을 투자하라

공자는 자기 평생을 회고하는 자리에서, 특별히 청장년 시절에 대해 "15세에 뜻을 세워서 30대에 자립하였다"(『논어』, 2.4)라고 요약한 바 있다. 공자는 오늘날 젊은이들에게도 뜻을 성취하기 위해서는 오랜 세월의 훈련 과정이 요구된다는 점을 강조할 것이다. 노력과 훈련이 없이 얻는 성취는 요행에 불과하며, 또 요행은 두 번 다시 찾아오지 않는 것이기 때문이다.

흥미로운 점은 미국 경영학자 말콤 글래드웰 M. Gladwell이 강조하는 성공의 비결도 공자의 지적과 다름이 없다는 사실이다. 글래드웰은 어떤 분야에서든 특출한 성취를 이룬 사람을 '아웃라이어 Outlier'라고 칭하는데, 그 성공의 조건으로서 1만 시간의 투자, 즉 "하루 세 시간씩 10년간의 노력이 필요하다"는 점을 강조한다. 그의 말을 들어보자.

작곡가, 야구선수, 소설가, 스케이트 선수, 피아니스트, 체스 선수, 숙달된 범죄자, 그밖에 어떤 분야에서든 연구를 거듭하면 할수록 이 수치를 확인할 수 있다. 1만 시간은 대략 하루 세 시간, 일주일에 스무 시간씩 10년간 연습한 것과 같다. 물론 이 수치는 '왜 어떤 사람은 연습을 통해 남보다 더 많은 것을 얻어내는가'에 대해서는 아무것도 설명해주지 못한다. 그러나 어느 분야에서든 이보다 적은 시간을 연습해 세계 수준의 전문가가 탄생한 경우를 발견하지는 못했다. 어쩌면 두뇌는 진정한 숙련자의 경지에 접어들기까지 그 정도의 시간을 요구하는지도 모른다.

말콤 글래드웰, 「아웃라이어」

다른 곳에서 그는 이 점을 좀더 구체적으로 말한다.

빌 게이츠와 비틀스, 체스게임 챔피언들을 보세요. 한결같이 창의적이고 창조적인 사람들입니다. 하지만 창의와 창조는 이러한 시간의 준비를 필요로 합니다. 그들 스스로를 표현하기 위해서죠. 그냥 일반적인 차원이 아니라 대단히 전문적인 수준에서 숙달돼야 합니다. 그런데 지식의 기초가 있어야 창의와 창조의 핵심에 도달할 수 있습니다. 이것이 1만 시간 법칙입니다. 1만 시간은 하루 세 시간씩, 일주일 꼬박, 10년을 보내야 확보되는 시간입니다. 특별한 일을 하기 위한 훈련 단위죠. 타이거 우즈는 탁월하게 창의적이고 창조적인 골퍼이지만, 그렇게 되기 위해서 매일 아침 일어나 골프 훈련을 통해 창의적인 골프를 하는 데 필요한 기초를 쌓아온 것입니다.

「위클리비즈i」

공자의 인생도 10년 단위로 질적 도약, 인격의 심화 과정을 보여주는데, 그 역시 10년마다 1만 시간 이상의 노력을 투자했던 것임에 분명하다.

공자 말씀하시다. "나를 성인이나 인인仁人이라 평한다면 어찌 감히 그 반열에 끼일 수 있으리오. 다만 그렇게 되려고 노력함에 싫증을 낸 적은 없었고, 또 그 와중에 깨달은 바를 주변 사람들과 함께 나누는 데 게으른 적이 없었다고는 할 수 있겠지."

「논어」, 7:33

공자는 분명 오늘날 청년들에게 10년을 두고 자기가 좋아하는 일, 자기가 하고 싶은 일에 매진하기를 권할 것이다. 10년의 수련 기간을 통해 획득하는 자립의 순간이야말로, 채용이 아닌 초빙으로 나아가는 분수령이다. 아니 실은 초빙하려는 손길조차 심드렁하게 내려다보는 경지로 나아가는 순간일 것이다. 실제로 공자 스스로 이런 수련 기간을 통해 빈이락貧而樂, '가난한데도 즐기는 경지'에 이른 것이 그런 점을 방증한다.

자공이 물었다. "가난하지만 알랑대지 않고, 부유해도 자랑삼지 않는 것은 어떻습니까?"
공자 말씀하시다. "나쁘진 않지可. 허나 '가난한데도 즐기고貧而樂' 부유해도 예의를 좋아하는 것만은 못하지."

「논어」, 1:15

여기 '가난한데도 즐길 줄 아는 삶'이란 결코 '달동네 체질'을 두고 하는 말이 아니다. 즉 가난을 즐겨 하는, 미친 상태를 말하는 것이 아니다. 도리어 '빈이락'이란 가난을 가난으로 여길 겨를이 없음, 또는 물질적 조건이 나의 일상생활을 침해하지 못함과 같은 '경지'를 이른다. 이미 가난은 내 마음속에 찌꺼기조차 존재하지 않는 것이다. 가난의 콤플렉스를 벗어던진 말간 평화의 자리다.

3. 열린 마음으로 두루 배우라

앞서 강조했듯 공자는 자신의 특점으로 단 한 가지, 호학好學 곧 '배움을 좋아함'을 들었다. "열 가구뿐인 조그만 마을에조차 나만큼 성실하고 신용 있는 사람이야 또 있겠지만, 나보다 배우기를 좋아하는 사람은 없으리라"(「논어」, 5:27)던 술회가 그러하다. 다시금 '호학'이란 남보다 열심히 공부한다는 따위의 자기 자랑이 아니다. 자신의 무지에 대해 스스로 분노하고 또 새로운 앎에 대해 갈증을 느끼는 결핍 의식을 드러낸 것이다. 그런데 배움을 좋아하기 위해서는 '닫힌 마음가짐'으로는 안 된다. 가령 염유와 같아선 안 된다.

염유가 말했다. "선생님의 도道가 결코 기쁘지 않은 것이 아닙니다만, 따르자니 힘에 부칩니다요."

공자 말씀하시다. "힘이 부족하다는 건, 힘껏 달리다가 지쳐 쓰러지는 것을 두고 하는 말이지. 한데 지금 자넨 옳게 한번 달려보지도 않은 채, 못한다고 지레 선을 긋는구먼畫.*"

「논어」, 6:10

염유는 지금 '선생님의 길은 찬연하고 놀랍지만, 제가 직접 실천하기는 어렵다'며 배움의 고충을 토로하고 있다. 이에 공자는 "자네는 제대로 옳게 시도해보지도 않고는 힘들다느니, 감동적이라느니 해쌓는가!"라고 꾸중을 내린다. '힘에 부친다'는 것은 달리기에 비유하자면 힘껏 달리다가 숨이 가빠서 더 달리지 못하고 그 자리에 푹 쓰러지는 것이지, 한번 제대로 달려보지도 않고 '힘드네, 마네' 하는 건 말이 안 된다는 것이다. 그것은 사실 힘에 부치는 것이 아니라 마음이 위축된 것이니, 말하자면 '못하는 것'이 아니라 '안 하는 것'에 불과하다는 것.

염유는 훗날 세도가 계씨의 집안에 취업해 백성의 세금을 수탈하다가 공자로부터 파문을 당하는데, 그렇다면 여기서 개진되는 염유의 마음가짐은 벌써 호학을 위한 '열린 마음'이 아니라, 전문적 기예에 매몰된 '닫힌 마음'의 징후를 보여주는 것이다.

4. 낯익은 주변을 낯설게 보라

염유와 정반대편에 수제자 안연이 있다. 안연은 스승의 가르침을 배우려고 "내 재능을 한껏 다 쏟았다旣竭吾才"("논어』, 9:10)라고 하소연한 바 있다. 스승인 공자 또한 무식한 사람의 질문일지라도 그 물음의 "이치를 헤아려 힘껏 가르치는 것竭"일 따름이라고 지적한 바 있다.("논어』, 9:7) 공자의 '힘껏 가르치다'라는 '갈'과 안연이 말하는 '배움을 위해 재능

---

* 요즘은 '화'로 쓰지만 옛날에는 '획'으로 썼음.

을 한껏 다 쏟다'라는 '갈'은 똑같은 말이다. 젖 먹던 힘까지 다 쏟았다는 것이다. 이 '갈'이 호학의 전제 조건인 '열린 마음'을 만든다면, 염유의 획畫 곧 '할 수 없다'며 선을 긋는 것은 '닫힌 마음'을 만든다. 오로지 열린 마음가짐일 때에야 비로소 주변의 사소한 것들에서도 배움을 얻을 수 있게 된다. 그리고 열린 마음과 솔깃한 배움의 자세에서 창의력이 솟는다.

『주역』의 겸謙괘를 푼 해설 가운데 '지중유산地中有山'이라는 구절이 있다. '내가 디디고 선 땅 밑이 산이다' 또는 '내가 걷는 지표면이 실은 산의 정상이다'는 뜻이다. 산은 저 멀리 높이 솟아 있는 것이기도 하지만, 실은 마그마가 부글부글 끓는 지구핵의 관점에서 보면 지구의 표면은 다 울퉁불퉁한 산이다. 해발 8천 미터가 넘는 에베레스트 산은 말할 것도 없고, 저기 해수면 아래 8천 미터 깊이의 마리아나 해구도 지구의 중심에서 보면 높은 산인 것이다. 그러니 오늘 해발 1미터 위를 걷는 나의 산책길은 실은 칼끝 같은 산 정상을 걷는 길이다. 놀랍지 않은가! 평지 위의 산책이 실은 지구의 표면, 아니 지구의 정상을 누비는 걸음이라니. 다음 인용문은 공자도 흘러가는 개천을 보고 비슷한 것을 깨달았다는 것을 보여준다.

> 공자가 개천가에서 물을 보고 말했다. "이렇구나. 흘러가는 것이! 밤과 낮을 가리지 않고 흐름이여."
>
> 「논어」, 9:16

개천의 물이란 본시 그냥 흘러가는 것이거니 하고 대수롭지 않게 봐 넘기던 공자에게 어느 날 물 스스로 흘러가는 사실 자체가 낯설고 새로운 광경으로 확 덤벼든 것이다. 순간 공자는 개천을 재발견한 것이다. 풍경처럼 존재하던 개천의 물이 어느 순간 자연의 주인공이 되어 불끈 앞으로 돌출하고, 그간 세계의 주인공이던 '나'는 도리어 물가에 선 손님으로 쪼그라드는 체험을 한 것이다. 고작 개천에 불과하던 물 흐름이 갑자기 천지자연의 '자연스러움'을 체현하고 있음을 목도한 것이다. 우주의 중심이 나(사람)가 아니라 저 흘러가는 물임을, 물 속에 자연의 진리가 흐르고 있음을 문득 깨닫고 토로한 것이다.

확장하면 하느님이 수천만 년 동안 봄, 여름, 가을, 겨울을 이토록 성실하게 운행함에, 세상에 온갖 생명이 싹을 틔우고 기르고 또 열매 맺어 만물이 화육함을 깨달은 것이다. 세계의 주인공은 인간이 아니라 자연이고 하느님이라는 각성이다. 혹 이것이 공자가 나이 50에 획득했다는 지천명의 경지가 아닐까. 여하튼 공자는 흐르는 물 속에 든 하느님의 존재를 읽어내고, 자연의 주인공은 사람이 아니라 자연에 깃들어 사는 한 미물임을 통절하게 깨달은 것이다. 개천가에서 토로한 공자의 각성이야말로 배움의 절정이다.

이것이 낯익은 세상을 낯설게 바라보는 눈을 얻는 길이다. 심드렁하게 습관적으로 바라보던 세상을 뒤집어 낯설게 바라보는 눈길에서 탄생하는 것이 바로 창의성이고 상상력이다. 그리고 창의성과 상상력은 나를 조직의 노예로 만들어 고작 밥을 버는 '채용'이 아니라, 나의 자존과 자유를 확보하면서 조직을 살리는 공생의 길인 '초빙'으로 나아 가게 만드는 지름길이다.

경영사상가로서 추앙을 받으며 백수를 누린 피터 드러커의 청년시 절도 불안하긴 마찬가지였다. 1차대전 후의 암울한 오스트리아 비엔 나에서 미래를 고민하던 드러커에게 멘토였던 헤메Hemme가 조언했 던 내용을 그는 평생 간직하였다.

"네가 하고 싶은 일을 찾아라! 직장에 대해서는 걱정하지 말아라. 세상에 는 직장이 얼마든지 있으니까."

「피터 드러커 자서전」

흥미롭게도 2011년 봄, 안철수 서울대 융합과학대학원 교수 역시 이와 다를 바 없는 조언을 하고 있다.

안철수 교수는 "최근 10년 사이 페이스북facebook, 트위터twitter, 징가zynga, 그루폰groupon 등 새로운 소셜 IT 미디어 기업이 생겨나고 위아래와 좌우의 경계가 허물어지는 탈권위주의anti-authoritarian와 융합 세계화convergence & globalization 시대로 접어들고 있다"며 "이런 초고속화 시대에 '나'를 찾는 것 이 무엇보다 중요하다"고 조언을 했다.

「연합뉴스」, 2011년 5월 2일자 안철수 강연

현기증이 날 정도로 급변하는 현대의 물질문명의 틈새에서 살아남기 위한 방안으로서, 안철수 교수가 최첨단의 기술 습득을 권하지 않고 오히려 "나를 찾는 것이 무엇보다 중요하다"고 조언하고 있는 것이 의외다. 그러나 예나 지금이나 인간의 삶에 요구되는 조건은 대동소이할 것이다. 공자 역시 오늘날 한국의 젊은이들에게 해줄 조언도 다를 바 없으리라. "너 자신을 찾아라. 낯익은 세상을 낯설게 볼 안목을 키워라. 거기에 그대의 삶이 걸려 있노라."

―인용한 『논어』 원문

제1편. 학이學而

01:01 子曰, "學而時習之, 不亦說乎. 有朋自遠方來, 不亦樂乎. 人不知而不慍, 不亦君子乎." 54, 83, 92

01:03 子曰, "巧言令色, 鮮矣仁!" 68

01:05 子曰, "道千乘之國, 敬事而信, 節用而愛人, 使民以時." 78

01:15 子貢曰, "貧而無諂, 富而無驕, 何如?" 子曰, "可也, 未若貧而樂, 富而好禮者也." 子貢曰, "詩云, '如切如磋, 如琢如磨', 其斯之謂與?" 子曰, "賜也, 始可與言詩已矣, 告諸往而知來者." 117, 262

01:16 子曰, "不患人之不己知, 患不知人也." 98

제2편. 위정爲政

02:01 子曰,"爲政以德, 譬如北辰, 居其所而衆星共之."128

02:03 子曰,"道之以政, 齊之以刑, 民免而無恥. 道之以德, 齊之以禮, 有恥且格."51

02:04 子曰,"吾十有五而志于學, 三十而立, 四十而不惑, 五十而知天命, 六十而耳順, 七十而從心所欲, 不踰矩."
256, 260

02:06 孟武伯問孝. 子曰,"父母唯其疾之憂."182

02:13 子貢問君子. 子曰,"先行其言而後從之."68

02:17 子曰,"由! 誨女知之乎! 知之爲知之, 不知爲不知, 是知也."
89, 109

02:18 子張學干祿. 子曰,"多聞闕疑, 愼言其餘, 則寡尤, 多見闕殆, 愼行其餘, 則寡悔. 言寡尤, 行寡悔, 祿在其中矣."107

02:19 哀公問曰,"何爲則民服?"孔子對曰,"擧直錯諸枉, 則民服, 擧枉錯諸直, 則民不服."52

02:21 或謂孔子曰,"子奚不爲政?"子曰,"書云,'孝乎惟孝, 友于兄弟, 施於有政.' 是亦爲政, 奚其爲爲政?"179

02:22 子曰,"人而無信, 不知其可也. 大車無輗, 小車無軏, 其何以行之哉?"163

제3편. 팔일八佾

03:04　林放問禮之本. 子曰, "大哉問! 禮, 與其奢也寧儉,

　　　喪, 與其易也寧戚." 151

03:08　子夏問曰, "'巧笑倩兮, 美目盼兮, 素以爲絢兮.' 何謂也?"

　　　子曰, "繪事後素." 曰, "禮後乎?" 子曰, "起予者商也!

　　　始可與言詩已矣." 152

03:13　王孫賈問曰, "與其媚於奧, 寧媚於竈, 何謂也?"

　　　子曰, "不然. 獲罪於天, 無所禱也." 71

03:17　子貢欲去告朔之餼羊. 子曰, "賜也! 爾愛其羊, 我愛其禮." 65

03:19　定公問, "君使臣, 臣事君, 如之何?" 孔子對曰, "君使臣以禮,

　　　臣事君以忠." 176

03:26　子曰, "居上不寬, 爲禮不敬, 臨喪不哀, 吾何以觀之哉?" 49

제4편. 이인里仁

04:05　子曰, "富與貴, 是人之所欲也, 不以其道得之, 不處也.

　　　貧與賤, 是人之所惡也, 不以其道得之, 不去也. 君子去仁,

　　　惡乎成名? 君子無終食之間違仁, 造次必於是, 顚沛必於是."

　　　77, 117

04:08　子曰, "朝聞道, 夕死可矣." 54, 77

04:12　子曰, "放於利而行, 多怨." 99

04:14　子曰, "不患無位, 患所以立. 不患莫己知, 求爲可知也." 256

04:15 子曰, "參乎! 吾道一以貫之." 曾子曰, "唯." 子出, 門人問曰, "何謂也?" 曾子曰, "夫子之道, 忠恕而已矣." 195

04:16 子曰, "君子喩於義, 小人喩於利." 236

04:21 子曰, "父母之年, 不可不知也. 一則以喜, 一則以懼." 183

제5편. 공야장公冶長

05:05 子使漆彫開仕. 對曰, "吾斯之未能信." 子說. 34, 252

05:09 宰予晝寢. 子曰, "朽木不可雕也, 糞土之牆不可杇也, 於予與何誅?" 子曰, "始吾於人也, 聽其言而信其行, 今吾於人也, 聽其言而觀其行. 於予與改是." 204

05:14 子貢問曰, "孔文子何以謂之文也?" 子曰, "敏而好學, 不恥下問, 是以謂之文也." 111

05:26 子曰, "已矣乎, 吾未見能見其過而內自訟者也." 57

05:27 子曰, "十室之邑, 必有忠信如丘者焉, 不如丘之好學也." 91, 263

제6편. 옹야雍也

06:02 哀公問, "弟子孰爲好學?" 孔子對曰, "有顏回者好學, 不遷怒, 不貳過. 不幸短命死矣, 今也則亡, 未聞好學者也." 172

06:03 子華使於齊, 冉子爲其母請粟. 子曰, "與之釜." 請益. 曰, "與之庾." 冉子與之粟五秉. 子曰, "赤之適齊也,

乘肥馬, 衣輕裘. 吾聞之也, 君子周急不繼富." 原思爲之宰,

　　　與之粟九百, 辭. 子曰, "毋! 以與爾隣里鄕黨乎!" 36, 38, 39

06:10　冉求曰, "非不說子之道, 力不足也." 子曰, "力不足者,

　　　中道而廢. 今女畫." 263

06:12　子游爲武城宰. 子曰, "女得人焉耳乎?" 曰, "有澹臺滅明者,

　　　行不由徑, 非公事, 未嘗至於偃之室也." 51, 218

06:16　子曰, "質勝文則野, 文勝質則史. 文質彬彬, 然後君子." 148

06:18　子曰, "知之者不如好之者, 好之者不如樂之者." 110

06:25　子曰, "君子博學於文, 約之以禮, 亦可以弗畔矣夫!" 93

06:28　子貢曰, "如有博施於民而能濟衆, 何如? 可謂仁乎?"

　　　子曰, "何事於仁! 必也聖乎! 堯舜其猶病諸! 夫仁者,

　　　己欲立而立人, 己欲達而達人. 能近取譬, 可謂仁之方也已."

　　　258

제7편. 술이述而

07:01　子曰, "述而不作, 信而好古, 竊比於我老彭." 211

07:07　子曰, "自行束脩以上, 吾未嘗無誨焉." 32

07:13　子在齊聞韶, 三月不知肉味, 曰, "不圖爲樂之至於斯也." 157

07:15　子曰, "飯疏食飮水, 曲肱而枕之, 樂亦在其中矣.

　　　不義而富且貴, 於我如浮雲." 76, 241

07:17　子所雅言. 詩·書·執禮, 皆雅言也. 93

07:18 葉公問孔子於子路, 子路不對. 子曰, "女奚不曰, 其爲人也,
發憤忘食, 樂以忘憂, 不知老之將至云爾." 91

07:19 子曰, "我非生而知之者, 好古敏以求之者也." 89

07:21 子曰, "三人行, 必有我師焉, 擇其善者而從之,
其不善者而改之." 98

07:29 子曰, "仁遠乎哉? 我欲仁, 斯仁至矣." 259

07:33 子曰, "若聖與仁, 則吾豈敢? 抑爲之不厭, 誨人不倦,
則可謂云爾已矣." 公西華曰, "正唯弟子不能學也." 262

제8편. 태백泰伯

08:01 子曰, "泰伯, 其可謂至德也已矣. 三以天下讓, 民無得而稱焉."
137

08:08 子曰, "興於詩, 立於禮, 成於樂." 157

08:12 子曰, "三年學, 不至於穀, 不易得也." 33, 252

08:13 子曰, "篤信好學, 守死善道. 危邦不入, 亂邦不居.
天下有道則見, 無道則隱. 邦有道, 貧且賤焉, 恥也, 邦無道,
富且貴焉, 恥也." 77

08:18 子曰, "巍巍乎, 舜禹之有天下也而不與焉!" 217

08:19 子曰, "大哉堯之爲君也! 巍巍乎! 唯天爲大, 唯堯則之.
蕩蕩乎, 民無能名焉. 巍巍乎! 其有成功也, 煥乎! 其有文章."
212

08:20 舜有臣五人而天下治. 武王曰, "予有亂臣十人." 孔子曰,
"才難, 不其然乎? 唐虞之際, 於斯爲盛. 有婦人焉, 九人而已.
三分天下有其二, 以服事殷. 周之德, 其可謂至德也已矣." 218

제9편. 자한子罕

09:06 大宰問於子貢曰, "夫子聖者與? 何其多能也?"
子貢曰, "固天縱之將聖, 又多能也." 子聞之曰, "大宰知我乎!
吾少也賤, 故多能鄙事. 君子多乎哉? 不多也."
牢曰, "子云, '吾不試, 故藝.'" 115, 251

09:07 子曰, "吾有知乎哉? 無知也. 有鄙夫問於我, 空空如也.
我叩其兩端而竭焉." 90, 264

09:10 顔淵喟然歎曰, "仰之彌高, 鑽之彌堅. 瞻之在前, 忽焉在後.
夫子循循然善誘人, 博我以文, 約我以禮, 欲罷不能. 旣竭吾才,
如有所立卓爾. 雖欲從之, 末由也已." 109, 264

09:12 子貢曰, "有美玉於斯, 韞匵而藏諸? 求善賈而沽諸?"
子曰, "沽之哉! 沽之哉! 我待賈者也." 65, 253

09:16 子在川上曰, "逝者如斯夫! 不舍晝夜." 87, 265

제10편. 향당鄕黨

10:08 沽酒市脯, 不食. 32

제11편. 선진先進

11:01 子曰, "先進於禮樂, 野人也. 後進於禮樂, 君子也. 如用之, 則吾從先進." 151

11:02 子曰, "從我於陳蔡者, 皆不及門也. 德行, 顔淵閔子騫冉伯牛仲弓. 言語, 宰我子貢. 政事, 冉有季路. 文學, 子游子夏." 67

11:16 季氏富於周公, 而求也爲之聚斂而附益之. 子曰, "非吾徒也. 小子鳴鼓而攻之, 可也." 242

11:17 柴也愚, 參也魯, 師也辟, 由也喭. 子曰, "回也其庶乎, 屢空. 賜不受命, 而貨殖焉, 億則屢中." 65, 75

11:21 季子然問, "仲由冉求可謂大臣與?" 子曰, "吾以子爲異之問, 曾由與求之問. 所謂大臣者, 以道事君, 不可則止. 今由與求也, 可謂具臣矣." 曰, "然則從之者與?" 子曰, "弑父與君, 亦不從也." 33

11:22 子路使子羔爲費宰. 子曰, "賊夫人之子." 子路曰, "有民人焉, 有社稷焉, 何必讀書, 然後爲學?" 子曰, "是故惡夫佞者." 173

11:23 子路曾晳冉有公西華侍坐. 子曰, "以吾一日長乎爾, 毋吾以也. 居則曰, '不吾知也!' 如或知爾, 則何以哉?" 子路率爾而對曰, "千乘之國, 攝乎大國之間, 加之以師旅, 因之以饑饉, 由也爲之, 比及三年, 可使有勇, 且知方也." 夫子哂之.

"求! 爾何如?" 對曰, "方六七十, 如五六十, 求也爲之,
比及三年, 可使足民. 如其禮樂, 以俟君子." "赤! 爾何如?"
對曰, "非曰能之, 願學焉. 宗廟之事, 如會同, 端章甫,
願爲小相焉." "點! 爾何如?" 鼓瑟希, 鏗爾, 舍瑟而作,
對曰, "異乎三子者之撰." 子曰, "何傷乎? 亦各言其志也."
曰, "莫春者, 春服旣成, 冠者五六人, 童子六七人, 浴乎沂,
風乎舞雩, 詠而歸." 夫子喟然歎曰, "吾與點也!" 三子者出,
曾皙後. 曾皙曰, "夫三子者之言何如?" 子曰,
"亦各言其志也已矣." 曰, "夫子何哂由也?"
曰, "爲國以禮, 其言不讓, 是故哂之." "唯求則非邦也與?"
"安見方六七十如五六十而非邦也者?" "唯赤則非邦也與?"
"宗廟會同, 非諸侯而何? 赤也爲之小, 孰能爲之大?" 245

제12편. 안연顏淵

12:01 顏淵問仁. 子曰, "克己復禮爲仁. 一日克己復禮, 天下歸仁焉.
爲仁由己, 而由人乎哉?" 顏淵曰, "請問其目."
子曰, "非禮勿視, 非禮勿聽, 非禮勿言, 非禮勿動." 顏淵曰,
"回雖不敏, 請事斯語矣." 131, 197

12:02 仲弓問仁. 子曰, "出門如見大賓, 使民如承大祭. 己所不欲,
勿施於人. 在邦無怨, 在家無怨." 仲弓曰, "雍雖不敏,
請事斯語矣." 79, 197

12:07 子貢問政. 子曰, "足食, 足兵, 民信之矣."
子貢曰, "必不得已而去, 於斯三者何先?" 曰, "去兵."
子貢曰, "必不得已而去, 於斯二者何先?"
曰, "去食. 自古皆有死, 民無信不立." 68

12:08 棘子成曰, "君子質而已矣, 何以文爲?"
子貢曰, "惜乎, 夫子之說君子也! 駟不及舌. 文猶質也,
質猶文也. 虎豹之鞹猶犬羊之鞹." 158

12:11 齊景公問政於孔子. 孔子對曰, "君君, 臣臣, 父父, 子子."
公曰, "善哉! 信如君不君, 臣不臣, 父不父, 子不子,
雖有粟, 吾得而食諸?" 160

12:19 季康子問政於孔子曰, "如殺無道, 以就有道, 何如?"
孔子對曰, "子爲政, 焉用殺! 子欲善而民善矣.
君子之德風, 小人之德草. 草上之風, 必偃." 57, 129

12:22 樊遲問仁. 子曰, "愛人." 問知. 子曰, "知人." 樊遲未達.
子曰, "擧直錯諸枉, 能使枉者直." 樊遲退, 見子夏曰,
"鄕也吾見於夫子而問知, 子曰, '擧直錯諸枉, 能使枉者直',
何謂也?" 子夏曰, "富哉言乎! 舜有天下, 選於衆, 擧皐陶,
不仁者遠矣. 湯有天下, 選於衆, 擧伊尹, 不仁者遠矣."
83, 220, 259

제13편. 자로子路

13:03 子路曰, "衛君待子而爲政, 子將奚先?" 子曰, "必也正名乎!"
子路曰, "有是哉, 子之迂也! 奚其正?" 子曰, "野哉, 由也!
君子於其所不知, 蓋闕如也. 名不正, 則言不順, 言不順,
則事不成, 事不成, 則禮樂不興, 禮樂不興, 則刑罰不中,
刑罰不中, 則民無所錯手足. 故君子名之必可言也,
言之必可行也. 君子於其言, 無所苟而已矣." 71, 161

13:04 樊遲請學稼. 子曰, "吾不如老農." 請學爲圃.
曰, "吾不如老圃." 樊遲出. 子曰, "小人哉, 樊須也!
上好禮, 則民莫敢不敬, 上好義, 則民莫敢不服, 上好信,
則民莫敢不用情. 夫如是, 則四方之民襁負其子而至矣,
焉用稼?" 42

13:05 子曰, "誦詩三百, 授之以政, 不達, 使於四方, 不能專對,
雖多亦奚以爲?" 155

13:09 子適衛, 冉有僕. 子曰, "庶矣哉!"
冉有曰, "旣庶矣, 又何加焉?" 曰, "富之."
曰, "旣富矣, 又何加焉?" 曰, "敎之." 244

13:15 定公問, "一言而可以興邦, 有諸?" 孔子對曰,
"言不可以若是其幾也. 人之言曰, '爲君難, 爲臣不易.'
如知爲君之難也, 不幾乎一言而興邦乎?"
曰, "一言而喪邦, 有諸?" 孔子對曰, "言不可以若是其幾也.

人之言曰, '予無樂乎爲君, 唯其言而莫予違也.'
如其善而莫之違也, 不亦善乎? 如不善而莫之違也,
不幾乎一言而喪邦乎?"72

13:16　葉公問政. 子曰, "近者說, 遠者來."129, 138, 216

13:21　子曰, "不得中行而與之, 必也狂狷乎! 狂者進取,
狷者有所不爲也."48

13:23　子曰, "君子和而不同, 小人同而不和."174

13:25　子曰, "君子易事而難說也. 說之不以道, 不說也, 及其使人也,
器之. 小人難事而易說也. 說之雖不以道, 說也, 及其使人也,
求備焉."45

제14편. 헌문憲問

14:01　憲問 "恥." 子曰, "邦有道穀, 邦無道穀, 恥也."39, 77

14:06　南宮适問於孔子曰, "羿善射, 奡盪舟, 俱不得其死然.
禹稷躬稼而有天下." 夫子不答. 南宮适出,
子曰, "君子哉若人! 尙德哉若人!"136

14:11　子曰, "貧而無怨難, 富而無驕易."78

14:13　子路問成人. 子曰, "若臧武仲之知, 公綽之不欲, 卞莊子之勇,
冉求之藝, 文之以禮樂, 亦可以爲成人矣."
曰, "今之成人者何必然? 見利思義, 見危授命,
久要不忘平生之言, 亦可以爲成人矣."243

14:20　子言衛靈公之無道也,康子曰,"夫如是,奚而不喪?"

　　　　孔子曰,"仲叔圉治賓客,祝鮀治宗廟,王孫賈治軍旅.夫如是,

　　　　奚其喪?" 53

14:23　子路問事君.子曰,"勿欺也,而犯之." 175

14:34　微生畝謂孔子曰,"丘何爲是栖栖者與?無乃爲佞乎?"

　　　　孔子曰,"非敢爲佞也,疾固也." 173

14:35　子曰,"驥不稱其力,稱其德也." 126

14:41　子路宿於石門.晨門曰,"奚自?"子路曰,"自孔氏."

　　　　曰,"是知其不可而爲之者與?" 186

제15편. 위령공衛靈公

15:01　衛靈公問陳於孔子.孔子對曰,"俎豆之事,則嘗聞之矣,

　　　　軍旅之事,未之學也."明日遂行,在陳絶糧,從者病,莫能興.

　　　　子路慍見曰,"君子亦有窮乎?"子曰,"君子固窮,

　　　　小人窮斯濫矣." 115, 134

15:03　子曰,"由!知德者鮮矣." 134

15:04　子曰,"無爲而治者其舜也與!夫何爲哉?恭己正南面而已矣."
　　　　215

15:13　子曰,"臧文仲其竊位者與!知柳下惠之賢而不與立也." 219

15:14　子曰,"躬自厚而薄責於人,則遠怨矣." 58

15:17　子曰,"君子義以爲質,禮以行之,孫以出之,信以成之.

君子哉!"238

15:19 子曰, "君子疾沒世而名不稱焉." 161

15:20 子曰, "君子求諸己, 小人求諸人." 57

15:30 子曰, "吾嘗終日不食, 終夜不寢, 以思無益, 不如學也." 55

15:31 子曰, "君子謀道不謀食. 耕也, 餒在其中矣, 學也,

祿在其中矣. 君子憂道不憂貧." 255

제16편. 계씨季氏

16:01 季氏將伐顓臾. 冉有季路見於孔子曰, "季氏將有事於顓臾."

孔子曰, "求! 無乃爾是過與? 夫顓臾, 昔者先王以爲東蒙主,

且在邦域之中矣, 是社稷之臣也. 何以伐爲?"

冉有曰, "夫子欲之, 吾二臣者皆不欲也."

孔子曰, "求! 周任有言曰, '陳力就列, 不能者止.' 危而不持,

顚而不扶, 則將焉用彼相矣? 且爾言過矣, 虎兕出於柙,

龜玉毀於櫝中, 是誰之過與?" 冉有曰, "今夫顓臾,

固而近於費. 今不取, 後世必爲子孫憂."

孔子曰, "求! 君子疾夫舍曰欲之而必爲之辭.

丘也聞有國有家者, 不患寡而患不均, 不患貧而患不安.

蓋均無貧, 和無寡, 安無傾. 夫如是, 故遠人不服,

則脩文德以來之. 旣來之, 則安之. 今由與求也, 相夫子,

遠人不服, 而不能來也, 邦分崩離析, 而不能守也,

而謀動干戈於邦內. 吾恐季孫之憂, 不在顓臾,

而在蕭牆之內也." 242, 243, 248

16:08　孔子曰, "君子有三畏, 畏天命, 畏大人, 畏聖人之言.

小人不知天命而不畏也, 狎大人, 侮聖人之言." 112

16:10　孔子曰, "君子有九思, 視思明, 聽思聰, 色思溫, 貌思恭,

言思忠, 事思敬, 疑思問, 忿思難, 見得思義." 238

16:13　陳亢問於伯魚曰, "子亦有異聞乎?" 對曰, "未也. 嘗獨立,

鯉趨而過庭. 曰, '學詩乎?' 對曰, '未也.' '不學詩, 無以言.'

鯉退而學詩. 他日又獨立, 鯉趨而過庭. 曰, '學禮乎?'

對曰, '未也.' '不學禮, 無以立.' 鯉退而學禮. 聞斯二者."

陳亢退而喜曰, "問一得三, 聞詩聞禮, 又聞君子之遠其子也."

155

제17편. 양화陽貨

17:08　子曰, "由也! 女聞六言六蔽矣乎?" 對曰, "未也."

"居! 吾語女. 好仁不好學, 其蔽也愚, 好知不好學, 其蔽也蕩,

好信不好學, 其蔽也賊, 好直不好學, 其蔽也絞, 好勇不好學,

其蔽也亂, 好剛不好學, 其蔽也狂." 132

17:09　子曰, "小子! 何莫學夫詩? 詩, 可以興, 可以觀, 可以羣,

可以怨. 邇之事父, 遠之事君, 多識於鳥獸草木之名." 156

17:18　子曰, "惡紫之奪朱也, 惡鄭聲之亂雅樂也,

惡利口之覆邦家者." 158

17:20 孺悲欲見孔子, 孔子辭以疾. 將命者出戶, 取瑟而歌, 使之聞之. 35

17:23 子路曰, "君子尙勇乎?" 子曰, "君子義以爲上, 君子有勇而無義爲亂, 小人有勇而無義爲盜." 131

17:24 子貢曰, "君子亦有惡乎?" 子曰, "有惡, 惡稱人之惡者, 惡居下流而訕上者, 惡勇而無禮者, 惡果敢而窒者." 曰, "賜也亦有惡乎?" "惡徼以爲知者, 惡不孫以爲勇者, 惡訐以爲直者." 171

제18편. 미자微子

18:10 周公謂魯公曰, "君子不施其親, 不使大臣怨乎不以. 故舊無大故, 則不棄也. 無求備於一人!" 48

제19편. 자장子張

19:08 子夏曰, "小人之過也必文." 159

19:10 子夏曰, "君子信而後勞其民, 未信, 則以爲厲己也. 信而後諫, 未信, 則以爲謗己也." 29

19:20 子貢曰, "紂之不善, 不如是之甚也. 是以君子惡居下流, 天下之惡皆歸焉." 74

제20편. 요왈堯曰

20:03 孔子曰, "不知命, 無以爲君子也, 不知禮, 無以立也, 不知言, 無以知人也." 87

—참고 및 추천 문헌들

동양 고전
미야자키 이치사다·박영철 역 | 『논어』 | 이산 | 2001
박기봉 | 『맹자』 | 비봉출판사 | 2005
배병삼 | 『논어, 사람의 길을 열다』 | 사계절 | 2011
배병삼 | 『한글세대가 본 논어』(전2권) | 문학동네 | 2011
오강남 편역 | 『도덕경』 | 현암사 | 2004
오강남 편역 | 『장자』 | 현암사 | 2010
정약용·이지형 역주 | 『논어고금주』(전5책) | 사암, 2010
정약용·이지형 역주 | 『맹자요의』 | 현대실학사 | 1994
주희·성백효 편역 | 『논어집주』 | 전통문화연구회 | 2010
주희·성백효 편역 | 『대학·중용장구』 | 전통문화연구회 | 2010
주희·성백효 편역 | 『맹자집주』 | 전통문화연구회 | 2010

경영 관련 서적

게리 해멀·권영설 외 역 | 『경영의 미래』 | 세종서적 | 2009
댄 애리얼리·장석훈 역 | 『상식 밖의 경제학』 | 청림출판 | 2009
데이비드 오길비·강두필 역 | 『나는 광고로 세상을 움직였다』 | 다산북스 | 2008
루트번스타인 부부·박종성 역 | 『생각의 탄생』 | 에코의서재 | 2007
마단 비를라·김원호 역 | 『페덱스 방식』 | 고려닷컴 | 2007
마이클 샌델·이창신 역 | 『정의란 무엇인가』 | 김영사 | 2010
말콤 글래드웰·노정태 역 | 『아웃라이어』 | 김영사 | 2009
박종세 | 『21세기 경영대가를 만나다』 | 김영사 | 2008
스티븐 코비·김경섭 역 | 『신뢰의 속도』 | 김영사 | 2009
시부사와 에이치·노만수 역 | 『논어와 주판』 | 페이퍼로드 | 2009
위클리비즈 팀 | 『위클리비즈 i』 | 21세기북스 | 2010
이강우 | 『대한민국 광고에는 신제품이 없다』 | 살림 | 2003
이병철 | 『호암자전』 | 중앙M&B | 1986
이재규 | 『피터 드러커에게 경영을 묻다』 | 사과나무 | 2009
제프리 페퍼·포스코경제연구소 역 | 『사람이 경쟁력이다』 | 21세기북스 | 2009
조지프 캠벨·빌 모이어스·이윤기 역 | 『신화의 힘』 | 이끌리오 | 2007
짐 콜린스·이무열 역 | 『좋은 기업을 넘어 위대한 기업으로』 | 김영사 | 2002
켄 올레타·김우열 역 | 『구글드』 | 타임비즈 | 2010
피터 드러커·남상진 역 | 『피터 드러커의 매니지먼트』 | 청림출판 | 2008
피터 드러커·이동현 역 | 『피터드러커 자서전』 | 한국경제신문사 | 2005
피터 드러커·현대경제연구원 역 | 『지식경영』 | 21세기북스 | 2010

공자, 경영을 논하다

1판 1쇄 인쇄 2012년 2월 22일
1판 1쇄 발행 2012년 2월 29일

지은이 | 배병삼
펴낸이 | 김이금

펴낸곳 | 도서출판 푸르메
등록 | 2006년 3월 22일(제318-2006-33호)
주소 | 서울시 마포구 연남동 568-39 컬러빌딩 301호(우 121-869)
전화 | 02-334-4285~6
팩스 | 02-334-4284
전자우편 | prume88@hanmail.net
인쇄·제본 | 한영문화사

© 배병삼, 2012

ISBN 978-89-92650-72-4 03320

* 이 책의 전부 또는 일부 내용을 이용하려면 반드시 저작권자와
  도서출판 푸르메의 동의를 받아야 합니다.
* 저자와 협의하여 인지를 생략합니다.
* 책값은 뒤표지에 표시되어 있습니다.

이 도서의 국립중앙도서관 출판시도서목록(CIP)은 e-CIP홈페이지(http://www.nl.go.kr/ecip)와
국가자료공동목록시스템(http://www.nl.go.kr/kolisnet)에서 이용하실 수 있습니다.
(CIP제어번호: CIP2012000318)